以德润翠　育人于微

合肥市六安路小学翠微分校文化建设初探

主　编：孙　晶

编　者：黄　静　陈　浩　李华敏　朱　丹　周倩倩
梁　正　刘春燕　胡　月　鲁玲燕　赵峥嵘
张　燕　郑　晶　左　茜　李　雪　王雅丽
张世梅　傅世秀　何雪林　赵婷婷

时代出版传媒股份有限公司
安徽教育出版社

图书在版编目（CIP）数据

以德润翠　育人于微：合肥市六安路小学翠微分校文化建设初探 / 孙晶主编. —合肥：安徽教育出版社，2023.6
ISBN 978－7－5336－6951－5

Ⅰ.①以…　Ⅱ.①孙…　Ⅲ.①小学—校园文化—建设—概况—合肥　Ⅳ.①G627

中国国家版本馆 CIP 数据核字(2023) 第 094817 号

以德润翠　育人于微：合肥市六安路小学翠微分校文化建设初探
YIDERUNCUI YURENYUWEI：HEFEISHI LIUANLU XIAOXUE CUIWEI FENXIAO WENHUAJIANSHE CHUTAN

出 版 人：费世平
责任编辑：文　乾　赵佩娟
装帧设计：阮　娟
责任印制：陈善军

出版发行：安徽教育出版社
地　　址：合肥市经开区繁华大道西路 398 号　邮编：230601
网　　址：http://www.ahep.com.cn
营销电话：(0551)63683012，63683013
排　　版：安徽时代华印出版服务有限责任公司
印　　刷：安徽联众印刷有限公司

开　　本：880 毫米×1230 毫米　1/32
印　　张：11
字　　数：260 千字
版　　次：2023 年 6 月第 1 版
印　　次：2023 年 6 月第 1 次印刷
定　　价：68.00 元

序

做教育强国建设的排头兵

合肥市六安路小学翠微分校的孙晶校长总结8年来的办学经验，主编了这本《以德润翠　育人于微》，希望我能够为它做个序。与以前不同，这次我没有什么犹豫就答应了。我想起了当代著名教育家、教育学家顾明远先生曾经教导我的，基础教育一线的校长、老师在办学治校、教书育人的过程中还能够勤于反思和总结，写出著作来，是很不容易的。作为大学的教师，有机会应邀为他们的著作写个序，给予他们创造的经验以积极的肯定，无论是对于他们而言还是对于中国的教育而言，都是非常有意义的。更重要的是，作为一名高校的教育研究者，通过阅读他们的作品，也可以弥补对实践了解不够的缺点，这对我们的教学和科研也都大有益处。

当前，我们国家正处在一个新的历史阶段，一个以中国式现代化全面推进社会主义现代化强国建设、全面推进中华民族伟大复兴的新阶段。从教育方面来说，党的二十大提出了加快教育强国建设和到2035年建成教育强国的伟大号召，令人振奋。在2023年5月底召开的中共中央政治局第五次集体学习会议上，习近平总书记围绕着教育强国建设发表了重要讲话，从指导思想、基本原则、目标任务、战略重点、战略举措、体制机制保障等方面系统阐明了教育强国建设的思想，擘画了教育强国建设的宏伟蓝图。在讲话中，习近平总书记特别强调指出，培养什么人、怎样培养人、为谁培养人是教育的根本问题，是建设教育强国的核心课题。建设教育强国，基点在基础教育。基础教育搞得越扎实，教育强国步伐就越稳、后劲就越足。习近平总书记的这些重要论述，为早日把我国从教育大国建设成为教育强国指明了方向，同时表达了他对广大基础教育工作者的殷切期望。广大基础教育工作者一定要认真学习领会习近平总书记有关教育强国建设的重要论述，聚焦“培养什么人、怎样培养人和为谁培养人”这个教育的根本问题，结合自己的实际工作，自觉承担起为党育人、为国育才的神圣使命，为教育强国建设作出自己的贡献。

老子在《道德经》第六十三章中说："图难于其易，为大于其细。天下难事，必作于易；天下大事，必作于细。是以圣人终不为大，故能成其大。"老子所阐述的这种"难易""大小"的辩证思想，对于我们做好各项工作，都具有重要指导意义。教育强国建设，意义重大，使命恢弘，但也必须从一点一滴的教育改进入手，上好每一堂课，设计好每一项教育活动，办好每一所小学，以一种不舍昼夜、持之以恒的精神不断推动教育事业高质量发展。这种"天下大事，必作于细"的智慧也充分体现在翠微分校的办学实践中，构成翠微分校从小到大、化蛹成蝶、持续发展、追求卓越的文化密码和文化基因。

翠微分校的全部办学思想，都凝练在《以德润翠　育人于微》这个书名当中。立德树人，必须坚持以德为本、以德为重、以德为先。"以德润翠"概括地表达了翠微分校把道德建设放在学校办学治校、教书育人首要地位的思想，既重视学生的思想道德教育，特别是社会主义核心价值观教育，也重视教师队伍的专业道德建设，将教师队伍的专业道德建设落实到教育教学和家校合作的每一个细节当中，还重视整个学校道德氛围的营造，让师生的道德学习随时随地成为可能，真正做到以德润翠、以德润心，为培养堪当民族复兴大任的时代新人厚植道德根基。"育人于微"生动诠释了顾明远先生一直所倡导的"教书育人在细微处"的思想。纵观全书，作者用大量真实生动的案例展现了翠微分校的"微文化""微课程""微教学""微教研""微项目”“微创新”“微活力”“微论坛”等，将文化引领意识、育人意识、质量意识、成长意识等注入到学校工作的方方面面、细枝末节，营造了一个努力体现学生成长规律、教师专业发展规律和学校办学规律的良好环境与生态，为我国新时代小学教育的改革创新提供了一个生动的样本。

作为一名从事教育研究的大学教师，我在阅读本书时，常常被书中扑面而来的生动教育场景所打动。比如，学校办学之初制定的三年发展规划，既明确了学校的重点工作领域，又制定了更加细化的建设任务，一年一个目标，三年一个台阶，搭建了学校发展的“四梁八柱”，为学校后来的快速发展奠定了坚实的基础，可以为所有的新建校、薄弱校所借鉴。我的感动还来自该校对家访提出的具体要求上。家访作为一种重要的沟通学校与家庭、形成家校教育合力的教育途径，现在很多学校已经不做了。翠微分校不仅传承了这种教育的好传统，而且还与时俱进，制定了《合肥市六安路小学翠微分校家访提示单》，对家访教师提出了家访前做好准备，家访中做到“四注意”（注意自己的言谈举止、仪态、仪表，注意避免流于形式、走过场，注意不偏离主题、有名无实，注意面向全班学生），家访后要做好做到“二反馈”“一建档”，极大地推动了家访的规范化、专业化，为充分发挥家访的育人功能、构建家校协同育人体系打下了坚实的基础。

《以德润翠　育人于微》一书，真实地记录了翠微分校过去

8年的奋斗路、成长路、创新路，展现了全校师生不甘人后、自强不息、团结奋斗、勇于超越的精神风貌和为党育人、为国育才的真挚情怀。限于篇幅，我不能在这里详尽地介绍作者在学校文化建设、德育工作、课程建设、教研工作、教师队伍建设、家—校—社合作、学校党建和师德师风建设等方面的可贵探索和宝贵经验，感兴趣的读者可以做系统和深入的阅读。我相信，读后一定有许多精彩的教育故事和深邃的教育思想留在你们的脑海中，融入你们的心灵里，化为我们大家一起为加快教育强国建设努力的自觉行动。我也衷心地期望，翠微分校能够以该作的出版为新起点，胸怀国之大者，抓住推动基础教育高质量发展、加快教育强国建设的新机遇，聚焦立德树人主责主业，开阔视野，兼收并蓄，守正创新，不断取得新的更大的进步，为办好人民满意的教育和教育强国建设作出新的更大的贡献！

清华大学 石中英

2023年6月6日于北京

目录
CONTENT

第一章

创校八载 薪火相传

——从0到1：翠微文化在探索中渐趋成型

春风化雨，德润翠微。合肥市六安路小学翠微分校孕育于中国磅礴辉煌的改革浪潮中，诞生于合肥经开区这片充满活力和生机的土地上。奋进八载，翠微分校用生命影响生命，将教育的种子埋进万千学子心中，在腾飞的科创新城上培植出一片教育的绿洲。

承袭名校合肥市六安路小学的先进管理理念和优质资源，翠微分校践行“集团治校、质量立校、特色兴校”的宗旨，从管理、教研、课程、课堂、评价、激励等多方面着手，不断探索总结，在传承中开拓创新，逐渐积淀出“习惯养成教育”的办学特色和“以德润翠，育人于微”的翠微文化。

八年之间，翠微文化从无到有，从微到著，犹如阳光雨露般滋养着这里的每一株小树苗，让学子们全面发展、快乐成长。翠微分校也从建校之初仅有的5个教学班、159名学生、17名教师，发展成2023年春季的77个教学班、3996名学生、202名教师，服务周边十多个小区。学校的管理质量和教学水平更是不断登上新阶梯，在区域乃至全国逐渐建立品牌知名度和影响力。

第一节

翠微文化萌芽期：外引内升，夯实根基

因合肥经开区“外部引优、内部提升”的发展战略而生，受名校合肥市六安路小学的培植孵育，合肥市六安路小学翠微分校通过传承和吸收总校的思想理念，结合自身学情、生情，不断提升管理、运营、教研、育人水平，持续打磨基本功，筑牢发展的坚实根基。

一、教育引优，名校走进经开区

2013 年，为了开展跨区合作办学，把本市优质教育资源引入经开区，在经开区“外部引优、内部提升”的发展战略下，经开区跨区域引入名校合肥市六安路小学，开启了合作办学新模式。2015 年 9 月，合肥市六安路小学翠微分校开始招生，建校之初，借校区办学。2017 年 8 月，新校园投入使用，班级数、学生数、教师数成倍递增。2023 年春季，翠微分校有教学班 77 个，学生 3996 人，教师 202 人。六小教育集团向翠微分校派出管理团队，经开区社发局组建并管理教师队伍。

在经开区“外部引优”的政策扶持下，管委会、社发局对学校给予了全力支持。学校教学设施配备一流，塑胶跑道、风雨操场、音乐教室、美术教室、书法教室、科学实验室、微机室、武术馆、图书馆、餐厅、多功能教室等一应俱全。

二、文化强校，搭建优质育人平台

从2015年建校到2017年8月搬入新校区，合肥市六安路小学翠微分校借用四十五中芙蓉分校校舍办学历时两年。学校秉承“集团治校、质量立校、特色兴校”的宗旨，依托六小教育集团的优质资源和先进的管理理念，在“融生”文化的引领下，结合区域师情、生情等特点，将“习惯养成教育”作为六小翠微分校的办学特色。

1. 管理创新，深化“爱的教育”

（1）推进落实扁平化管理模式

学校实施扁平化团队管理模式，成立教师管理团队，包括宣传/少先队、总务、工会、教研等团队，将学校的每位老师都纳入管理团队之中，形成人人参与、人人负责的科学管理氛围。在校园扁平化团队管理的平台上，在以尊重为基石的管理框架下，大家都平等地参与学校管理，各团队都能积极主动谋划、开展活动，既是策划者，又是执行者。

宣传/少先队团队，负责学校宣传和学生德育工作，主动开展少先队日常管理工作，落实每月的“情商作业”，策划家长开放周活动等；宣传报道：建设学校网站，每篇稿件均把好审核关，确保做好高质量的新闻宣传。总务团队，负责学校财务报账、物品采购、资产登记、安全、体卫、文明创建、图书管理等后勤保障工作，保障有力。工会团队，负责学校教师师德建设、工会活动等，举办“翠微讲坛”，教师趣味运动会等。教研团队，负责教学研究，开展校内外专家引领的教学研讨，开展互相听评课，进行研读教材的校本教研活动，参加经开、庐阳教研活动，参加经开课堂教学评比等。

（2）创新制定校园三年规划

学校在继承六小文化基因的基础上，因地制宜、改革创新，制定了校园发展三年（2015 — 2018）规划（见表 1）和发展路径。三年规划即第一年奠定以人为本、科学自主的文化基石，第二年归纳养成教育经验并全面深入推行，第三年结合新校建设提炼办学特色并开展学校外显文化建设。发展路径即学校发展与教师发展同步、相辅相成，宏观思考，微观落实，关注细节，从小事做起，做好小事就是大事，从今天做起，做好今天成就人生。学校明确提出“六大纪律，四项提倡”：六大纪律即教育“红线”不碰，课堂教学高度认真，服从学校工作分配，上班时间不用网络做与教学工作无关的事情，上课不玩手机，上班不旷工、不空堂；四项提倡即爱心、责任、合作、慎独。以文化弘扬善，以制度制约恶。

表1 合肥市六安路小学翠微分校三年规划分阶段实施步骤

实施项目	2015—2016	2016—2017	2017—2018
教师队伍培养	开展牵手六小名师结对活动，启动“新苗”“新星”“名师”三级培养工程，促进教师专业成长；借助“翠微讲坛”，以“四有”好教师为目标，开展“四对”活动，加强师德教育，提高教师职业道德素养。	继续开展牵手六小名师结对活动，实施“新苗”“新星”“名师”三级培养工程；探索教师课程自我开发，促进研究意识形成；深入研究“情商作业”，加强班主任培养工作；评选翠微最美教师，弘扬高尚师德，树立师德楷模。	推介学校“新苗”“新星”“名师”，初步建成高素质教师队伍；立项一两个课题，规范研究行为，提升研究和创新能力，逐步培养科研型教师队伍。
课程管理	规范基础课程，强化课程管理；成立学生社团，开设拓展课程，定期进行教学研讨。	夯实基础课程，扩展学生社团；借鉴六小课程开发经验，制定校本课程研发计划，在六小帮扶下，撰写校本教材，并在实践中修订。	推出精品课程，打造学科名优教师；展示拓展性课程教学成果，打造精品社团课程；不断修订校本教材，开展校本课程教学研究。

（续表）

实施项目	2015—2016	2016—2017	2017—2018
学生素养教育	实施“情商作业”，开展“六好教育”，抓好常规教育，规范言行，初步具备良好文明礼仪素养，初步实施多元评价。	总结“情商作业”和“六好教育”的经验，继续研究并深入开展；对学生行为习惯、文明礼仪、素养教育进行规范和强化，探索对学生进行综合评价。	对两年的实践进行整理与反思，找出学生养成教育等实践体验教育过程中所产生的问题，探寻解决办法；建立学生分年级段的综合素质评价机制，对学生在学习、生活、交往、社会实践中出现的问题进行研究和补救。
活动课程建设	根据学校目前情况，先开设力所能及的课程（武术、轮滑、绘画、合唱、诵读等）；少先队结合节日、纪念日等，在学校、社区、家庭开展“三爱”教育主题活动。	规范活动课程管理，探索建立师生特色课程评价机制，逐步开展年级主题活动。	创设特色校本课程，按照未成年人思想建设相关要求及规定，制定翠微分校特色课程管理标准，建立师生特色课程评价体系，为课程建设及运营提供有效的评价及管理保障。

（续表）

实施项目	2015 — 2016	2016 — 2017	2017 — 2018
数字化校园建设	熟练使用“班班通”设备，学习微课录制等现代教育理念和技术；建立学校网站。	完善学校网站，使其成为对外宣传、交流的重要平台，成为学生学习的资源库。	新校整体规划，使用校园数字管理系统，探索学校办公信息化、教育网络化；普及、提高学生及家长们的信息技术应用水平，利用网络加强师生联系、家校联系，将学校教育向外延伸；建设校园监控系统，对师生安全、各项活动开展提供有力的安全保障。

（3）规范实施科学教学

落实校园安全工作。每月都进行安全隐患排查、事故隐患排查、安全教育活动，每月开展一次师生安全演练，加强门卫、保安的管理，加强来访人员登记，学生进了学校后不准私自出去，加强了学校食堂卫生安全和学生就餐安全的管理。

加强每月教学督导。规范教师备课、上课、作业批改等行为，并足开齐课程，开展大课间活动，按时完成学生体育达标检测，开展亲子趣味运动会。这项工作受到合肥市庐阳区专家督导团高度肯定。

以“爱的教育”为核心，进一步深化师德建设，提升师德素养。每月一期“翠微讲坛”，围绕“爱对学生”“严对自己”

“礼对家长”“谦对同事”四个主题，搭建师德建设平台。所有老师都自己撰写讲稿，择优在“翠微讲坛”上演讲，进一步提升写作和演讲能力，在演讲中感染大家和自己，提升思想境界。关爱教师，开展“走一走教师上班路”慰问活动，校级班子成员利用假期走访教职工家庭，深入了解其工作、学习和生活状况，为他们送去温暖。

2. 教研创新，培养实干型名师

课堂成就名师，只有教师课堂教学水平提高了，才算专业成长了。开展“牵手名师，提升教学软实力”活动，结合牵手六小名师结对活动，启动“新苗”“新星”“名师”培养工程。为每一位年轻教师都量身配备了师傅，一对一辅导，大大缩短了年轻教师的成长期。

课堂教学是校本教研的主阵地。抓重点学科，强化备课，要求备教结合。邀请各科教学专家进课堂“问诊”，指导教师正确地教授学生知识，开展教研主题研讨会，交流外出学习心得，与前沿教育思想接轨，拓宽教师教学视野，快速促进教学和教研能力提升。选派教师分赴市内、省内以及省外的常州、北京、韶山等地参加培训。

学生在课堂上的学习效率直接决定教育效果，起始年级学生课堂常规和学习习惯的培养尤为重要。老师们用足够的耐心和爱心，发挥“婆婆嘴”的功效，时时强调课堂常规，课间与学生玩在一起，了解他们，教育他们。老师和学生“泡”在一起，帮助学生形成良好的规矩意识，效果显著。

3.教学创新，实施新型养成教育

“情商作业”创新养成教育的形式。以养成教育为抓手，培养学生好习惯，一个好习惯养成要21天，家校共同完成情商作业。学校每月初布置两项情商作业，如：9月份要求学生每天在家自己整理书包并练习坐姿和握笔姿势，上学放学主动与家长、老师、同学等打招呼；10月份要求学生走好路（包括校园里走好路，马路上走好路，集会时走好路等），敬老爱老，为家里老人服务；11月份要求学生主动帮助家长摆放碗筷和发现别人身上的闪光点；12月份要求学生每天在家运动半小时和使用文明用语；1月份要求学生文明就餐和学会复习，等等。将学校教育的权威和家庭教育的细致联系起来，携手培养孩子的良好习惯和气质。月底，学校设计情商作业调查问卷，对本月份情商作业进行反馈整理和评价，对达标的同学由班主任提出表扬，尚未达标的同学及时调整难度，再给他时间去练习，之后完成二次评价。此外，适时召开家校联合研讨情商教研专题会。这项工作已经收到良好效果。

养成教育不是单一孤立的，而是家校联动、课内课外兼修、学习实践相融的立体教育。家校合育，形成教育合力。无论是成立家长委员会、开展“家长开放周”活动，还是举办家校主题教育研讨会、召开班级家长会，家长都踊跃参与。这样就增进了学校、教师和家长之间的理解、互信、支持与合作，营造了良好的育人氛围。

同时，利用“国旗下讲话”和“校长表扬你”环节，进行学生日常规范教育；利用黑板报和主题展板，开展良好习惯主题教育；利用有序上学放学、家长接送、如何过马路等，进行交通安全教育；利用餐厅宣传栏，教育学生文明就餐、节约粮食等。

为了进一步落实养成教育，学校还开展了“争做‘六好’翠微娃”系列活动，活动内容包括“走好路”“说好话”“扫好地”“做好操”“读好书”“写好字”。通过一些简单的、力所能及的小事，培养学生良好的生活习惯和思想品德。

三、理念培植，接力传承激发创新

办学理念展现了一所学校的奋斗目标和发展方向，也是学校凝聚力的重要体现。名牌六小，新生翠微，合作办学如同一颗新教育的种子播撒在经开区的土地上，多元、开放、融合、创新，翠微分校呈现生长的自然之美、力量之美。

办学初始，学校以“六年奠基一生，习惯造就未来”为指导思想，以学生素质提升工程为重点，以养成教育为抓手，培养有修养的社会小公民，遵照国家教育发展目标及省市区要求，实施科研兴校、人才强校战略，坚持以人为本，遵循教育规律，科学管理，提高教育质量，高起点办学，继承中创新，打造具有本校特色的学校文化。

1. 思想引领，与集团总校同频共振

在集团总校的全力支持下，翠微分校快速成长。分校秉承“集团治校、质量立校、特色兴校”的宗旨，办学之初复制、借鉴集团总校先进的管理理念，在集团“管理同谋、计划同盘、人才同用、资源同享、活动同行”的“五同”治校策略下，翠微分校与集团总校同频共振。

随着翠微分校的发展，六小教育集团管理团队不断输入高水平管理人员。集团总校为翠微管理团队提供高品质的培训，为老师们的专业成长搭建各种平台。总校每年分批次、分梯队安排名师团队与翠微分校年轻教师进行结对，做到“名校长领航”“名教师引路”“骨干教师结对”等网格式培养。通过职能部门负责人的青蓝结对、学科教师的师徒结对、庐阳经开跨区域教研等方式，翠微分校快速成长，提升了自身的“造血”功能，加快了管理团队和教师团队的梯队建设。如今的翠微分校正在逐步形成自己的办学特色。

2. 文化育人，厚植教育沃土

在总校“融生”文化的引领下，结合区域师情、生情特点，

翠微分校也在探索、形成自己的校区文化。经过总校指导设计、多轮研讨，翠微分校完成了新校徽的设计。学校通过全体教师会，引导年轻老师阐述、表达对新校徽的理解和观点，从而进一步解读校徽意义，引发老师对校园文化的思考与构想，让翠微分校的校园文化能根植于教师心底深处，成为教师发展导向标。

3. 科研创新，促进团队提质成长

学校复制、借鉴集团总校日常教研模式，教研组、备课组确定研讨主题，通过“主题＋课例＋讲座”的形式，借助“集体备课”“同课异构”“超周备课”等常规教研活动，逐步形成了“教育科研普及化、科研管理网络化、科研队伍层次化、科研活动日常化、科研措施制度化”的翠微分校教科研特色。

总校专家团队定期来分校督导学校的教科研活动，走进青年教师课堂，听课研讨。同时依托经开区“明珠教育人才”学科团队和自身已有的市、区级学科带头人、骨干教师，发挥辐射引领作用，形成区级骨干教师、校级骨干教师、新教师组成的教师学习共同体。教研团队还在开展校内教研的基础上，主动与片区学校交流共享，如与一六八玫瑰园学校开展英语学科联片教研，与翡翠学校语文、体育学科缔结联盟校，让六小特色与本区教研文化相融合，兄弟学校间互学互助、协同成长。

4. 课程创新，探索科学育人路径

学校在开足开齐规定课程的前提下，积极开发校本化课程。学校依据自身老师的专业优势和场馆优势，开设了学科特色课程。比如，科学组老师大多有相关专业背景和教学经验，课程研发能力强，他们将科学课程与校园环境、季节等因素整合，培养学生实践能力，提高科学素养，自主探究了一年级科学校本课程。

体育课程在传承六小本部课程特色的基础上，结合场馆及年轻教师专业团队等优势，成为我校特色课程的一个亮点。体育课程一个年级一个特色，纳入课表开课：一年级开设轮滑课，二年级开设乒乓球课，三年级开设武术课，四年级开设足球课，五年级开设羽毛球课，六年级开设篮球课。另外，学校还开设啦啦操、击剑、轮滑冰球等多个体育社团，将普及课程与竞赛课程相结合，让阳光运动与终身体育有机衔接。

5. 家校共育，彰显教育温度

传承总校内涵，创新分校特色。跨区域合作办学过程中，在六小教育集团的高位引领和全体六小教育人的共同努力下，翠微分校已经搭建了强劲的骨架。伴随着“融生”文化的影响，六小翠微在集团化办学的背景下，不断融入所在区域的文化和特色，已经在经开区的教育沃土中获得认可，收获教育果实。

第二节
翠微文化培根期：立足学情，多点发力

“橘生淮南则为橘，生于淮北则为枳。”教育更是如此，只有因人而异，因地制宜，才能让一颗颗种子，开出智慧的花朵。翠微分校深谙此理，在传承集团总校优秀理念和教学方法的基础上，积极培育探索翠微新模式，在党建、课研、教学、师资师德等方面全面提升，构建面向未来的高质量教育新生态。

一、因地制宜探索翠微新模式

跨区域合作办学，在传承与创新中也会因“土壤”和“环境”的不同，带来实际推行中的诸多困惑。2017 年新校投入使用后面临的第一个困难就是学生成倍的激增，一年级直接招收 10 个班近 500 名学生，而我们面对的这些新生家长，在文化层次、理解认知等方面与老城区的家长还是有一定不同的。起初，有部分家长不太能接受、理解学校的诸多做法（包括上学/放学站路队等）。不理解就会不支持，所以，完全复制集团总校的做法显然会出现“水土不服”，因地制宜、采取适合的方法才能有效地推进学校管理工作。

1. 加强党建促教育

在上级党组织的关心下，翠微分校成立了党支部。一方面，党支部通过每月一主题的政治学习制度，开展书记讲党课，加强党员教师的思想政治教育，坚持正确的意识形态，打牢思想基础；另一方面，党支部认真开展谈心谈话，围绕岗位工作、思想作风、问题建议等，面对面谈问题、找差距、查原因、寻对策、明责任。

2. 防微杜渐抓安全

学校认真落实“一岗双责”制度，深化平安校园建设，坚持晨午检制度，利用各种活动加强安全教育，做好各类预防演练，抓好各类值日巡查。每月举行安全隐患大排查，并针对排查发现的问题及时采取应对措施，以此增强师生的安全意识、防范意识。

3. 翠言微语强师德

教育大计教师为本，教师素质立德为本。学校以“翠微讲坛”为支撑，以年级组师德主题活动为抓手，把自编读物《翠言微语》作为新进教师师德教育之读本。秉承六小文化，浸润师德修养。

4. 精彩课程燃动力

六小翠微为本校学生准备了四大课程体系菜单，分别是国家基础课程、少先队课程、少年宫社团活动课程、校本特色课程。

在开足开齐国家基础课程的同时，学科节活动受到学生的特别喜爱。首届学科节以“厚植传统文化，培育美丽学生”为主题，为在校的每一位学生搭建了一个展示自我的平台，进一步激发学生学习兴趣，培养学生自主探索、合作交流等能力，建立自信心。

少先队课程包括每月一个大主题，每周一个小主题，从开学初的“游园”“系好我们第一粒扣子”“少代会”“动感中队评比”“红领巾讲家风”“红领巾假日小队”开始，分年级分阶段有条不紊地开展起来，发挥红色教育作用，增强队员们的自信心、社会责任感以及爱国主义情感，使队员在活动中体验，在体验中成长。

少年宫社团活动课程，一个年级一项特色，涵盖体育、艺术、科技、信息、人文等。其中，体育课程体系让全校学生在小学阶段接触、学习 6 项以上体育运动，为终身体育打下坚实基础，为学生身心健康发展搭建有利平台。

学校根据学情研发特色校本课程，分年级段实施。例如，一年级的科学课程将课标与校园环境、季节因素相结合，培养学生实践能力，提高科学素养。一年级的外教课程能够提高学生学习英语的兴趣，戏曲、3D 等课程进课堂进一步丰富了学校的课程体系。晨诵课上老师们带领学生读诗词、诵经典，将传统文化的种子种在学生心里。二年级的语文老师们还创编了校本晨诵读本，从《三字经》《千字文》《笠翁对韵》等传统经典中摘录，让孩子们在诵读中体会传统文化的韵味。

5.“引”“助”结合促成长

学校采用“请进来”、“走出去”、背靠大树（共享集团优质资源）、伙伴互助（兄弟学校共建促教研）相结合的校本研修模式，推动教师专业成长。一方面，语文、体育、英语学科教师分别与翡翠学校、一六八玫瑰园学校学科组连片结对教研；另一方面，各个学科教师与集团总校骨干教师结对教研。不论哪个学科，都从核心素养、新课标入手，每周教研依托“主题＋课例＋专家微讲座或伙伴评与议”的形式，进行深度研修、共同成长。

6.家校合作助发展

翠微分校在原有家长委员会的基础上，成立了首届家长学校，通过完善家长学校的职能，让家长参与学校管理。同时，学校邀请高校教育专家，对家长进行家庭教育培训。每月一次“家长进课堂”活动，充分挖掘家长的专业特长和兴趣爱好，给家长搭建展示的平台。“家长老师”将书本以外的知识带进课堂，深受孩子喜欢。家长开放周期间，基础课程、社团课程和体育大课间全部开放，在接受家长好评的同时也虚心听取家长的建议。走走学生的上学路，全体教师家访更是将家校合育落在实处。家长是活动的参与者、助力者、监督者，是学校发展的有力保障。

二、多措并举跑出翠微加速度

自创校以来，六安路小学翠微分校在社会各界的关爱下，在“跨区域学校共同体”建设路径探索背景下，共同描绘出一幅美好教育的生长画卷。今天的翠微分校，恰如一本打开的大书，等您来阅读。

学校在规范办学的基础上，追求教育精细化管理。以立德树人、办人民满意教育为目标，以“构建和谐校园，打造幸福课堂”为办学理念，坚持“高品位、精内涵、强特色”的办学思路，全面贯彻党的教育方针，进一步加强教师师德建设，聚焦学生发展核心素养，落实“全人教育”；进一步加强学生养成教育，“情商作业”课程化，融合“六好”落实日常教育规范；深入推进学校改革发展，实施教育信息化，提升学校品牌，增强核心竞争力。

自 2017 年以来，学校先后被授予“合肥市素质教育示范校”“合肥市百姓身边的好学校”“合肥市德育先进集体”“安徽省优秀少先队大队”“合肥市三八红旗集体”“经开区 2019 年办学品质提升奖”“经开区教育工作先进集体”“合肥市首届青少年轮滑球锦标赛体育道德风尚奖”“全国青少年校园冰雪运动特色学校”“北京 2022 年冬奥会和冬残奥会奥林匹克教育示范学校”等荣誉称号。

学生社团成果显著。合唱社团获安徽省第六届中小学文化艺术节二等奖，合肥市第九届、第十届中小学文化艺术节一等奖；经典诵读社获合肥市第七届“广玉兰杯”中小学经典诵读一等奖；啦啦操社团在 2018 年、2019 年合肥市中小学“阳光体育运动”健身操比赛中获得一等奖……

老师们在学科、体育、艺术、科创比赛中也频获佳绩。张德民获得全国教师艺术优质课评选二等奖，周倩倩、刘婷婷获得省微课大赛一等奖，王雅丽、盛姗姗、姚能枝、傅世秀、刘婷婷、周倩倩在“一师一优课”中获得省优课，黄静、韦霞君等多名教师获得市优课，曾梅、傅世秀、郑超、黄静等教师获市课堂教学评比一等奖；刘春燕、王雅丽、朱丹所撰写的论文分别获得国家级一、二、三等奖，李华敏、鲁玲燕、刘春燕所撰写的文章在省级刊物发表，马赟、刘春燕、王雅丽等教师在市级论文评选中分别获得一、二、三等奖……

翠微分校学生已获得省、市及区级奖项共计 475 项。孙夕媛同学获“全国英语演讲比赛”二等奖，王子轩同学获“安徽省青少年科技创新大赛”二等奖，鲍凯翔同学获合肥市第35届青少年信息学竞赛一等奖，6位同学先后获得全国科技创新发明专利……

1.抓师德建设，提高管理质量

强化师德师风建设。认真贯彻落实《中小学教师职业道德规范》，建立教师绩效考核长效机制。认真组织学习国家和省市关于师德规范的各项规定。通过学习党性教育资料、讲党课、观看纪录片、参观等方式凝聚力量、启迪人心。通过“两学一做”学习教育，突出问题导向，把合格的标尺立起来，把做人的底线划出来，使党员教师明确“红线”、知道不可逾越“底线”，自觉按党章办事，自觉遵守党规，自觉践行“三严三实”要求。引导党员教师在关键时刻、重要关头，始终保持政治定力、守住法纪底线、把好师德关口、树好自己形象，用行动体现信仰信念的力量。提升“自信力”，传播“正能量”，为党员教师队伍增光添彩。进一步完善廉政监督制度，健全监督管理机制，搞好党组织对党员教师、党员教师对领导干部和党员教师与党员教师之间的监督工作，把全体党员教师特别是领导干部置于党组织和群众的监督之下。不断完善党员教师教育、党员教师管理、党员教师监督、党员教师考核、党员教师进出制度，使之成为党员教师长期受教育、永葆党员教师先进性的长效机制。实行党风廉政建设责任制，贯彻落实新的惩治和预防腐败体系工作规划，促进学校党风廉政建设工作取得成效。

2. 抓师能建设，提高团队素养

加强教师队伍建设，不断提高教师师德师能，促进教师队伍的转型发展。实行教师治校，推动民主建设。通过教代会落实教师治校，讨论制定一批规章制度，规范教师教育教学行为。同时，由优秀老师组成教代会管理委员会，行使教代会日常管理权力，商定学校重大事项，如教师职称评定、教师教育事故界定、评先评优等。

3. 抓业务建设，夯实人才队伍

学校发展的生命线是教学，而实现高质量教学需要一支综合素质高、业务能力强的教师队伍。学校通过专家名师引领、名师结对活动开展形式多样的教师培训活动，加大对教师专业素养的培养。例如，“请进来”、“走出去”、利用校内教师特长开展培训等活动。

4. 抓教学研究，促进教师成长

一是谋划学科教研活动。每周组织“主题＋课例＋微讲座”集体教研活动。做到有计划、有分工、有记录、有反馈。积极申报各级各类课题研究。组织教师积极申报省市级教研课题。同时组织老师们就课堂中出现的真实问题转化为课题进行研究，分年级组研讨出急需解决的问题，并研讨制定具体的方法和措施，将课题研究真正落实到课堂中，使学生受益。二是进行校本教材的开发。例如，语文组以二年级为试点，进行二十四节气校本课程研究，利用一整年时间带领学生学习认识理解传统的二十四节气，尝试编写《经典晨诵节气读本》。同时尝试开设科学、轮滑、击剑等特色课程，编写社团教材。三是对教师成长材料进行汇编。所有教师要做个人三年专业成长规划，将其汇编成册，同时撰写相关论文、案例并汇编成册。学校将两项汇编成果作为新入职教师的“入校礼”，并将相关论文与案例报送至相关部门参加评选。

5. 抓教学常规，推进精细化管理

常规管理高效精细。教学常规检查从规范逐步走向精细，关注过程，注重教育教学管理的实效；校本教研扎实有效。积极开展联盟校、学科组、年级组教研活动，继续开展语文、英语、体育的一月一主题校际教学联盟活动，同时开展以学科年级组为中心的主题式校本教研活动，尝试以年级组为单位有效推进。落实备课组的“每周教研”活动，凝聚集体智慧，促进教师课堂教学能力的提升；申报各级课题，将课题研究和日常教研的主题相融合，努力构建课堂教学新模式和优质高效的评价体系。利用校级课题小研究，在二年级开设节气课程，并形成校本教材《经典晨诵节气读本》。依托社团课程，逐步研发科学、轮滑、击剑等校本教材。

6. 抓课程建设，助力学生多元发展

课程让学生聪明，社团让学生多艺。校级特色课程从前期的准备到人员的对接、课后的总结，都有专人专项负责。多彩活动，促进学生多元发展。依托外教、科技、3D、戏曲、轮滑、乒乓球等特色课程和丰富多彩的社团活动，以及主题性综合课程，将课堂与生活实践紧密联系，让学生学以致用，提升其综合素养。牢固树立“健康第一”思想，加强体育锻炼，合理安排校园大课间活动，确保每人每天一小时体育活动时间。同时结合学校两操比赛、读书节、运动会、艺术节等活动，使学生综合素质和综合能力进一步提高。

7. 抓思想建设，打好人生底色

认真贯彻执行《公民道德建设实施纲要》，切实加强少年儿童思想道德教育。以爱国主义为龙头，持续对学生进行爱国主义、集体主义、社会主义的思想教育，从大事着眼、小处着手，从做人与做事的角度，从新世纪对人才要求的高度，抓紧、抓实行为养成教育、纪律法制教育、中华民族传统美德教育。通过落实《小学生行为规范》《小学生守则》，努力把基本的做人与做事的要求转化为少年儿童的内在品质，培养学生爱自然、爱集体、爱他人、爱自己的情感，从小做个好公民。

8. 抓素质教育，培育时代好公民

深入开展“美丽学生”评选活动，激发少先队员积极性，进一步增加校园文化底蕴。加强中队文化建设，举办主题中队观摩活动，规范少先队活动程序，更新少先队活动理念，提升活动质量，促进中队辅导员工作水平整体提高。完善红领巾监督岗工作，增加楼道卫生及上下楼纪律的检查与监督，让红领巾监督岗成为校园亮丽的风景。完善文明班级评选制度。成立校园广播站，完善少先队队室的布置，增强队员们的光荣感和组织归属感。开展研学活动的策划，完善入队档案，推进少先队改革。筹划和开展艺术节、毕业典礼活动等。

第三节
翠微文化塑型期：同心共创，注重引领

教育是一项长期且复杂的系统工程，需要每一位参与者以德养德、以爱育爱、以心育心，用一个生命影响另一个生命。在翠微分校，“爱的教育”深入每一位师生的内心，学校也以“四对”“四力”等主题建设为抓手，营造优质的育人环境，打造有厚度、有温度、有高度的教育，树立特色校园品牌。

一、以爱育爱，用“四对”续写翠微故事

翠微分校教师团队较年轻，平均年龄 30 来岁，不少老师是从大学毕业直接迈进了小学校园。抓实教师师德师风建设是一所新校团队成长的重要基础。翠微分校秉承六小教育集团“以家长之爱培育学生，承社会之责做优秀教师”的师德建设目标，沿用“四对”（爱对学生、严对自己、谦对同事、礼对家长）师德教育主题，创新开设“翠微讲坛”，每月一个主题，由年级组牵头策划组织，全体教师共同参与，开展学习、阅读、分享、演讲等活动。几年来，“翠言微语”的故事一直在续写，老师们以“传、帮、带”的形式将思想碰撞的火花继续传承发扬。学

校还将“翠微讲坛”中的精彩论述精编成册，形成了学校教师师德丛书《翠言微语》。为更好地夯实教师师德素养，集团总校长每学期都会到翠微分校开展师德讲座，帮助老师们从小处着手，从大处着眼，树立现代化的育人观。

二、积微成著，以“四力”强化师德引领

教师的师德师风建设固然重要，如何让看似无形的师德师风得到实质的强化呢？合肥市六安路小学翠微分校孙晶校长倡导以教师的“四力”建设推进教师的师德师风建设。“四力”是指学习力、领悟力、判断力和执行力。校长旨在通过提高老师们的学习力、领悟力、判断力和执行力，真正让教师队伍的师德师风建设得到进一步加强。

强化师德引领，深化师德内涵。学校自建立起就非常重视教师队伍的师德师风建设。每月的师德主题活动是学校师德师风建设的主阵地。月月活动有主题，教师们人人参与，从身边人学起，翠言微语，互为榜样。以“四力”建设创新师德主题教育形式，深化内涵建设。以“翠微讲坛”为平台，深化“校长说”“名师说”“管理者说”“班主任说”“青年说”“师德楷模说”等“翠微说”师德品牌，推动师德教育内化于心、外化于行。

新时代赋予教育事业新的使命，也赋予教师新的使命。拥

有学习力的老师才能不断更新观念、把准政策方向、号准师德脉搏；拥有领悟力的老师才能坚守已有经验、精进常态；提升判断力则是老师们身处社会熔炉之中亦能对师德现象进行鉴别；最后，勤于实践创新、主动作为，才是教师执行力的体现，这也是师德考验的试金石。习近平总书记指出“评价教师队伍素质的第一标准应该是师德师风”（《人民日报》2017 年 5 月 26 日），通过推进教师的“四力”建设，翠微分校让师德的引领作用得到进一步强化。

第二章

规范办学 文化育人

——翠微文化内涵与外延解读

办好人民满意的教育，要在政策、理念、文化、规章、制度等方面细细把关、处处着手。作为在新时代教育改革背景下诞生并成长起来的一所六年制普通小学，合肥市六安路小学翠微分校坚持“集团治校、质量立校、特色兴校”的发展思路，秉承“以德润翠，育人于微”的办学理念，以“习惯养成教育”为办学特色，以课程建设为载体，培养“立长志、有担当、会学习、勤实践”的优秀少年。

百年大计，教育为本。六小翠微坚持把优秀的文化理念渗透到教育教学的各个方面，始终积极践行社会主义核心价值观，在政策的制定实施、学校内部管理、职能部门管理、文化体系设计等方面不断探索、尝试、创新和改进，确保学校始终成为培养社会主义事业建设者和接班人的坚强阵地，发挥教育在强国建设中的“基础性、战略性”支撑作用。

第一节
体系设计：翠微文化从无形到有形

合肥市六安路小学翠微分校坚持社会主义办学方向，贯彻落实立德树人根本任务，根据国家教育政策规范办学，形成以“微文化”引领、聚力内涵式发展的新型高质量办学体系。

一、遵循政策方针，将“国之大计”落地落实

教育是国之大计、党之大计，也是民生所盼。合肥市六安路小学翠微分校根据《教育部关于印发〈义务教育学校管理标准〉的通知》《教育部关于当前加强中小学管理规范办学行为的指导意见》以及《教育部等八部门关于规范公办学校举办或者参与举办民办义务教育学校的通知》等政策文件，规范办学。

教育部关于印发《义务教育学校管理标准》的通知

教基〔2017〕9 号

各省、自治区、直辖市教育厅（教委），新疆生产建设兵团教育局：

为认真贯彻党的十九大精神，整体提升义务教育学校管理水平，加快推进教育现代化，在总结各地实施《义务教育学校管理标准（试行）》实践经验的基础上，经认真研究修订，现正式印发《义务教育学

校管理标准》，请结合本地实际遵照执行。

《义务教育学校管理标准》是对义务教育学校管理的基本要求，适用于全国所有义务教育学校。各地教育行政部门要高度重视，认真组织所有义务教育学校对标研判、依标整改，切实做到“一校一案”，全面改进和加强义务教育学校管理工作，促进学校规范办学、科学管理，整体提高教育质量和办学水平，加快推进教育治理能力和治理水平现代化。

教育部

2017 年 12 月 4 日

义务教育学校管理标准

为全面贯彻党的教育方针，促进义务教育学校（以下简称学校）不断提升治理能力和治理水平，逐步形成“标准引领、管理规范、内涵发展、富有特色”的良好局面，全面提高义务教育质量，促进教育公平，加快教育现代化，着力解决人民日益增长的美好生活需要和学校发展不平衡不充分问题，根据《教育法》《义务教育法》等有关法律法规，制定本标准。

一、基本理念

（一）育人为本　全面发展

全面贯彻党的教育方针，坚持教育为人民服务、为中国共产党治国理政服务、为巩固和发展新时代中国特色社会主义制度服务、为改革开放和社会主义现代化建设服务，落实立德树人根本任务，发展素质教育，培育和践行社会主义核心价值观，全面改进德育、智育、体育、美育，培养德智体美全面发展的社会主义建设者和接班人。

（二）促进公平　提高质量

树立公平的教育观和正确的质量观，提高办学水平，强化学生认知、合作、创新等关键能力和职业意识培养，面向每一名学生，教好每一名学生，切实保障学生平等的受教育权利。建设适合学生发展的课程，实施以学生发展为本的教学；加强教师队伍建设，提高教师整体素质；建立科学合理的评价体系，提高教育教学质量。

（三）和谐美丽　充满活力

建设安全卫生的学校基础设施，完善切实可行的安全、健康管理制度，开展以生活技能和自护、自救技能为基础的安全与健康教育。加强校园文化建设，创建平安校园、文明校园、和谐校园、美丽校园，为师生创造安定有序、和谐融洽、充满活力的工作、学习和生活环境。

（四）依法办学　科学治理

建设依法办学、自主管理、民主监督、社会参与的现代学校制度。落实学校办学自主权，提升校长依法科学治理能力，发挥中小学校党组织的政治核心和战斗堡垒作用，拓宽师生、家长和社会参与学校治理的渠道，建立健全学校民主管理制度，构建和谐的学校、家庭、社区合作关系，推动学校可持续发展。

二、基本内容

（包括：保障学生平等权益、促进学生全面发展、引领教师专业进步、提升教育教学水平、营造和谐美丽环境、建设现代学校制度等 6 大管理职责、22 项管理任务、88 条具体内容，详见列表）

管理职责	管理任务	管理内容
一、保障学生平等权益	1.1 维护学生平等入学权利	1. 根据国家法律法规和教育行政部门相关规定，落实招生入学方案，公开范围、程序、时间、结果，保障适龄儿童少年平等接受义务教育的权利。按照教育行政部门统一安排，做好进城务工人员随迁子女就学工作。 2. 坚持免试就近入学原则，不举办任何形式的入学或升学考试，不以各类竞赛、考级、奖励证书作为学生入学或升学的依据。不得提前招生、提前录取。 3. 实行均衡编班，不分重点班与非重点班。编班过程邀请相关人员参加，接受各方监督。 4. 实行收费公示制度，严格执行国家关于义务教育免费的规定。
	1.2 建立控辍保学工作机制	5. 执行国家学籍管理相关规定，利用中小学生学籍信息管理系统做好辍学学生标注登记工作，并确保学籍系统信息与实际一致。防止空挂学籍和中途辍学。 6. 严格执行学生考勤制度，建立和完善辍学学生劝返复学、登记与书面报告制度，加强家校联系，配合政府部门做好辍学学生劝返复学工作。 7. 把对学习困难学生的帮扶作为控辍保学的重点任务，建立健全学习帮扶制度。
	1.3 满足需要关注学生需求	8. 制定保障教育公平的制度，通过各种途径广泛宣传，不让一名学生受到歧视或欺凌。 9. 坚持合理便利原则满足适龄残疾儿童随班就读需要，并为其学习、生活提供帮助。创造条件为有特殊学习需要的学生建立资源教室，配备专兼职教师。 10. 为需要帮助的儿童提供情感关怀，优先满足留守儿童寄宿、乘坐校车、营养改善需求，寄宿制学校应按政府购买服务的有关规定配备服务人员。

（续表）

管理职责	管理任务	管理内容
二、促进学生全面发展	2.1 提升学生道德品质	11. 推动习近平新时代中国特色社会主义思想进校园、进课堂、进头脑，落实《中小学德育工作指南》《中小学生守则》，坚持立德树人，引导学生养成良好思想素质、道德品质和行为习惯，形成积极健康的人格和良好的心理品质，促进学生核心素养提升和全面发展。 12. 教育学生爱党爱国爱人民，让学生熟记并践行社会主义核心价值观，积极开展理想信念教育、社会主义核心价值观教育、中华优秀传统文化教育、生态文明教育和心理健康教育。 13. 统筹德育资源，创新德育形式，探索课程育人、文化育人、活动育人、实践育人、管理育人、协同育人等多种途径，努力形成全员育人、全程育人、全方位育人的德育工作格局。 14. 把学生思想品德发展状况纳入综合素质评价体系，认真组织开展评价工作。 15. 建立党组织主导、校长负责、群团组织参与、家庭社会联动的德育工作机制。将德育工作经费纳入经费年度预算，优化德育队伍结构，提供德育工作必须的场所、设施。 16. 根据《青少年法治教育大纲》，依据相关学科课程标准，落实多学科协同开展法治教育，培养法治精神，树立法治信仰。
	2.2 帮助学生学会学习	17. 营造良好的学习环境与氛围，激发和保护学生的学习兴趣，培养学生的学习自信心。 18. 遵循教育规律和学生身心发展规律，帮助学生掌握科学的学习方法，养成良好的学习习惯。 19. 落实学生主体地位，引导学生独立思考和主动探究，培养学生良好思维品质。 20. 尊重学生个体差异，采用灵活多样的教学方法，因材施教，培养学生自主学习和终身学习能力。

（续表）

管理职责	管理任务	管理内容
二、促进学生全面发展	2.3 增进学生身心健康	21. 落实《中小学心理健康教育指导纲要》，将心理健康教育贯穿于教育教学全过程。按照建设指南建立心理辅导室，配备专兼职心理健康教育教师，科学开展心理辅导。 22. 确保学生每天锻炼 1 小时，开足并上好体育课，开展大课间体育活动，使每个学生掌握至少两项体育运动技能，养成体育锻炼习惯。配齐体育教师，加强科学锻炼指导和体育安全管理。保障并有效利用体育场地和设施器材，满足学生体育锻炼需要。 23. 建立常态化的校园体育竞赛机制，经常开展班级、年级体育比赛，每年举办全员参与的运动会。 24. 落实《国家学生体质健康标准》，定期开展学生体检和体质健康监测，重点监测学生的视力、营养状况和体质健康达标状况，及时向家长反馈。建立学生健康档案，将学生参加体育活动及体质体能健康状况等纳入学生综合素质评价。 25. 科学合理安排学校作息时间，确保学生课间和必要的课后自由活动时间，整体规划并控制各学科课后作业量。家校配合保证每天小学生 10 小时、初中生 9 小时睡眠时间。 26. 保障室内采光、照明、通风、课桌椅、黑板等设施达到规定标准，端正学生坐姿，做好眼保健操，降低学生近视新发率。

(续表)

管理职责	管理任务	管理内容
二、促进学生全面发展	2.4 提高学生艺术素养	27. 按照国家要求开齐开足音乐、美术课，开设书法课。利用当地教育资源，开发具有民族、地域特色的艺术教育选修课程，培养学生艺术爱好，让每个学生至少学习掌握一项艺术特长。 28. 按照国家课程方案规定的课时数和学校班级数配备艺术教师，设置艺术教室和艺术活动室，并按照国家标准配备艺术课程教学和艺术活动器材，满足艺术教育基本需求。 29. 面向全体学生组织开展艺术活动，因地制宜建立学生艺术社团或兴趣小组。 30. 充分利用社会艺术教育资源，利用当地文化艺术场地资源开展艺术教学和实践活动，有条件的学校可与社会艺术团体及社区建立合作关系。
	2.5 培养学生生活本领	31. 贯彻《关于加强中小学劳动教育的意见》，为学生提供劳动机会，家校合作使学生养成家务劳动习惯，掌握基本生活技能，培养学生吃苦耐劳精神。 32. 开齐开足综合实践活动课程，充分利用各类综合实践基地，多渠道、多种形式开展综合实践活动。寒暑假布置与劳动或社会实践相关的作业。 33. 指导学生利用学校资源、社区和地方资源完成个性化作业和实践性作业。

（续表）

管理职责	管理任务	管理内容
三、引领教师专业进步	3.1 加强教师管理和职业道德建设	34. 坚持用习近平新时代中国特色社会主义思想武装教师头脑，加强教师思想政治教育和师德建设，建立健全师德建设长效机制，促进教师牢固树立和自觉践行社会主义核心价值观，严格遵守《中小学教师职业道德规范》，增强教师立德树人的荣誉感和责任感，做有理想信念、道德情操、扎实学识、仁爱之心的好老师和学生锤炼品格、学习知识、创新思维、奉献祖国的引路人。 35. 教师语言规范健康，举止文明礼貌，衣着整洁得体。 36. 严格要求教师尊重学生人格，不讽刺、挖苦、歧视学生，不体罚或变相体罚学生，不收受学生或家长礼品，不从事有偿补课。 37. 健全教师管理制度，完善教师岗位设置、职称评聘、考核评价和待遇保障机制。落实班主任工作量计算、津贴等待遇。保障教师合法权益，激发教师的积极性和创造性。 38. 关心教师生活状况和身心健康，做好教师后勤服务，丰富教师精神文化生活，减缓教师工作压力，定期安排教师体检。
	3.2 提高教师教育教学能力	39. 组织教师认真学习课程标准，熟练掌握学科教学的基本要求。 40. 针对教学过程中的实际问题开展校本教研，定期开展集体备课、听课、说课、评课等活动，提高教师专业水平和教学能力。 41. 落实《中小学班主任工作规定》，制订班主任队伍培训计划，定期组织班主任学习、交流、培训和基本功比赛，提高班主任组织管理和教育能力。 42. 推动教师阅读工作，引导教师学习经典，加强教师教育技能和教学基本功训练，提升教师普通话水平，规范汉字书写，增强学科教学能力。 43. 提高教师信息技术和现代教育装备应用能力，强化实验教学，促进现代科技与教育教学的深度融合。

（续表）

管理职责	管理任务	管理内容
三、引领教师专业进步	3.3 建立教师专业发展支持体系	44. 完善教师培训制度，制订教师培训规划，指导教师制订专业发展计划，建立教师专业发展档案。 45. 按规定将培训经费列入学校预算，支持教师参加必要的培训，落实每位教师五年不少于360学时的培训要求。 46. 引进优质培训资源，定期开展专题培训，促进教研、科研与培训有机结合，发挥校本研修基础作用。 47. 鼓励教师利用网络学习平台开展教研活动，建设教师学习共同体。
四、提升教育教学水平	4.1 建设适合学生发展的课程	48. 落实国家义务教育课程方案和课程标准，严格遵守国家关于教材、教辅管理的相关规定，确保国家课程全面实施。不拔高教学要求，不加快教学进度。 49. 根据学生发展需要和地方、学校、社区资源条件，科学规范开设地方课程和校本课程，编制课程纲要，加强课程实施和管理。 50. 落实综合实践活动课程要求，通过考察探究、社会服务、设计制作、职业体验等方式培养学生创新精神和实践能力。每学期组织一次综合实践交流活动。 51. 创新各学科课程实施方式，强化实践育人环节，引导学生动手解决实际问题。 52. 定期开展学生学习心理研究，研究学生的学习兴趣、动机和个别化学习需要，采取有针对性的措施，改进课程实施和教学效果。
	4.2 实施以学生发展为本的教学	53. 定期开展教学质量分析，建立基于过程的学校教学质量保障机制，统筹课程、教材、教学、评价等环节，主动收集学生反馈意见，及时改进教学。 54. 采取启发式、讨论式、合作式、探究式等多种教学方式，提高学生参与课堂学习的主动性和积极性。 55. 创新作业方式，避免布置重复机械的练习，多布置科学探究式作业。可根据学生掌握情况布置分层作业。不得布置超越学生能力的作业，不得以增加作业量的方式惩罚学生。

（续表）

管理职责	管理任务	管理内容
四、提升教育教学水平	4.3 建立促进学生发展的评价体系	56. 对照中小学教育质量综合评价改革指标体系，进行监测，改进教育教学。 57. 实施综合素质评价，重点考察学生的思想品德、学业水平、身心健康、艺术素养、社会实践等方面的发展情况。建立学生综合素质档案，做好学生成长记录，真实反映学生发展状况。 58. 控制考试次数，探索实施等级加评语的评价方式。依据课程标准的规定和要求确定考试内容，对相关科目的实验操作考试提出要求。命题应紧密联系社会实际和学生生活经验，注重加强对能力的考察。考试成绩不进行公开排名，不以分数作为评价学生的唯一标准。
	4.4 提供便利实用的教学资源	59. 按照规定配置教学资源和设施设备，指定专人负责，建立资产台账，定期维护保养。 60. 落实《中小学图书馆（室）规程》，加强图书馆建设与应用，提升服务教育教学能力。建立实验室、功能教室等的使用管理制度，面向学生充分开放，提高使用效益。

（续表）

管理职责	管理任务	管理内容
五、营造和谐美丽环境	5.1 建立切实可行的安全与健康管理制度	61. 积极借助政府部门、社会力量、专业组织，构建学校安全风险管理体系，形成以校方责任险为核心的校园保险体系。组织教职工学习有关安全工作的法律法规，落实《中小学校岗位安全工作指南》。 62. 落实《国务院办公厅关于加强中小学幼儿园安全风险防控体系建设的意见》《中小学幼儿园安全管理办法》，建立健全学校安全卫生管理制度和工作机制，采取切实措施，确保学校师生人身安全、食品饮水安全、设施安全和活动安全。使用校车的学校严格执行国家校车安全管理制度。 63. 制订突发事件应急预案，预防和应对不法分子入侵、自然灾害和公共卫生事件，落实防治校园欺凌和暴力的有关要求。
	5.2 建设安全卫生的学校基础设施	64. 配备保障学生安全与健康的基本设施和设备，落实人防、物防和技防等相关要求。学校教育、教学及生活所用的设施、设备、场所要经权威部门检测、符合国家环保、安全等标准后方可使用。 65. 定期开展校舍及其他基础设施安全隐患排查和整治工作。校舍安全隐患要及时向主管部门书面报告。 66. 设立卫生室或保健室，按要求配备专兼职卫生技术人员，落实日常卫生保健制度。 67. 设置安全警示标识和安全、卫生教育宣传橱窗，定期更换宣传内容。

（续表）

管理职责	管理任务	管理内容
五、营造和谐美丽环境	5.3 开展以生活技能为基础的安全健康教育	68. 落实《中小学公共安全教育指导纲要》，突出强化预防溺水和交通安全教育，有计划地开展国家安全、社会安全、公共卫生、意外伤害、网络、信息安全、自然灾害以及影响学生安全的其他事故或事件教育，了解保障安全的方法并掌握一定技能。 69. 落实《中小学健康教育指导纲要》，普及疾病预防、营养与食品安全以及生长发育、青春期保健知识和技能，提升师生健康素养。 70. 落实《中小学幼儿园应急疏散演练指南》，定期开展应急演练，提高师生应对突发事件和自救自护能力。
	5.4 营造健康向上的学校文化	71. 立足学校实际和文化积淀，结合区域特点，建设体现学校办学理念和思想的学校文化，发展办学特色，引领学校内涵发展。 72. 做好校园净化、绿化、美化工作，合理设计和布置校园，有效利用空间和墙面，建设生态校园、文化校园、书香校园，发挥环境育人功能。 73. 每年通过科技节、艺术节、体育节、读书节等形式，因地制宜组织丰富多彩的学校活动。

（续表）

管理职责	管理任务	管理内容
六、建设现代学校制度	6.1 提升依法科学管理能力	74. 每年组织教职员工学习《宪法》《教育法》《义务教育法》《教师法》和《未成年人保护法》等法律，增强法治观念，提升依法治教、依法治校能力。 75. 依法制定和修订学校章程，健全完善章程执行和监督机制，规范学校办学行为，提升学校治理水平。 76. 制定学校发展规划，确定年度实施方案，客观评估办学绩效。 77. 健全管理制度，建立便捷规范的办事程序，完善内部机构组织规则、议事规则等。 78. 认真落实《中小学校财务制度》，做好财务管理和内审工作。 79. 指定专人负责学校法制事务，建立学校法律顾问制度，充分运用法律手段维护学校合法权益。
	6.2 建立健全民主管理制度	80. 贯彻《关于加强中小学校党的建设工作的意见》，以提升组织力为重点，突出政治功能，把学校党组织建设成领导改革发展的坚强战斗堡垒，充分发挥党员教师的先锋模范作用。 81. 坚持民主集中制，定期召开校务会议，健全学校教职工（代表）大会制度，将涉及教职工切身利益及学校发展的重要事项，提交教职工（代表）大会讨论通过。 82. 设置信息公告栏，公开校务信息，公示收费项目、标准、依据等，保证教职工、学生、相关社会公众对学校重大事项、重要制度的知情权。 83. 建立问题协商机制，听取学生、教职工和家长的意见和建议，有效化解相关矛盾。 84. 发挥少先队、共青团、学生会、学生社团的作用，引导学生自我管理或参与学校治理。

（续表）

管理职责	管理任务	管理内容
六、建设现代学校制度	6.3 构建和谐的家庭、学校、社区合作关系	85. 健全和完善家长委员会制度，建立家长学校，设立学校开放日，提高家长在学校治理中的参与度，形成育人合力。 86. 引入社会和利益相关者的监督，密切学校与社区联系，促进社区代表参与学校治理。 87. 主动争取社会资源和社会力量支持学校改革发展。 88. 有条件的学校可将体育文化设施在课后和节假日对本校师生和所在社区居民有序开放。

三、实施要求

（一）本标准是对学校管理的基本要求，适用于全国所有义务教育学校。鉴于全国各地区的差异，各省、自治区、直辖市教育行政部门可以依据本标准和本地实际提出具体实施意见，细化标准要求。在实施过程中要因地制宜、分类指导，分步实施、逐步完善，促进当地学校提升治理水平。

（二）本标准是义务教育学校工作的重要依据。各级教育行政部门和教师培训机构要将本标准作为校长和教师培训的重要内容，结合当地情况，开展有针对性的培训，使广大校长和教师充分了解基本要求，掌握精神实质，指导具体工作。

（三）义务教育学校要将本标准作为学校治理的基本依据，强化对标研判，整改提高，树立先进的治理理念，建立健全各项管理制度，完善工作机制。校长和教师要按照本标准规范管理和教育教学行为，把标准的各项要求落到实处。

（四）教育督导部门应按照本标准修订完善义务教育学校督导评估指标体系和标准，一校一案，对标研判、依标整改，开展督导评估工作，促进学校规范办学、科学管理，提高教育质量和办学水平。

教育部关于当前加强中小学管理规范办学行为的指导意见

教基一〔2009〕7号

各省、自治区、直辖市教育厅（教委），新疆生产建设兵团教育局：

进入新世纪以来，我国基础教育事业快速发展，整体上进入更加注重内涵发展和提高质量的新阶段。加强中小学规范管理，办好每一所学校，成为新时期基础教育实现科学发展的必然要求。近些年来，教育部相继出台了一系列规章制度，各地也进行了积极有益的探索和实践，加强了中小学校的管理。但目前一些地方和学校仍然存在着办学行为不规范的突出问题，不符合素质教育的要求，不能很好地适应基础教育发展的新形势，制约着新时期基础教育持续健康发展，成为人民群众普遍关注的热点问题。为进一步全面贯彻党的教育方针，大力推进素质教育，切实加强中小学管理，现提出如下指导意见：

一、强化责任，进一步明确和落实地方各级教育行政部门和学校的管理职责和工作任务

（略）

二、抓住重点，认真解决好当前一些违背教育规律、影响正常教育教学秩序的突出问题

（略）

三、加强领导，建立和完善加强中小学管理规范办学行为的工作机制

（略）

中华人民共和国教育部

二○○九年四月二十二日

教育部等八部门关于规范公办学校举办或者参与举办民办义务教育学校的通知

教发〔2021〕9号

各省、自治区、直辖市教育厅（教委）、党委编办、发展改革委、民政厅（局）、财政厅（局）、人力资源社会保障厅（局）、自然资源厅、住房和城乡建设厅，新疆生产建设兵团教育局、党委编办、发展改革委、民政局、财政局、人力资源社会保障局、自然资源局、住房和城乡建设局：

近年来，公办学校（含其附属学校、校办企业、学校基金会、学校工会等附属机构，下同）充分发挥自身优势，通过举办或者参与举办民办义务教育学校（含十二年一贯制学校、九年一贯制学校、完全中学，以下统称“公参民”学校），积极扩大优质教育资源覆盖面，在一定程度上缓解了部分地方优质教育资源的供需矛盾，满足了人民群众多样化的教育需求，但“公参民”办学模式诱发了许多矛盾和问题，引起社会广泛关注。为贯彻义务教育由国家统一实施的要求，推动义务教育优质均衡发展，根据《中华人民共和国义务教育法》《中华人民共和国民办教育促进法》《中华人民共和国民办教育促进法实施条例》等法律法规要求和《中共中央国务院关于深化教育教学改革全面提高义务教育质量的意见》精神，对“公参民”学校进行专项规范，现就有关工作要求通知如下：

一、严格界定范围

“公参民”学校主要包括以下三类：公办学校单独举办的义务教育学校；公办学校与地方政府及相关机构（含具有财政经常性经费关系的其他单位、政府国有投资平台、政府发起设立的基金会、国有企业等，下同）合作举办的义务教育学校；公办学校与其他社会组织、个人合作举办（含公办学校以品牌、管理等无形资产参与办学）的义务教育学校。

二、理顺体制机制

公办学校单独举办、公办学校与地方政府及相关机构合作举办的义务教育学校，应办为公办学校，按照属地原则，划归市、县级地方政府教育行政部门统一管理；但对于优质教育资源缺乏的地区，由地方政府引进区域外公办学校合作举办的义务教育学校，应坚持公有属性，完善管理模式。

公办学校与其他社会组织、个人合作举办的民办义务教育学校，符合“六独立”要求（即独立法人资格、校园校舍及设备、专任教师队伍、财会核算、招生、毕业证发放）的，可继续举办民办学校，但应在履行财务清算等程序，并对民办学校及相关单位、企业等使用公办学校校名或校名简称进行清理后，公办学校逐步退出；经协商一致且条件成熟的，也可转为公办学校。不符合“六独立”要求的，地方政府要限期整改；整改不到位的，可视情况将其转为公办学校或终止办学。各地须按照《中华人民共和国民办教育促进法》《中华人民共和国劳动合同法》等法律法规，制定具体办法，明确终止或解除劳动合同的教职工经济补偿的标准和资金来源，做好安置工作。

新建居住社区配套建设的义务教育学校，应当建为公办学校。既有居住社区配套建设的“公参民”学校，在条件允许的情况下转为公办学校，也可通过承接政府购买服务方式提供学位、继续办学。

各地要因地制宜、审慎推进，一省一方案，力争用两年左右时间，理顺体制机制，实现平稳过渡。

三、加强规划引领

各地要根据本地经济社会发展及适龄儿童、少年数量和分布等因素，抓紧编制区域义务教育发展规划，着力增加优质公办义务教育资源供给，保障就近入学，不得再审批设立新的“公参民”学校。公办学校也不得以举办者变更、集团办学、品牌输出等方式变相举办民办义务教育学校。

四、规范公有教育资源使用

公办学校将土地、校舍、教学仪器设备等国有资产租赁给民办义务教育学校使用的，应当签订租赁协议，明确期限、价格和双方责任等。租赁价格需按照国有资产管理要求，评估作价、合理确定。公办学校将以划拨方式取得的土地租赁给民办义务教育学校使用的，应当限期纠正，收回自用，或由市、县人民政府收回划拨土地使用权、重新安排供应；公办学校将以划拨方式取得的土地上建成的房屋租赁给民办义务教育学校使用的，应当依法上缴租金中所含的土地收益。

地方政府和公办学校不得向民办义务教育学校新增派具有事业编制的教职工。已经派出的，分阶段分步骤有序引导退出。各地根据实际情况，可设置过渡期，分类管理，稳妥推进。

公办学校向民办义务教育学校提供服务的，应当按照国家有关规定履行审批程序后签订协议，有偿服务费收入按照“收支两条线”管理，防止坐收坐支或私设“小金库”。公办学校应当增强品牌保护意识，规范学校名称、简称的使用，不得违规输出品牌。民办义务教育学校也不得利用公办学校品牌开展宣传或其他活动。

公办学校应集中精力提高自身办学质量，充分发挥优质教育资源辐射效应，采取对口支援、帮扶薄弱学校、开展师资培训等多种方式支持地方义务教育。

五、严格规范招生

公办学校不得以民办义务教育学校的名义开展选拔招生或考试招生，民办义务教育学校不得以公办学校或者公办学校校区、分校的名义招生，也不得以借读、挂靠等名义变相违规招生。

六、落实工作责任

各地要增强“四个意识”，坚定“四个自信”，做到“两个维护”，切实提高政治站位，把规范“公参民”学校作为重要政治任务，成立工作领导小组，稳慎有序推进。要坚持目标导向，依法依规履职尽责，强化形势研判，有效防范和化解风险，避免出现利益输送等问题。要严格责任追究，防止走形变调，对执行不力、顶风违规变相审批的，要严肃追责问责。公办学校要强化政治担当，落实主体责任，积极主动作为，坚持民主决策，切实完成各项工作部署。教育部将加强监督检查，将此项工作分别纳入省级人民政府履行教育职责评价范围和部属高校党政主要领导干部经济责任审计范围。

地方政府及相关机构举办或参与举办民办义务教育学校的，参照本通知执行。各地要在2021年8月底前完成专项摸底排查，理清产权和责任关系，制定分省分年度工作方案，报教育部（发展规划司）备案。对改革中遇到的新情况新问题要及时汇总并按程序上报。

教育部 中央编办 国家发展改革委

民政部 财政部 人力资源社会保障部

自然资源部 住房和城乡建设部

2021年7月8日

二、制定“十二条准则”，守护一方幼苗成长

在国家教育主管部门教育政策的引领下，合肥市六安路小学翠微分校制定了“十二条准则”，将规范办学的各项要求更加具体化、精准化、常态化、长效化，为学生提供健康向上的成长环境。具体内容如下。

（1）加强党的领导。全面贯彻党的教育方针，坚持社会主义办学方向，落实立德树人根本任务，充分发挥党组织战斗堡垒作用和党员先锋模范作用。

(2) 坚持德育为先。培养学生爱党爱国爱人民的情感，增强国家意识和社会责任意识，教育学生理解、认同和拥护国家政治制度，了解中华优秀传统文化和革命文化、社会主义先进文化，增强中国特色社会主义道路自信、理论自信、制度自信、文化自信，引导学生准确理解和把握社会主义核心价值观的深刻内涵和实践要求，养成良好政治素质、道德品质、法治意识和行为习惯，形成积极健康的人格和良好心理品质，促进学生核心素养提升和全面发展，为学生一生成长奠定坚实的思想基础。

(3) 提升智育水平。按照国家课程方案实施教学，确保全体学生达到国家规定各学科学业质量标准。保护学生的好奇心、想象力、求知欲，激发学习兴趣，提高学习能力，培养创新意识。精准分析学情，加强因材施教，各班建立学习困难学生帮扶制度。

(4) 强化体育锻炼。引导学生科学锻炼，掌握健康知识，课间引导学生出教室活动，保护学生视力健康。每年至少举办1次学生运动会或体育节，保证学生在校期间每天校园体育活动时间不少于1小时，确保学生达到体质健康合格标准，每学年掌握1项新的运动技能。

(5) 增强美育熏陶。开齐开好艺术课程，有机整合相关学科的美育内容，每年至少举办1次学生全员参与的校园艺术展演活动，引导每位学生学会1项至2项艺术技能。

（6）加强劳动教育。落实劳动教育课时，开展劳动教育和劳动实践，建立学生值日制度，设立校内外劳动实践场所，建立学生家庭劳动清单制度，广泛开展劳动教育实践活动。

（7）关注心理健康。落实心理健康教育课程，开设心理咨询室，接受学生心理咨询。将心理健康教育贯穿于教育教学全过程，建立心理健康问题学生的筛查、识别和干预机制。对于有心理问题的孩子一生一档，定期掌握学生情况，做好关心和记录。

（8）优化教学方式。注重启发式、互动式、探究式教学，组织研究型、项目化、合作式学习。充分运用现代技术手段，开展情境教学。严格按课程标准组织教学，不随意增减课时、增加难度、调整进度，不得超前超纲。

（9）加强作业管理。建立学生作业统筹和公示制度，调控学生作业时间。科学设计作业，不布置重复性和惩罚性作业。教师对诊断反馈性作业全批全改，不给家长布置作业或要求家长评改作业，不得用手机布置作业或要求学生利用手机完成作业。严格落实中小学教师减负清单，减轻教师额外负担。

（10）完善学校治理。制定并落实学校章程，建立完善教职工代表大会或教职工全体会议制度，建立家长委员会。每学年至少召开1次教职工代表大会或教职工全体会议，每学期至少召开1次家长委员会会议。严禁任何商业广告或活动进校园。禁止学生将手机或电话手表带入学校。课后服务覆盖所有有需求的学生。

（11）打造学校文化。构建积极向上、奋发有为、团结和谐、富有特色的学校文化，培育形成科学的“一训三风”，创作体现学校特色的校歌、校徽、校旗。做好校园绿化、美化和人文环境建设，常态化开展学生社团活动。

（12）守好安全底线。加强平安校园建设，建立健全风险防控、隐患排查、预测预警、应急处置等机制，严格落实应急工作责任制，常态化开展安全教育和安全隐患排查，每月至少开展1次应急疏散演练。

第二节
制度化设计：翠微文化从初始到长效

强基固本，全面发展，制度化设计是校园科学管理、长效发展的关键步骤之一。合肥市六安路小学翠微分校十分注重学校内部和各职能部门的规范化、制度化管理工作，将制度与日常教育工作深度融合，探索现代教育体系建设新模式。

一、健全学校内部管理体制

为切实保障社会主义办学方向，落实立德树人的根本任务，合肥市六安路小学翠微分校制定了合理、完善的办学章程，全面指导学校的日常教学和管理工作，强化校园治理体系和治理能力建设，形成依法治学、依法治教、民主管理、科学发展的现代化校园管理体系。

合肥市六安路小学翠微分校办学章程

（2020 年 11 月 16 日制定　2022 年 12 月 30 日修改）

序　言

合肥市六安路小学翠微分校建校于 2015 年 7 月，属于庐阳区和经开区合作办学，庐阳区六小教育集团派出管理团队，经开区社发局组建教师队伍并管理。学校坚持“集团治校、质量立校、特色兴校”的发展思路，秉承“以德润翠，育人于微”的办学理念，以“习惯养成教育”为办学特色，以课程建设为载体，培养“立长志、有担当、会学习、勤实践”的优秀少年。

第一章 总 则

第一条 为了加强学校管理，实行依法治教，建立自主发展、自我约束运行机制，将学校管理纳入法治轨道，根据《中华人民共和国教育法》《中华人民共和国义务教育法》《中华人民共和国教师法》和《义务教育学校管理标准》等法律法规以及市、区教育主管部门相关文件精神，结合本校实际，制定本章程。

第二条 本校名称全称为合肥市六安路小学翠微分校，简称为六小翠微，住所地址为安徽省合肥市经开区芙蓉路和翠微交口，网址：http：//cwfx. hflx. net/。

第三条 本校由合肥市教育局举办，经经开区事业单位登记管理局登记，具有事业单位法人资格，独立承担民事责任。

本校是一所实施六年制普通小学教育的全日制教育机构，属于公益类事业单位。

第四条 本校招生对象为年满六周岁的学区内适龄儿童。每年的招生规模和范围由教育主管部门确定或者核定。

第五条 本校坚持中国共产党的全面领导，全面贯彻党的教育方针，以习近平新时代中国特色社会主义思想为指导，坚持社会主义办学方向，落实立德树人根本任务，发展素质教育，培养德智体美劳全面发展的社会主义建设者和接班人。

第六条 本校办学理念为“以德润翠，育人于微”，以“习惯养成教育”为办学特色，以课程建设为载体，培养“立长志、有担当、会学习、勤实践”的优秀少年。

第七条 本校坚持以下文化精神：

校　　风：自信、自立、自强。

校　　训：以爱育爱，积微成著。

学　　风：乐学、乐思、乐创。

教　　风：崇德、敬业、尚美。

第八条 本校的主要标识如下：

校歌：《雏鹰飞翔》

校徽：

第二章 组织机构和管理体制

第九条 本校工作由党组织全面领导，实行校长负责制。校长是学校的法定代表人，对外代表学校，对内全面负责学校的教育教学和行政管理工作。校长助理协助校长工作。

第十条 本校校长依法行使下列职权：

（一）全面负责学校教育教学、行政管理工作；

（二）组织制定学校规章制度；

（三）组织实施学校发展规划和年度工作计划；

（四）组织研究教育教学工作、讨论学校重大事项；

（五）负责教职工选聘、调整、考评、奖惩等工作；

（六）支持学校工会、共青团及少先队工作，协助学校与社会单位的关系；

（七）负责学校经费、资产的使用和管理；

（八）其他应当由校长行使的职权。

第十一条　校长办公会议是校长履行日常管理职权的议事机构，负责讨论安排学校教育教学和日常管理工作的重要事项。

第十二条　本校根据办学实际需要，建立由教师、学生及家长代表参加的校务委员会，参与制定学校章程、发展规划和其他重要规章制度。

第十三条　本校党组织按照党的章程、党内法规的规定开展工作，同时保证校长充分行使自己的职权。本校重大事项决策、重要干部任免、重要项目安排、大额资金使用等重大事项，必须经学校党组织集体讨论并作出决定。本校工会、共青团、少先队等群团组织，在学校党组织领导下开展工作，参与学校的民主管理和监督。本校少先队、学生社团由少先队辅导员管理。

第十四条　本校建立以教师为主体的教职工代表大会制度，保障教职工参与学校民主管理和民主监督。凡属教职工代表大会职权范围的事项，都应当提交教职工代表大会讨论或者审议。

学校工会作为教职工代表大会的工作机构，依法保障学校民主管理、民主监督的落实，维护教职工的合法权益。

第十五条　本校设置办公室、教导处、少先队、总务处、工会等职能部门，分别承担相应的管理职能。

第十六条　本校加强教育教学管理，主要内容与方法是：

（一）建立年级部、教研组、备课组等教育教学管理机制；

（二）实行班级授课制，合理组建学生社团；

（三）按照教育主管部门颁发的课程标准和课程方案设置课程，开齐开足课程；

（四）加强思政课建设，全面提升学生思想政治理论素养，实现知、情、意、行的统一；

（五）合理安排作息时间，节假日、课余时间不违规组织集体补课或者上课，落实“五项管理”，减轻学生过重的课业负担。

第十七条　本校依法实行信息公开，切实保障教职工、学生及家长、社会公众对学校重大事项、重要制度的知情权、参与权、表达权和监督权。

第十八条　本校依法建立健全校内纠纷解决机制，综合运用信访、调解、申诉等争议解决手段，处理学校内部矛盾纠纷。

第十九条　本校依法接受教育主管部门和其他有关部门的管理和监督，接受社会、学生家长的监督，重视听取社会各界对学校工作的意见和建议。

第三章　学　生

第二十条　凡按照教育主管部门规定被本校录取或者转入本校学习的受教育者，即取得本校学籍，为本校学生。

第二十一条　本校学生享有下列权利：

（一）参加教育教学计划安排的各种活动，使用教育教学设施、设备、图书资料；

（二）按照国家有关规定获得奖学金、助学金；

（三）在学业成绩和品行上获得公正评价，完成规定的学业后获得相应的学业证书；

（四）对学校给予的处分不服向有关部门提出申诉，对学校、教师侵犯其合法权益提出申诉或者依法提起诉讼；

（五）法律、法规规定的其他权利。

第二十二条　本校学生应当履行下列义务：

（一）遵守法律、法规；

（二）遵守学生行为规范，尊敬师长，养成良好的思想品德和行为习惯；

（三）努力学习，完成规定的学习任务；

（四）遵守学校的管理制度。

第二十三条　本校按照教育主管部门的规定，对学生实行学籍管理，健全学生学籍档案，按照规定办理转学、休学、复学等手续，依法依规对学生给予奖励和惩戒。

学校对修完修学年限内规定课程，学业成绩和综合素质评价合格的学生，准予毕业，颁发义务教育小学完成证书。

第二十四条　本校对学生实施综合素质评价，促进学生德智体美劳全面发展。

第二十五条　本校对家庭经济困难的学生，通过助学金、奖学金、补助生活费等形式提供资助。

第四章　教职工

第二十六条　本校教职工由教师和其他专业技术人员、管理人员、工勤人员等组成。

第二十七条　本校依法建立教职工年度考核、师德考核制度，对教职工定期进行考核，考核结果作为续聘或者解聘、奖励或者处分的重要依据。

第二十八条　本校教师享有下列权利：

（一）进行教育教学活动，开展教育教学改革和实验；

（二）从事科学研究、学术交流，参加专业的学术团体，在学术活动中充分发表意见；

（三）指导学生的学习和发展，评定学生的品行和学业成绩；

（四）按时获取工资报酬，享受国家规定的福利待遇及寒暑假期的带薪休假；

（五）对学校教育教学、管理工作和教育主管部门的工作提出意见和建议，通过教职工代表大会，参与学校的民主管理；

（六）参加进修或者其他方式的培训；

（七）按照规定的条件晋升职称、参加评奖评优。

第二十九条　本校教师应当履行下列义务：

（一）遵守宪法、法律和职业道德，为人师表；

（二）全面贯彻党的教育方针，遵守规章制度，执行学校的教学计划，履行教师聘用合同，完成教育教学任务；

（三）对学生进行以宪法为核心的法治教育、爱国主义和民族团结的教育、安全教育、心理健康教育、中华优秀传统文化教育，以及思想品德、科学技术教育，组织、带领学生开展有益的社会活动；

（四）爱护全体学生，尊重学生人格，促进学生德智体美劳全面发展；

（五）积极指导家庭教育，关心学生身心健康，保护学生安全；

（六）制止有害于学生的行为或者其他侵犯学生合法权益的行为，批评和抵制有害于学生健康成长的现象；

（七）不断提高思想政治觉悟和教育教学业务水平。

第三十条　本校教职工依照国家和省、市有关规定享有工资、保险、福利待遇。学校逐步改善教职工的工作条件，帮助解决教职工遇到的实际困难。

第五章　学校与家庭、社会

第三十一条　本校主动与家庭、属地有关管理机构及社会组织联系沟通，加强学校、家庭、社会密切配合的育人体系建设，形成教育合力。

学校建立或者利用社会资源建立德育、科普、普法、研学旅行等各类教育基地，定期组织开展校外教育活动。

第三十二条　本校按照民主程序，本着公正、公平、公开的原则，在自愿的基础上，组织家长选举成立家长委员会。学校为家长委员会开展工作提供必要的条件，保障家长委员会履行参与学校及班级管理、参与学校教育工作、沟通学校与家庭等职责。

本校成立家庭教育指导委员会。

第三十三条　本校依托社区，开发社区教育资源，开展社会实践活动，为学生创造服务社区和实践体验的机会。学校积极对外开放校内文化设施和体育场馆、设施。

第三十四条　随着学校的不断发展壮大，后期拟建立校友会，发挥校友的宣传、桥梁、教育、助学、咨询等作用，促进学校发展。

第三十五条　本校根据办学实际需要，开展校际互动合作，不断扩大对外交流，拓展教育视野，提升办学水平。

第六章　学校资产及财务管理

第三十六条　本校经费来源依靠财政拨款收入。

第三十七条　本校资产受法律保护，任何组织或者个人不得侵占、私分、挪用。本校积极履行国有资产管理职责，对侵占校舍、场地、设施等实物资产的行为和侵犯学校名称权、名誉权等无形资产的行为，依法追究侵权者的责任。学校资产的转让、拍卖、报废等严格按照有关规定办理，防止国有资产流失。

第三十八条　本校执行政府会计准则制度，财务活动由学校财务部门统一管理。

学校财会人员的任职条件、职责权限、专业技术职称、任免奖惩等，严格按照国家会计法律制度执行。

第三十九条　本校严格执行国家收费政策，按照价格主管部门确定的项目和标准收费，规范收费行为。

第四十条　本校依法接受校友和社会各界的捐赠，建立健全受赠资产的使用制度，加强受赠资产管理并接受社会监督。

第七章 附 则

第四十一条 本校建立健全本章程统领下的学校规章制度体系。学校规章制度的制定、修改、废止均依照民主程序进行。

学校制定的规章制度，凡是与本章程相抵触的，以本章程为准；学校应当及时对违反本章程规定的规章制度进行修改或者予以废止。

第四十二条 本章程未尽事宜，按照法律、法规及上级规范性文件执行；如有抵触，以法律、法规及上级规范性文件为准。

第四十三条 本章程的修改由学校党组织或者校长办公会议提出，经教职工代表大会讨论通过并经学校党组织审定后生效。

学校发生分立、合并或者名称、办学层次、办学宗旨、管理体制变化等重大事项的，应当及时对章程进行修改。

第四十四条 本章程由学校党组织负责解释。

第四十五条 本章程经学校教职工代表大会讨论通过，自学校党组织审定之日起施行。

合肥市六安路小学翠微分校党务工作开展机制

党支部委员会工作职责：

一、负责学校党组织思想、组织、政治作风、制度建设和党员管理教育工作。

二、负责政治理论学习及民主生活会的开展。

三、负责学校精神文明建设及党组织思想、道德、文化建设工作，配合行政领导抓好学校德育工作及教师思想作风建设。

四、抓好党员的党风廉政建设，促进党政班子的廉洁自律。

五、按照党管干部的原则，做好学校中层干部教育、培养、考核、选拔工作。

六、领导学校工会、共青团、少先队等群众组织的工作。

七、完成局党委交办的其他任务。

党支部书记工作职责：

一、积极宣传和贯彻执行党的路线方针政策，保证上级党委和教育行政部门的指示决定在本校的贯彻执行，做到令行禁止，保证办学的社会主义方向。

二、经常对党员进行贯彻执行党的方针、政策、决定的教育和党性、党纪、党风教育。

三、积极参加教育改革，做好改革的思想工作。

四、抓好党的思想建设和组织建设，加强党员理论学习，不断提高党员的思想政治素质；做好党的积极分子的教育培养工作，成熟一个发展一个，发展党员工作做到有计划，落实有关规定。

五、组织职工学习宣传贯彻习近平新时代中国特色社会主义思想和党的方针、政策。关心教职工的工作、生活和健康，了解其基本情况和思想动态，做深入细致的思想政治工作。

六、落实好“三会一课”，做好支部的日常工作。

七、坚持民主集中制，带领支部一班人，抓好工会、教代会、共青团、少先队的工作。

八、深入教育第一线，开展调查研究，改进学校工作。

九、加强对教职工的法制教育，增强教职工的法制观念，提高教职工的遵纪守法的自觉性。

十、指导、监督学校行政指挥系统的工作。

党支部组织委员工作职责：

党支部组织委员在党支部委员会的集体领导下，分管党支部的组织建设工作，其主要职责是：

一、了解和掌握支部的组织状况，根据需要，提出党小组的划分和调整的意见，检查督促党小组过好组织生活。

二、了解和掌握党员的思想状况，协助宣传委员对党员进行思想教育和纪律教育，开展争创先进党支部、先进党小组和优秀党员的活动，搜集和整理党小组和党员的先进事迹，向支委会提出表扬、奖励党小组和党员的建议。

三、负责对要求入党的积极分子和预备党员进行培养、教育和考察，提出发展党员的意见，具体办理接收新党员和预备党员转正的手续。

四、上报党员统计资料，接转党员的组织关系，按时收缴党费，定期向党员公布党费收缴情况。

党支部宣传委员工作职责：

党支部宣传委员要在支部委员会的集体领导下，分管党支部的宣传工作，其主要职责是：

一、了解党内外的思想情况，提出宣传教育工作的意见，拟定和提出学习计划和建议。

二、组织党员学习宣传贯彻习近平新时代中国特色社会主义思想，学习时事政治和党章、党的基本知识。

三、根据上级党委指示，围绕每个时期的工作任务，开展宣传工作。

四、指导本单位职工学习科学、技术、文化知识，组织开展文化体育活动。

党支部纪检委员工作职责：

一、对党员进行党内法规、党风党纪教育。

二、检查本单位对党的路线、方针、政策的贯彻执行情况。

三、研究本单位党风方面存在的问题，向支部委员会提出加强党风建设的意见和措施。

四、保障党员的民主权利，受理党员和群众的申诉，并及时向支部委员会通报。

五、对党员违反党纪问题进行调查，并提出处理意见，帮助他们改正错误。

党小组组长工作职责：

在党支部的统一领导下，负责党小组党员的教育和管理，直接组织和指导每个党员的日常活动，使之发挥先锋模范作用，保证党的路线、方针、政策及各项决议得到贯彻落实。其主要任务是：

一、按照实际情况，分配每个党员一定的工作，具体地组织党员去实现支部的决议。

二、组织党员学习宣传贯彻习近平新时代中国特色社会主义思想，学习党的路线、方针、政策和决议，学习党的基本知识和时事政治。

三、接受党员的汇报，定期召开党小组生活会，开展批评与自我批评，对党员进行教育和监督，组织督促党员按时参加党的各种活动，按时收缴党费。

四、组织党员在群众中宣传党的政策和决议，做群众的思想政治工作，经常向支部委员会反映群众的意见和要求，关心群众的物质文化生活。

五、按照支部分工和要求，认真做好对入党积极分子和预备党员的教育考察工作，协助支部做好党员鉴定。

合肥市六安路小学翠微分校党支部工作会议制度

一、支部大会每季度召开一次，遇有紧急事项，书记可随时决定召开。

二、会议的主要内容：传达贯彻上级领导机关会议文件精神，研究实施意见和措施；研究部署年度或阶段性重要工作；汇报交流工作进展情况和人员的思想状态；需要讨论研究的工作事项和决议。

三、支部大会由书记主持，因特殊情况缺席，可委托其他支部委员主持召开。

四、对重大问题作出决策，要坚持民主集中制原则。

合肥市六安路小学翠微分校党支部议事规则

一、议事内容

学校党支部应当讨论或决定以下事项：

（一）讨论并决定学校思想政治工作有关事项。

（二）讨论并决定学校党的建设有关事项。

（三）讨论学校发展规划、年度工作计划、重要规章制度。

（四）讨论研究学校改革方案、学校基本建设等。

（五）讨论学校干部的管理、教育、培养、选拔、考核工作。任免学校中层行政领导干部，要经过党政班子集体讨论、进行公示，由校长依照有关规定履行任免手续。

（六）讨论并决定涉及师生切身利益的重大事项。

（七）讨论工会、共青团、少先队、代表大会的工作事项。

（八）讨论学校建设与发展的重大事项。

二、议事制度

（一）支部委员会每月召开一次支委会，特殊情况可随时召开。

（二）支委会召开的时间、议题，一般应在会议召开前1—2天通知各委员。

（三）支委会议必须委员到会超过半数方能举行，讨论任用干部需三分之二以上成员到会。

（四）支委会议讨论问题时，首先由议题的提出人就议题做简要说明，然后委员就议题发表意见，主持人根据讨论情况归纳集中，提出初步意见，最后由到会的委员进行表决。

（五）支委会议进行表决，赞成票超过应到会人数的半数为通过。对一时难以统一的问题除紧急情况以外，可暂缓作出决定。要进一步调查研究、交换意见，等意见一致后再提交会议表决。

（六）表决方法可根据讨论事项的不同采取口头、举手、无记名投票等方式。会议决定若干事项时，应逐项表决。

（七）表决结果由支持人当场宣布，并做好记录，讨论干部任免事项时，应如实记录推荐、考核、讨论决定的情况。

三、责任追究

领导班子成员不遵守、不执行集体讨论的决定，或未按集体的决定和分工履行自己的职责，给工作造成损失的应当追究责任。

合肥市六安路小学翠微分校政治理论学习制度

一、建立政治理论学习领导小组，负责全校教师的政治理论学习。

二、主要学习内容：按上级党委的要求，以党的指导思想、法律知识、教师职业道德建设等内容为主，并结合我校实际情况确定相应的学习内容。

三、政治学习以自学为主、集中学习为辅。

四、政治理论学习要求学习有笔记、有心得、有总结。

五、对教师政治学习的出勤、学习笔记、测试、总结等情况支部要做好记录，并将结果列为教师考核与评估的内容。

合肥市六安路小学翠微分校党支部“三会一课”制度

一、支部党员大会一般每三个月召开一次。

其内容为：

（一）传达、学习党的路线、方针、政策和上级党组织的决定、指示，制定本单位贯彻落实的计划和措施。

（二）定期听取、讨论支部委员会的工作报告。

（三）讨论接收新党员和预备党员转正，讨论决定对党员的表彰和处分。

（四）选举支部委员会和出席上级党代表会的代表。

（五）讨论决定其他需要由支部党员大会讨论决定的重大事项。

二、党的支部委员会会议

由半数以上党的支部委员会成员参加。

（一）讨论研究思想政治工作和党员的教育问题。

（二）贯彻执行上级党组织的指示和决定，保证完成教育、科研、行政等问题。

（三）发展党员，选拔干部以及对党员的奖惩问题。

三、党小组会议

一般每月召开一次至两次，如支部有特殊任务，次数可增加，也可推迟召开。其内容有：

（一）组织党员学习。

（二）研究如何贯彻执行支部决定，完成各项任务。

（三）党员汇报思想工作情况，贯彻执行支部决议和完成党小组分配的工作情况，开展批评和自我批评。

（四）改选小组长，酝酿支委候选人和出席上级党代表大会的代表候选人，研究发展对象，评选优秀党员，讨论对党员的处分等党务方面的工作。

（五）针对群众的思想状况，研究如何做好思想政治工作。

四、按时上好党课

按上级对党员学习内容的要求做好党课教育。

合肥市六安路小学翠微分校党风廉政建设制度

一、严守法纪，不搞以权谋私，严禁以任何名义吃、拿、卡、要和报销由个人支付的各种费用。严格执行廉政建设的有关规定。

二、秉公尽责，牢固树立为师生服务的思想。

三、积极开展批评与自我批评，敢于同腐败现象做斗争。

四、实行政务公开，增加工作透明度，做到公开、公平、公正。

五、勤俭节约，杜绝浪费，努力降低办公成本，压缩一切不必要的开支。

六、凡出现违法乱纪的事件，对有关当事人一查到底，严肃处理。

合肥市六安路小学翠微分校党员领导干部廉洁自律十条规定

一、不准违反决策程序擅自决定重要干部任免、重要事项安排和大额度资金使用等事关学校改革发展全局的重大事项。

二、不准在干部选拔任用（聘用）中拉选票、打招呼，封官许愿，任人唯亲，营私舞弊，或采取不正当手段为本人或他人谋取职位。

三、不准违反规定干预和插手学校基建（修缮）工程项目、物资设备采购、资金借贷、重大项目投资等经济活动，以及校办产业、后勤服务等经营管理活动。

四、不准违反规定干预和插手招生、录取、专业技术职务评聘、科研项目评审等工作。

五、不准违反规定在校内外经济实体中兼职或兼职取酬，以及从事有偿中介活动。

六、不准以本人或者借他人名义经商、办企业。

七、不准收受学校所属单位及个人的礼金、有价证券、支付凭证等财物。

八、不准违反规定在学校所属单位领取津贴、补贴、奖金，或违反规定买卖经济适用住房等保障性住房。

九、不准以不正当手段为本人或他人获取荣誉、职称、学历、学位等利益，或者从事有悖学术道德、职业道德的活动。

十、不准利用职权和职务上的影响为本人或领导干部之间利用职权相互为对方配偶、子女及其配偶、其他亲属以及身边的工作人员在考试、入学、就业、专业技术职务评聘、职务晋升以及经商、办企业等方面提供便利条件。

合肥市六安路小学翠微分校领导干部联系群众工作制度

为发扬领导干部密切联系群众的光荣传统，特制定领导干部联系群众制度。

一、建立干部联系制度，定点联系教师、教工，调查研究，帮助解决实际问题。每位干部与 1—2 名教师或相应部门建立联系。

二、定期了解被联系对象各方面的情况，做到知其家庭住址、人口、经济情况、特长、思想状况及主要社会关系。

三、对来信来访的群众以热情认真的态度接待，能办理的及时办理，不能办理的对其做耐心细致的解释工作。

四、及时向被联系对象宣传党的路线、方针、政策，交谈工作，交流思想，增进团结，广开言路，畅通民意表达途径，及时了解教职工所需、所急、所忧、所盼、所想，积极帮助解决工作、生活中的实际问题和困难，为他们排忧解难。

五、通过被联系对象，倾听教职工的意见和呼声，并向组织汇报有价值的情况。

六、加强廉政建设，反对腐败现象，密切联系群众，是加强党的建设的重要举措。领导干部要带头发扬艰苦奋斗的优良传统，严格遵守中央“八项规定”等有关规章制度，凡要求群众做到的领导干部应事先做到做好，自觉接受社会监督。

合肥市六安路小学翠微分校党支部“红马甲志愿者”工作制度

学校党支部为了充分发挥党员干部和党员教师的先锋模范作用，积极开展以“党员联系困难群众、联系身边群众、联系普通群众，党员为群众代言、为群众排忧、为群众服务”为主要内容的党员“红马甲志愿者”活动，并结合我校工作实际，制定如下实施方案。

一、指导思想

以党的方针政策为指导，引导全校党员深入群众，弘扬党的优良作风，了解群众疾苦、倾听群众呼声，反映群众的合理诉求，反映群众的实际困难，反映群众的热切期盼，着力解决群众反映强烈的突出问题和存在的实际困难；创新服务方法，提高服务质量，落实服务措施，为建设教育强区、办好人民满意教育提供坚强有力的组织保证。

二、活动内容

本着实事求是、量力而行的原则，精心组织、统筹安排、务求实效，着力实施“铸师魂、明师德”凝心工程，大力开展“红马甲志愿者”行动，通过问卷和走访的形式了解教职工对学校管理、家长对教师师德师风的建议或意见，畅通意见表达的渠道，进一步融洽党群关系，解决师德突出问题，完善监督机制，树立良好的师表形象。“红马甲志愿者”行动，即“单位班子成员联系教职工，帮排忧；教师联系学生，帮解难”，实现“上级党组织为基层党组织服务，基层党组织为党员服务，党员和党组织为群众服务”。活动关注每一个党小组，关爱每一位教职工，关心每一个学生，做到“知百家情、解千家愁、暖万家心”，用责任铸就师魂，用爱心弘扬师德。

三、具体做法及安排

（一）支部书记带领支委和行政班子成员走访本单位在职和退休党

员。在走访之前，先探讨出谈心方法，形成共识，即支委与党员访谈的过程中，既要了解党员的困难、要求，又要征求党员对学校工作的意见和建议。

（二）在职党员联系身边群众。每一位在职党员确定 1—2 个联系对象，主要包括入党积极分子、有困难的教职工和普通教职工等。党员与联系对象进行谈心谈话，了解其思想、工作、生活、经济等方面的情况，了解和听取他们的意见、建议。党员既要协助学校向群众做好释疑解难工作，又要向学校党组织反映群众的呼声。

（三）教师走访学生家庭。由学校安排教职工全员参与走访全校学生，对父母离异的单亲家庭、生活有特殊困难的学生家庭、病残学生家庭、行为偏差的学生家庭、思想学业上有重大变化的学生家庭、学习困难的学生家庭、外来务工人员子女家庭进行重点家访，解决或者向学校反映他们的困难。

四、推进措施

（一）高度重视，精心组织。要把开展以“红马甲志愿者”活动为主要内容的“党建服务年”活动作为全年的一项重要工作，迅速行动起来。

（二）结合实际，注重实效。紧密结合实际，突出实践特色和自身特点，认真设计本单位的目标和任务，制定切实可行的具体实施方案，增强针对性和可操作性，把各项工作落到实处。党员要建立开展“红马甲志愿者”活动的校情日记，支部要建立“红马甲志愿者”活动的台账，详细记录参加活动党员所联系对象的基本情况及需要解决的实际困难与问题，为群众代言、解难、服务的实际效果，并及时录入党员信息管理系统，做到有据可查、动态管理。

（三）树立典型，示范带动。本支部要努力培育、大力宣传一批“红马甲志愿者”活动抓得好、实际成效好、群众反映好的优秀党员。

（四）健全机制，形成长效。要按照边开展活动边总结提升的要求，以“红马甲志愿者”活动为契机，探索建立党员承诺制，建立健全党组织服务党员、党员联系服务教职工、发挥先锋模范作用的长效机制。

合肥市六安路小学翠微分校党支部民主评议基层党组织、民主评议党员制度

一、民主评议基层党组织、民主评议党员（以下称“双评”）工作要在上级党委领导下，以支部为单位进行。支部要重视“双评”工作，周密安排，精心组织。支部书记要深入调查研究，坚持实事求是，防止偏宽或偏严。

二、“双评”活动一年一次，可在年中或年末进行，时间要相对集中，方法要简便易行。活动分为四个阶段（准备阶段、总结自检阶段、评议整改阶段、表彰处理阶段），要根据单位实际情况，确定具体的评议内容，重点解决有倾向性的问题。

三、“双评”活动要和评优评先、师德师风建设等工作有机结合起来，互相促进，真正收到实效。

四、充分发扬民主，依靠广大党员进行自我教育、自我提高和自我净化。广开言路，广泛征求党内外同志的意见，虚心接受他们的批评和监督。民主评议结果和措施要向广大党员通报。

五、要坚持实事求是，每个党员要以对党对同志高度负责的态度参加评议，无论是自我总结还是相互评议，无论是对党员个人还是对党组织，都要严肃认真、实事求是、一分为二。

六、注重实效，保证质量。“双评”工作要把保证质量放在第一位。要从实际出发开展评议，抓住主要矛盾，加强思想政治教育，真正提高觉悟，增强党性，切实解决问题，防止做表面文章及走过场。

七、要把学习教育和思想政治工作贯穿评议的全过程。“双评”活动是对广大党员进行普遍深入的思想政治教育的良好契机。支部要及时

掌握党员的思想情况，针对不同问题，做好深入细致的思想政治工作。

八、“双评”工作要有计划、有总结、有活动记录。

合肥市六安路小学翠微分校党支部优秀党员评选条件和办法

一、评选条件

（一）师德高尚，遵纪守法，心胸坦诚，顾全大局，不计个人恩怨和得失。无迟到、旷课现象，无有偿家教行为。

（二）认真参加党组织的活动，积极参加政治学习，认真做笔记，按时上交学习心得体会。

（三）自觉按照党员的标准严格要求自己，党性强，作风正。积极参加党组织活动，履行党的义务，按时缴纳党费。

（四）能模范遵守学校的各项规章制度，有强烈的事业心和工作责任感，在日常教育教学等工作中“走在前面，当好表率”，在群众中有较高的威信，受到同事的尊敬、学生的喜爱和家长的好评。

（五）认真完成教学任务，积极进行教育科学研究，教学成绩优良；关爱每一位学生，在学困生的转化方面和班级管理方面成绩突出。

（六）所教班级班风好，全年无事故发生；学风好，有集体成果获得校级以上推广，名优学生多。无安全事故发生，有创新工作成果。

二、评选办法

（一）坚持民主、公开、公正原则，党小组根据评选条件进行推荐。

（二）支部委会成员进行审核通过。

三、评选比例

按党员总数的20％进行评选。

合肥市六安路小学翠微分校党组织民主监督制度

一、坚持党的集体领导与个人分工负责相结合的原则，凡属重大问题，应由支部委员会集体研究决定。在研究问题时，要畅所欲言，各抒己见，并严格遵守少数服从多数的原则，不搞一言堂、家长制。

二、加强组织观念，建立请示汇报制度。凡属重大问题，支部必须向上级党组织请示汇报，领导成员个人必须向所在组织请示汇报。

三、党支部必须按工作常规召开党员大会，向全体党员报告工作，征求广大党员对党支部的工作提出的建议。

四、党支部设立纪律检查委员，成立纪检小组，负责检查监督全体党员，特别是支部委员的工作和守纪情况。对违纪党员，要严肃批评教育，并根据错误大小和情节轻重作出处理。

五、支部委员与普通党员一样，定期参加支部学习和组织生活，加强与党员群众的联系，接受党员群众的监督。

六、定期召开组织生活会，开展批评与自我批评。要讲学习，讲政治，讲正气，保持党的肌体不受不正之风的侵袭。

七、认真开展民主评议党员，发动党内外群众，对每个党员，特别是领导干部的学习、工作、作风等方面开展民主评议，一年一次，最后综合各方面意见，对每个党员作出实事求是的科学的评定。

合肥市六安路小学翠微分校党支部党务公开制度

一、根据上级党委有关精神要求，为规范我校的党务工作，实行党务公开工作制度。

二、党务公开工作以习近平新时代中国特色主义思想为指导，认真贯彻党的二十大会议精神，按照“两个条例”的要求，将党员对党内事务的知情权、参与权和监督权落到实处，以党内民主推进全校的民主政治建设，提高党建工作规范化水平，进一步密切党群关系，不断增强学校党总支的创造力、凝聚力和战斗力。

三、党务公开的基本原则

（一）充分相信群众，依靠群众；

（二）集思广益，广开言路；

（三）重大决策，程序公开、内容公开；

四、党务公开的内容

按照依法公开、真实可信的要求，凡是群众关心的党内热点问题、容易出现以权谋私、滋生腐败、引发不公的事项，只要不涉及党内的秘密，都要最大限度予以公开。

（一）党总支的重大决策、决定、决议的酝酿、拟定、出台及落实情况。

（二）领导班子自身建设情况。领导班子的思想建设、组织建设、作风建设、制度建设以及党风廉政建设责任制考核情况，组织生活会征集意见、开展批评和自我批评、整改情况，领导干部述廉情况，重要情况通报和报告等。

（三）干部制度执行情况。干部考察预告、任前公示、竞聘上岗、奖惩情况以及《党政领导干部选拔任用工作条例》规定的公开事项。

（四）领导干部廉洁自律规定执行情况。

（五）组织建设情况。党员发展情况、入党积极分子情况、民主评议党员情况、党费收缴情况等。

（六）考核情况。党务工作考核情况和受表彰情况。

（七）监督情况。违法违纪问题查处和信访监督情况。

（八）群众认为有必要公开的党内其他事项。

五、公开的程序

按照“事前公开、征求意见、决策公开、民主讨论、结果公开、接受监督”的程序，将党务公开工作贯穿于党内重要事务的酝酿、决策、实施的全过程。党支部在讨论决定事项、制定目标任务之前，要充分征求党员群众的意见，利用党员大会、小组会等载体集思广益，形成初步方案，经讨论后，将最终结果向广大党员群众公开。人事任免、干部培养等内容按《党政领导干部选拔任用工作条例》要求执行。

六、公开的时间和形式

公开的时间，根据内容分为常年公开、定期公开、适时公开三种。做到重大决策、目标任务常年公开，经常性工作定期公开，阶段性工作逐步公开，临时性工作随时公开。公开的形式以设立党务公开公示栏为主。具体工作中，从实际效果出发，区别不同内容，选择党内会议、文件、新闻媒体、谈话活动、回复函询等形式进行公开。

七、监督与考核

将党务公开工作作为党风廉政责任制和党建工作的重要内容，切实搞好公开公示，及时了解党员群众的反馈情况，为认真落实党务公开制度提供基础保障。

合肥市六安路小学翠微分校党支部发展党员工作制度

一、发展党员工作的基本方针是“坚持标准，保证质量，改善结构，慎重发展”。

二、发展党员工作要坚持有计划发展，质量第一，入党自愿，个别吸收的基本原则。

三、要求入党的同志必须向所在支部提出申请，并由支部确定两名正式党员负责培养。被确定为入党积极分子后，要填写入党积极分子登记表，由培养人按党员标准进行培养、考核，每半年要填写一次考核情况，两名培养人均需填写意见。

四、经过一年以上的培养时间并具备发展条件的入党积极分子方能列为发展对象。发展党员工作要做到材料齐全、手续完备。

五、支部大会讨论某同志入党时，本人必须到会。必须经支部正式党员半数以上通过方能有效。支部大会决议要把表决情况表述清楚，由支部书记签字盖章后上报局党委。

六、预备党员在预备期内，没有出现任何问题，符合党员标准，即可按期转正。转正须由预备党员本人向支部提出申请，党支部要按时召开党员大会讨论，并将讨论结果上报局党委。接到局党委的审批结果后，支部书记要与本人谈话，并将审批结果在支部大会上宣布。

合肥市六安路小学翠微分校党支部预备党员培养考察制度

一、定期布置学习任务，并检查其学习情况。

二、定期谈话，入党介绍人每两个月、组织委员每季度找预备党员谈一次话，肯定成绩，指出不足，提出要求。

三、定期汇报评议。预备党员每季度向党小组汇报一次思想、工作、学习情况，党小组按季进行评议，个人汇报和小组评议结果分别填入预备党员考察档案。支委会根据党小组的评议进行深入考察，以此作为转正依据。

四、预备期满，支部及时召开支部大会进行讨论，作出预备党员转正、延期或取消预备党员资格的决定。

合肥市六安路小学翠微分校党支部入党积极分子培训制度

一、为确保发展党员的质量，学校党支部负责对入党积极分子进行培训，一般每季度培训一次。

二、培训内容主要是党的基本知识，重点学习《中国共产党章程》《入党教材》以及时事政治。学习培训可以帮助他们懂得党的性质、纲领、任务、宗旨、纪律、党员的义务和权利，懂得党的理论和基本路线，端正入党动机，明确奋斗目标。

三、支部要定期对入党积极分子的培训成果进行验收。把验收结果作为考察积极分子是否具备入党条件的内容之一。

四、对入党积极分子的培训，要根据他们的实际情况，紧密联系实际，有针对性地进行教育。形式要灵活多样，务必讲究实效。

合肥市六安路小学翠微分校党员活动室管理制度

党员活动室是党的基层组织进行政治生活、“三会一课”及其开展党员教育活动与相互交流的主要场所，是彰显党员先锋模范作用的重要阵地。为搞好党员活动室建设与管理，特制定如下制度：

一、党员活动室工作人员要有强烈的事业心和责任心，认真学习党的路线、方针、政策，倾听党员呼声，自觉为加强基层党的建设服务，为提高党员素质服务。

二、党员活动室的一切设施要登记造册，党员活动室的管理由支部负责，办公室负责日常管理。

三、需要使用活动室，须提前申请，征得办公室同意后方可使用，并实行申请人负责制。

四、活动室所配备的所有物品应妥善使用，用后按原样摆放好，不得随意外借，损坏、丢失要照价赔偿。

五、室内报刊书籍阅读后请放回原处，未经同意不得携带外出；借用书刊需按规定办理手续。

六、活动室内严禁大声喧哗、吃零食、乱扔脏物等，使用后要及时清理打扫，保持整洁。

二、推进学校各职能部门规范管理

依法治校体现在日常办学的点滴实践中。合肥市六安路小学翠微分校依照国家相关法律，以办学章程为引领，与时俱进地完善学校管理中的各项制度，形成科学、规范、有效的校园管理机制。

合肥市六安路小学翠微分校行政班子会议制度

学校行政管理人员应在政治思想和行动上同党中央保持一致。全面贯彻党的教育方针，全面提高教育质量。学校行政管理人员应执行教育局和政府的决定，保持政令畅通，严格遵守学校的规章制度，坚持党性和政策性原则，奉公守法，发扬奉献精神，对不良的风气应坚决抵制和斗争，在师生中起到表率作用。对分管工作应敢于负责，不相互推诿，更不能对学校中的不良风气和现象听之任之。要抱着对教育事业负责的态度，做好人民的勤务员。

第一条　行政会议是校长主持，讨论决定学校日常行政工作的会议。

第二条　行政会议由正副校长、正副主任组成。会议应邀请党支部书记、工会主席参加。必要时，可邀集有关人员参加。

第三条　行政会议一般每周定期举行一次。参加会议者在会前必须作好充分准备，按时出席会议，形成良好的会风。

第四条　参加会议者要全面地和如实地汇报本部门的工作、上次行政会议决议的执行情况、下阶段工作要点及需要其他部门协调的问题。

第五条　行政会议实行民主集中制的原则。行政会议要在与会者充分讨论的基础上，由会议主持者作出决定从而形成会议决议。

第六条　行政会议应本着“知无不言，言无不尽，言者无过”的原则。与会者应注意会议内容的保密性，不得随意传播。会议形成的决议由谁传达、传达的范围与方式以及由谁执行决议都应有明确的规定。

第七条　学校各职能部门应不折不扣地、创造性地落实行政会议所形成的各项决议，不得随意篡改或各行其是。

第八条　行政会议形成的决议，需要修改或否定的，一般仍应通过行政会议商定。必要时，校长可修改或否定，但必须在下次行政会议向与会者提出申辩。

第九条　行政会议应作好详细的文字记录，按学期归档。

第十条　校长可委托副校长或有关人员主持行政会议。

合肥市六安路小学翠微分校办公室工作制度

一、督导工作制度

办公室，全面负责学校各处室工作协调、信息反馈，对学校布置的各项工作负责督查催办。

1. 督查与催办

（1）对校长办公会议、校务会议决定的落实情况进行督查，并向有关领导汇报。

（2）会同有关领导每周对各部门的工作情况进行一次抽查。

（3）对上级领导交办的事项以及各种会议的决议，要督促有关处室按要求认真办理，做到事事有着落、件件有回音。

（4）对有关部门或个人请示的问题，要及时提醒有关领导认真研究、处理、给予答复。

2. 信息反馈

（1）对校长和校长办公会议布置的工作进行及时反馈。

（2）对各部门以及负责人完成目标及工作情况进行及时反馈。

（3）对学校各部门和师生意见，要求及时反馈。

二、公用章制度

1. 严格控制公用章的使用，个人不得以组织的名义私自启用公章。实行印章登记制度，加盖印章须经主管校长签字。

2. 公章不得随意放置，不用时加锁，节假日加封。

3. 杜绝在废纸、废书、废报刊处乱盖公章。

4. 各处室及外单位使用学校公章，一般要到办公室加印，特殊情况要向主管校长请示并经批准后，专人负责方可带出办公室，用毕及时归还。

5. 所有需用印章，必须向管理公章人申明原委，发出公函、稿件及文件等要有领导批示，否则不能加印。

三、派差暂行规定

1. 因公出差，要到办公室领取出差登记单，填写出差原因、时间、地点等有关事项，办公室审核签字后方可出差。

2. 县（区）内出差，报请主管校长审批；县（区）外出差，报请校长审批。

3. 出差人员回来后，填好差旅单，报办公室审核后统一报校长签字，再由本人到会计处报销。

4. 学校会计报销差旅费，时间、地点均以办公室派差登记单为准。

5. 报销单据时要附出差登记单。

四、文书档案管理制度

1. 档案总目录包括两大类：教职工人事档案、文书档案。

2. 教职工档案。教师基本情况登记表、鉴定表、考勤表、在校职务、工作业绩、评优评先、进修学习状况等。

3. 文书档案。每学期各项工作计划、工作总结，上报的各种材料，重要会议内容记录、各种统计报表、各种评比记录、奖惩记录、领导人员的任职通知书，本校教职工的调整、定级、调资、退休、离休、评残、抚恤等材料，干部调动的移交书。

4.办公室负责档案分类、整理、装订成册，并由专人保管。

5.任何人不准私自翻阅档案，更不准带出，如因公事确需查阅，经办公室管理人员核准，填写《借阅登记单》查阅。

合肥市六安路小学翠微分校教导处工作制度

一、态度和悦温婉，礼貌清晰回答师生或家长事务问询，能解决的立即解决，不能解决的汇报给有关领导或科室，并做好引导交接。

二、工作积极认真、规范严谨。对业务校长负责，高效完成上级布置的各类检查评比工作。

三、学期初及时督促各年级部编印好课程表、任课教师表等各种表格，保证教学工作的顺利进行。

四、确保实验室、图书室、信息中心等各科室工作正常运转，有效服务教学工作；适当组织学科论坛活动，引领高效课堂建设工作。

五、按时完成学校分配给教导处的日常事务性工作。

六、按时完成教导处职权范围内的各项常规工作。

七、认真安排组织好期中、期末以及各类大型考试和阅卷工作。

八、管理好各种档案资料，定期分类归档。

九、定期进行安全检查，履行教导系统的安全管理工作。

十、规范完成学校布置的临时性工作。

合肥市六安路小学翠微分校总务处工作制度

一、总务处所有人员要牢固树立服务意识、先行意识，切实保证为教学服务、为一线教师服务，做好后勤保障工作。

二、全体工作人员必须牢固树立艰苦奋斗、勤俭节约的思想，反贪倡廉，做到不挪、不占、不贪。

三、总务处所有人员上下班时间均按学校要求执行，确有特殊情况者，按学校规定进行请假、销假。

四、全体工作人员要服从分配、努力工作，杜绝上班时间敷衍了事的现象。需要加班按照学校有关规定执行。在上班时间完成学校交给的突击性工作一律不记加班。

五、物品采购前须由申购人填写《物资采购申购单》，报相关领导批准后交采购员采购，采购物品后交仓库保管员办理有关入库、领用手续。

六、固定资产管理要制度化、系统化，学校安排资产管理员统一管理。固定资产如需报废，须由资产管理人或使用人提出申请，由总务处组织专人进行核查、确认，报校长室批准，并计入固定资产增减。

七、学校根据需要临时用工，临时工的管理归总务处。临时工在校工作期间必须服从分配，遵守学校的规章制度。

八、加强工作责任心，严防各种事故的发生。

合肥市六安路小学翠微分校少先队工作制度

一、队干部选举制度。队章规定每半年至一年改选一次队委会和队长。这是发扬民主精神、进行当家做主教育的一种制度。改选一般在学年或学期初进行。

二、队干部轮换制度。每个队干部有一定的任职期，期满无特殊情况不再连任。这种制度能够使更多的少先队员有机会参加队的组织管理，得到锻炼。

三、队干部例会制度。一般每周或隔周进行一次。主要内容是汇报、研究和布置工作。大（中）队例会可由委员轮流组织，并负责向辅导员汇报。

四、队干部培训制度。培训少先队干部，使他们熟悉和掌握自己的工作职责、方法和技能技巧，这是提高少先队工作水平的必要手段。培训的方法有举办队长培训班、听课、实际操作、现场观摩等。

五、队前教育制度。新队员入队前要对他们进行队前教育。如学习队章、学唱队歌、学习敬队礼及呼号、系红领巾、为学校或班级做一件好事。入队时要举行隆重的入队仪式。

六、表彰奖励制度。表彰优秀少先队员、优秀辅导员。少先队应当经常在广播、队报、光荣簿上表扬好人好事，在 6 月 1 日儿童节、10 月 13 日建队纪念日集中表扬优秀少先队员、优秀少先队集体。

七、活动制度。小学少先队的活动一般要求大队活动每学期举行一次至二次，中队活动每月一次，小队活动每周一次。每次活动的时间不宜过长，内容不要繁杂，要注意年龄特点。

八、小队生活会制度。小队生活会是队员交流思想、增进友谊的好形式，可以在少先队活动时间或课余时间进行。同时组建训练好鼓号队，发挥作用。

九、离队制度。队章规定年满 14 周岁的队员在组织上要离开少先队。超龄队员的离队，由大队举行离队仪式，办理离队手续。

十、阵地教育制度。阵地是少先队开展工作的重要基础，利用阵地对队员开展经常性的教育工作，开放队室，办好广播站，做好材料存档工作。

十一、爱护红领巾制度。教育队员明白红领巾是国旗的一角，是先烈用鲜血染红的，爱护红领巾就是爱党、爱国、爱人民。

十二、对各种活动搞好评选、表彰、总结、存档。

第三节
文化体系设计：翠微文化从青涩到成熟定型

校园就是一个完整的生态系统，文化体系就是这个生态系统中的空气和水，看不见，摸不着，却能对每一个置身其中的学生和教师产生深刻影响，塑造着他们的思维方式、人生观和价值观。合肥市六安路小学翠微分校从立德树人的育人目标出发，以办学理念指导工作实践，不断巩固、完善着学校的文化理念和价值体系。

一、理念为本，翠微文化体系框架构建成型

办学理念：以德润翠，育人于微

育人目标：立长志、有担当、会学习、勤实践

校训：以爱育爱，积微成著

校风：自信、自立、自强

教风：崇德、敬业、尚美

学风：乐学、乐思、乐创

二、价值引领，翠微文化彰显内涵式发展

学校之名，成于文化，兴于文化，胜于文化。文化是学校

汇聚活力的源泉和动力。富有魅力的学校文化会衍生出一股强大的文化力，它无时不在，润物无声，能使一所学校的品质卓然不群，绽放个性光彩。

办学理念：以德润翠　育人于微

育人以道，立德为本。以德润翠，生态共融。立德，立行，立言，教育恰在细微处见光华。我们秉承“以德润翠，育人与微”的办学理念，希望把学校办成一所现代型、生态化、高品质的学校。

育人目标：立长志、有担当、会学习、勤实践

立长志、有担当、会学习、勤实践，是我们对学生的培养目标。

立长志：胸怀天下，追寻理想，积极向上。有担当：自主管理，践行责任，担当使命。会学习：快乐学习，善于思考，主动探究。勤实践：勇于尝试，乐于实践，敢于创新。

校训：以爱育爱　积微成著

校风：自信、自立、自强

教风：崇德、敬业、尚美

学风：乐学、乐思、乐创

爱，是一切育人动机的立足点。立德树人，始于爱；渡人渡己，成于爱。微，是一切育人大业的起点。通晓于微，则万物可明；通达于微，则万事可成。希望每一名翠微教师能做到言传身教，传播爱的种子，育人于微，终成一方生态。

让“三风一训”成为我们向上生长、鼎力发展的目标。

核心内涵——凝练“微文化”

《荀子》：“夫尽小者大，积微者著。”《老子》：“天下难事，必作于易；天下大事，必作于细。”“微文化”是翠微文化的核心，它包含了

“微管理”“微习惯”“微评价”“微课程”“微课堂”“微教研”……我们以“微文化”统领育人生态，反映出六小翠微秉承“以爱育爱”，回归教育真谛，六小翠微的教育如微雨滋润树苗，润物无声，让其自由呼吸、茁壮成长。

学校管理——倡导“微管理”

学校不断完善规章制度，在教师课堂教学、专业成长方面强化自我管理效能，发挥教师自我管理积分制的功能，以精微教研为突破口夯实教师在教科研方面的学习力、领悟力、判断力、执行力，以“四力”建设促进学校精细化管理。

同时提出“人人都是管理者”的概念，吸纳家—校—社可协调的资源和力量参与到校园管理中来，以“管理者”的视角关注学生的作业、睡眠、手机、读物、体质、考试等六项管理内容，为学生创造安全、和谐、健康、积极的环境。

德育工作——培养“微习惯”

学校一直坚持以抓好“走好路、读好书、扫好地、写好字、做好操、说好话”这“六好习惯养成”来构建六小翠微的“大德育”生态，从学习、行为、生活、阅读、心灵、实践六个维度开展六贯一体微习惯培养模式，让学生保持“日进一寸”的目标，持续成长。

此外，我们还通过“课程建设——探索微课程”“课堂教学——践行微课堂”“教育科研——聚焦微教研”等多元方式，树立良好的教风、学风，让学生在快乐中成长，从而推动学校“微文化”的顺利落实。

“微”之所到，必显生长。我们校园的空间文化也随之而生，它们就像在校园里生长起来的神奇魔豆种子，沐浴阳光和雨露，感受六小翠微的生机和活力。这颗种子生根、发芽、长叶、昂扬向上！

第三章

多元课程点燃梦想

——翠微特色的动态多维生态共育课程体系建构实施

课程是人才培养的核心要素，是教学组织实施的基本抓手，是教学改革的关键着力点。同时，课程作为一所学校育人的主阵地，承载着学校的育人理念，体现了学校的育人格局。在建构高质量课程体系的过程中，合肥市六安路小学翠微分校坚持以发展为第一要务，以学生为主体，充分尊重学生的个人发展需求，同时注重将社会主义核心价值观全面融入教学体系和课程建设当中，打造具有翠微特色的动态多维、生态共育课程体系，为学生的健康成长和全面发展引路护航。

六小翠微充分发挥课堂主阵地作用，提升学生发展的核心素养内涵。在课程框架体系内，学校开足开好国家基础课程、丰富完善学校的校本课程、创新开发学校的拓展课程，并在此基础上探索细化为具体的课程内容、实施路径和评价指标，在常态化教学中落地、落实，同时聚焦课堂教学质量提升，践行“双减”提质，丰富学习生活，致力于培育一代又一代的时代之先锋、家国之栋梁。

第一节
以微文化为内核，探索微课程理念

课程理念是一所学校办学思想的核心，是学校课程建设中的灵魂与标杆。党的教育方针指出，教育必须为社会主义现代化建设服务、为人民服务，必须与生产劳动和社会实践相结合，培养德智体美劳全面发展的社会主义建设者和接班人。

合肥市六安路小学翠微分校自2015年建校以来，全面贯彻党的教育方针，落实立德树人的根本任务，坚持以“微文化”为内核，秉承“以德润翠　育人于微”的办学理念，确立“立长志、有担当、会学习、勤实践”的育人目标，全面推进素质教育，从翠微学子的成长需求以及学校发展的实际情况出发，充分利用多元课程开展教育实践，构建多元评价体系促进学子全面发展，开发建设适合校情的“微课程”体系，寻找微课程的生长点。

一、因校制宜，搭建微课程框架体系

六小翠微秉承“不忽视每一种素养，不忽视每一个学生”的办学思想，构建了由人文与社会、语言与文化、数学与思维、科学与技术、健康与艺术5个类别组成的课程体系（见表2），将基础课程、校本课程和拓展课程融合其中。

表 2　合肥市六安路小学翠微分校整体课程体系架构

<table>
<tr><th rowspan="2">类别</th><th rowspan="2">基础型课程</th><th colspan="2">拓展型课程</th><th rowspan="2">探究型课程</th></tr>
<tr><th>限定拓展</th><th>自主拓展</th></tr>
<tr><td>人文与社会</td><td>道德与法治</td><td>社会实践活动、专题教育、仪式教育、班队课程、文化艺术节</td><td>历史人文类社团</td><td rowspan="5">家史探究，中西方文化比较，零花钱大作战，STEAM项目化课程，植物生态课程，大课间体质健康训练营，安全运动会，成长励志课程</td></tr>
<tr><td>语言与文化</td><td>语文　英语</td><td>汉语文化节、节日文化课程、传统文化专题教育、英语文化节</td><td>语言与文化类社团课程</td></tr>
<tr><td>数学与思维</td><td>数学</td><td>益智数学节</td><td>思维类社团课程</td></tr>
<tr><td>科学与技术</td><td>科学
信息科技
综合实践活动</td><td>科技创新节、劳动成果节</td><td>工程与技术类社团课程</td></tr>
<tr><td>健康与艺术</td><td>体育　心理
艺术</td><td>趣味体育节、运动会、体育专项普修课程、艺术风采节</td><td>体育类社团课程、体育类竞赛课程、艺术类社团课程</td></tr>
</table>

1. 基础课程，培育营养均衡的生长“土壤”

基础课程是指在学生的成长过程中发挥基础性作用的课程，以促进全面健康发展为目标，包括语文、数学、英语、音乐、美术、体育、道德与法治、科学、综合实践活动等课程。基础课程作为国家课程，以课标为执行标准，具有目标导向的强制性和统一性。同时，基础课程的开发实施又要兼顾协调性、多样性、适宜性等原则，因校制宜突出学校特色——在均衡国家要求和兼顾地方特色两大要素关系的基础上，对基础课程不断补充、拓展和整合是势所必然。这一类课程的实施主要采用“班级授课”，以“基于课程标准的学习”为目标，培养学科基本素养，保质保量地完成国家规定义务教育阶段的教学任务。

（1）人文与社会——道德与法治课程

道德与法治：道德与法治课程作为一门小学阶段的德育显性课程，承担着帮助学生“树远大理想，明做人之理”的任务，突出以爱国主义为核心的民族精神的培养，让学生成为有爱心、有责任心、有良好的行为习惯和个性品质的人，为逐步成为社会主义的合格公民奠定基础。在培养学生道德品质的时候，学校坚持从德育原则出发，结合新时代特点，探索德育和小学道德法治课程有机结合的途径，以培养小学生正确的价值观和优秀的道德品质。围绕“以德润翠　育人于微”的办学理念开展道德与法治课程，以思维导图、辩论赛、小课题探究等多样化的学习方式，鼓励学生探索自我、探索社会、探索未来，成为有见识、具良知、善思考的世界公民。

（2）语言与文化——语文、英语课程

语文课程：语文课程致力于全体学生核心素养的形成与发展，为学生学好其他课程打下基础；为学生形成正确的世界观、人生观、价值观，形成良好个性和健全人格打下基础；为培养学生求真创新的精神、实践能力和合作交流能力，促进德智体美劳全面发展及学生的终身发展打下基础。语文课程以国家课程为核心，立足语文核心素养，开展多元化学习和专题式学习，注重整本书阅读和古诗词积累的专题式学习，举办语文课本剧展演、名著配音比赛、诗文诵读等多元学科活动，将听说读写相融合，激发学生阅读兴趣，使学生在自主活动和体验中增加文化底蕴，激发文学兴趣，获得语文素养。

英语课程：学生在创设的真实语境下学习自主表达和交流，全方位提升“听、说、读、写”综合运用能力，英语课注重对学生英语阅读兴趣的激发、阅读习惯的培养、阅读策略的使用和阅读品格的发展。尊重学生兴趣差异，重视个性发展，提供形式各异的课程。如，在英语歌曲鉴赏（Song Taste）中，学唱不同风格的英文歌，探索其背后有趣的文化与故事。充分考虑不同年级学生的年龄特点、学习和发展的需要，通过读书分享会、创意广告秀、趣味阅读赛、Spelling Bee 拼词大赛、英语演讲等活动，使学生在学校营造的英语文化氛围中主动实践，积极合作，开拓探索，发现未来。

（3）数学与思维——数学课程

数学课程：数学是人们生活、工作和学习必需的工具。在基础教育阶段，数学是一门重要的基础课程，它对学生的整体发展、长远发展以及学习其他课程具有奠基意义，对培养学生的抽象能力、推理能力、概括能力、创造能力以及辩证唯物主义的世界观与方法论等具有独特的作用。学校要求教师在教学过程中，不仅要关注学生掌握的数学知识和技能，更要关注学生数学学习兴趣的激发、优秀思维品质和高层次思维能力的培养。倡导“做中学”的理念，设计课堂活动，提升学生的数学思维品质和综合素养。开展以趣味为导向的数学主题活动——“玩转数独”，开展“圆周率日”数学节等活动，通过各种趣味活动，激发学生对数学学习的兴趣，领略数学之美。

（4）科学与技术——科学、信息科技、综合实践活动课程

科学课程：在我国小学科学课程的发展史上，其名称经历了格致→博物→理科→自然→常识→自然常识→自然→科学的变化。小学科学课程是一门以培养学生科学素质为宗旨的核心课程，以新课标为基础，积极整合学科课程中的相关理念与教学方法，不断探索适合学生的教学模式，并通过项目化学习激发学生的学习兴趣，培养创新思维能力。学校新建了高标准实验室，不仅为常规科学课程提供了优质的硬件保障，也为学校开展相关拓展类课程提供了有利条件。学校通过多样化的课程全面培养学生的实验探究能力和实验安全意识。

信息科技课程：学校重在培养拥有综合信息素养特质的翠微学子，通过课程体系培养学生的设计创新能力、问题探究能力、逻辑思维能力、审美鉴赏能力和动手实践能力。在不断培养学生综合信息素养的同时，让学生在学习中充分使用信息技术去积极探究、合作，解决身边的真实问题，主动构建知识，培养学生终身学习的必备能力。

综合实践活动课程：学校综合实践课程坚持育人导向，打造基于真实情境的“场学习”、跨学科的“综合学习”以及多维体验的“活动学习”3种学习形态。为学生创设多元化、分层次的学习机会，鼓励个性发展和技术创新，激发学习兴趣、培养高品位的情感价值观。课程内容包括手工制作、课外实践、综合知识学习等，强调多样化的实践性学习，如探究、调查、访问、考察、操作、服务、劳动实践和技术实践等。孩子们通过动手实践的方式来获得经历和体验。

（5）健康与艺术——体育、心理、艺术课程

体育课程：体育课是学校教育中始终陪伴学生学习生活的一门课程，以国家课程为基准，重视学生身心发展差异。融入多学科知识的体育课，让学生在学习运动技能的同时，通过对自然科学、社会科学等相关知识的了解，形成科学锻炼的意识，培养体育精神，为终身体育奠定基础。除常规体育课外，学校还开设了体能、羽毛球、足球、篮球、轮滑等体育课程，让学生体验多样运动，激发兴趣，增强体能。

心理课程：心理课程以学生成长发展的特点和需求为基础，重点围绕个人内在素质、人际关系及技巧、订立未来成长方向3个板块开展9项专题的团体辅导活动。课程强调发展性和预防性，重视学生的体验式学习、经验学习，以互助和自助为机制，使用F4（Fact、Feeling、Finding、Future）的引导技巧来促进学生反思与成长，培养学生积极的心理品质以及作为未来社会

人应该具备的综合能力。

艺术课程：音乐、美术和艺术学科以国家课程标准为基础，整合先进的艺术教育理念及资源，注重对学生审美感知、艺术表现、文化理解三方面核心素养的培养，通过课内外活动搭建舞台，使其成为自信、独立的艺术创作者和表演者。学校定期举办校园新年音乐会、艺术专场、大型创作活动等多彩的艺术活动，旨在营造开放、多元、丰富的校园文化氛围，培养学生成为具有人文情怀的艺术实践者。

学校微课程体系建设以义务教育阶段课程方案和课程标准为基准，坚持德育为先，全面多元地开展学生核心素养和关键能力培养，通过丰富多彩的基础型课程，寓教于乐，为学生的成长做好基础服务和充足的准备。德润心灵，慧泽生命，这里有翠微学子的星辰大海，亦有他们的诗和远方！

2. 校本课程，在特色发展中厚植育人情怀

《义务教育课程方案和课程标准（2022 年版）》指出，校本课程建设为核心素养的培养服务，是落实核心素养最重要的路径和手段。学校应在教育部课程与省颁课程的基础上，合理建构校本课程，发挥三级课程的各自功能，促进学生个性化发展，从而培养学生的核心素养。校本课程作为促进学校特色发展的重要途径，是学校办学理念和人才培养目标的集中体现。

学校应该如何开发、实施自己的校本课程？第一，课程立

足于学生需求，让学生的学习“有兴趣、有收获、有意义”，确保学生的特色发展和综合成长；第二，校本课程充分调动教育资源，包括教师资源、环境资源、社会资源、文化资源等。我们从中提炼出“立德树人”“多元融合”“传统文化”“家校共育”“馆藏课程”等关键词，梳理、盘点一些有创意、有趣味的校本课程，用课程传递力量、厚植情怀。

（1）立德树人，将经典诵读融入校本课程

立德树人是教育的根本任务，校本课程的实施不仅要提升学生的各方面素养，而且要帮助学生打造正确的世界观、人生观、价值观。学校将德育融入校本课程，让学生在潜移默化的沁润中健康成长。

学校坚持从课程中来、到实践中去的教学理念，使教学与生活接轨，根据学生实际开展各类比赛和实践活动，让学生在亲身体验中将所学的传统文化知识内化于心、外化于行。学校老师根据年级特点相继开发了名著导读、气候物语、诗词鉴赏等序列化校本课程，让学生利用早读等时间进行诵读，每天的诵读时间不少于10分钟。同时，每学期定期开展的经典诵读比赛、诗文书画比赛、“读经典　悟经典”征文、经典诵读先进班级评比等活动。浓郁的读书氛围弥漫在整个校园，激发了学生对祖国语言文字和优秀传统文化的学习热情，增强了其民族自信心和自豪感。校本课程将这些文化根植于学生心田，让学生以诵读之名传承文化、铭记历史、不忘初心、浸润灵魂。

（2）弘扬传统文化魅力，自主开发二十四节气校本课程

我校二十四节气课题组老师们编制了节气读本《气候物语》，在每一个节气来临之际，利用国学早读及语文课，诵读节气诗词谚语。比如，“春分雨脚落声微，柳岸斜风带客归”“今冬麦盖三层被，来年枕着馒头睡”“立冬晴，一冬晴”，等等。通过诵读节气诗词，积累节气谚语，使每一个节气变得闪闪发光，学生诗意地行走于四季的轮回与更替之中，提高了自己的传统文化素养。

为了使学生体会二十四节气的文化内涵及重要意义，在每一个节气来临之际，我校都会组织丰富多彩的节气课程主题实践活动，引导学生收集有关二十四节气的来历、传说、寓意、习俗，在课堂上交流分享，并将课堂中学到的节气知识运用到实际生活中。例如，立春咬春饼，惊蛰吃“炒虫”、熬雪梨汤，春分立蛋，立夏碰蛋、吃五色饭，清明种植，谷雨农耕，立秋啃秋、贴秋膘，秋分做树叶粘贴画，寒露赏菊花，霜降寻足迹、吃柿子、吃板栗，冬至绘制九九消寒图等节气文化实践活动，丰富了学生对传统文化的认知，提高了他们的综合学习实践能力。利用校本实践课，教师把学生带到户外，去观察自然变化、万物生长。组织学生从立春开始，写观察日记，记录每一个节气中天气、植物、人们的生活会发生哪些变化，使学生对大自然万物的奇妙变化有了更新的认识，真正认识到传统文化的博大精深，领略二十四节气的独特魅力。

（3）围绕传统节日，助力校本课程特色化

传统节日与习俗是我们华夏文明的重要组成部分。为了让师生更好地理解传统节日、感受文化魅力，学校以传统节日为切入点，在不同时令、不同节日开展传统文化主题教育实践活动。例如，植树节“绿色少年植树活动”、清明节“网上祭英烈”活动、端午节“浓浓粽子情”活动、建党节“我的中国梦红心永向党”歌曲传唱活动、重阳节进村居慰问孤寡老人活动、国庆节“向国旗敬礼”活动等，使学生在活动中感受传统文化、弘扬传统文化、践行传统文化。

（4）把握家校共育契机，丰富校本课程和教学模式

与家庭教育相结合，有助于校本课程丰富化，教学模式个性化。为进一步加强家校共育，充分挖掘、发挥家长的特长，丰富育人模式，学校开展每月一次“家长进课堂”活动，为家长和孩子的有效沟通搭建平台。来自全校各年级各班级、从事不同职业的家长代表参加家长课堂活动，组成了一支“家长老师”队伍。他们根据自身的专业和特长，走进课堂为孩子们上课，架起学校与家庭的桥梁。

学校积极开发家校共育中的劳动教育课程资源，以“五育”作业模式，分年级设计家庭劳动作业内容。从学生力所能及的叠被子、整理房间、洗衣服等家务劳动开始，过渡到掌握做简单的饭菜、种植、修理等劳动技能。学校在微习惯养成课程中，融入更多更细致的劳动任务要求：自我劳动，争当“小能手”；

家务劳动，争当“小主人”。特别是疫情期间，学校顺时顺势组织了“家务劳动达人秀”等一系列实践活动。学生们劳动技能大爆发，既锻炼了劳动实践能力，又积累了生活素材，身心都在劳动中接受洗礼。可以说，良好的家庭劳动教育，有目的地对学生施以劳动观念教育与劳动技巧教育，对培养良好的行为习惯、孝亲敬老的良好品德有重要意义。

（5）开发“5＋2”校本课程，助力幼小衔接习惯养成

根据合肥市教育局发布的《关于组织开展中小学“家校共育活动周”的通知》，以及一年级新生融入新校园的实际需要，我校决定给孩子一个过渡期——幼小衔接周（习惯养成周），让他们从生理、心理、行为习惯等方面做好入小学的准备，以积极、阳光的心态迎接小学生活。学校推出了独具特色的“5＋2”校本课程，即5天在校养成好习惯，2天在家巩固好习惯。在课程中，高年级同学通过布置温馨的班级文化环境，开展“哥哥姐姐欢迎你”“我是新生小导师”等一系列活动，校园闯关活动新鲜有趣。在高年级大哥哥大姐姐的带领和介绍下，小萌新们熟悉了校园环境，对小学生活也增添了更多的憧憬。“5＋2校本课程”减缓了新生的入学焦虑，促进学生获得校园归属感，培养学生的责任感和担当意识。

（6）多学科“整”“融”结合，促进校本课程多元融合

一门课程可能无法涵盖学生的多种素养，这就需要以课程为依托进行学科融合，让课程链接学生的问题点、兴趣点、生

长点，让学科知识下沉到课程学习的各个阶段，让学生德智体美劳全面发展。我校拥有“校中田园”，学校的“耘”课程依托这片田园，全校师生一起参与，边学、边做、边研究。课程在低年级段以“识田园”为主题，培养学生对于田园的兴趣；中年级段以“寻田园”为主题，让学生体验蔬菜的种植和管理过程；高年级段以“种田园”为主题，挖掘学科中的相关知识链接。语文课上，学生撰写观察作文、劳动日记、采摘随笔、养殖心得等内容；数学课上，学生学习估算亩产、统计植物的月生长高度、测量不同形状地块的面积等；科学课上，学生研究给树干涂上“白石灰”的意义，讨论“霜降后为何会天凉”“小雪与下雪的关系”等一系列有趣的问题；美术课上，学生围着枇杷树绘出一幅幅惹人垂涎的“枇杷图”，将浓缩版的“春天”描绘在玻璃瓶上……学校将学科教学与课程实施深度融合，让大自然成为学生的“大教室”和“大课堂”。

此外，学校还有主题式研学全课程、馆藏课程、体育“6＋N”课程等，采用多种途径和方式开展了丰富多彩的校本课程，培养了学生的观察力和学习力，提升了生活能力和创造力。

文化立校，立德树人。学校一直重视校本课程的研发，这些课程立足于学校办学理念和发展目标，充分发挥了学科教师特长和教育教学资源优势，满足了同学们的个性化学习需求，同时也为学生综合素养的提升提供了良好的平台。

3. 拓展课程，在提质减负中收获智慧与快乐

拓展性课程的实施是当前深化课程改革的主要任务。学校在做好国家课程的同时，一直深耕拓展型课程的开发与实施。学校坚持以学生发展为本的课程理念，以德育为核心，注重培养学生的创新精神、实践能力和积极情感，促进全体学生德智体美劳全方面发展，“五育”并举。

学校创设丰富的学习场景，了解并尊重每位学生的个体差异，以课程设置的多样、教学方式的转变，共同促进学生学习方式的变化，积极拓宽学习渠道，丰富学生学习体验，为其全面发展创造条件，为其成为一个合格的社会人打好基础。

学校围绕“立长志、有担当、会学习、勤实践”的育人目标，自主开发了丰富多彩的拓展性课程，包括可自主选择的语言类、益智类、社团类、科技创新类、艺体特长类等特色课程，通过主题实践、合作探究等多元化形式，对学生开展浸润式教学。拓展性课程既能提升学生获取新知、分析解决问题、语言文字表达、团结协作和社会活动等能力，又能培养良好的道德品质，锻炼坚强的意志，养成良好的行为习惯。学校的素质拓展课程体系如下。

（1）语言类拓展课程

为了更好地厚植传统文化，提高学生的语言积累与运用能力，学校语文组开展了丰富多彩的学科节活动，如“童年邂逅

童诗　童诗唤醒童心”“快乐学拼音　智勇大闯关”“扬国学经典　诵节气诗歌”“励志冬奥　分享快乐”“品红色经典　忆往昔英雄”等。学生积极参与，踊跃表现，畅游知识的海洋，享受学科节的快乐。

为了丰富学生的校园文化生活，提高他们的英语表达能力，学校英语组开展了“用英语讲好中国故事”“英语歌曲赏析”“英语书虫俱乐部”等主题学科节活动。六小翠微各个年级的孩子们抱着“To do the most，to show the best!”的态度，积极主动地参与一系列年级主题活动。一年级进行了英语字母 DIY 设计手工制作以及单词卡片制作大赛；二年级唱英文，迎新年；三年级各班级举行读传统文化故事英文绘本活动；四年级用英文讲好中国故事，孩子们开展相互讨论与合作，积极地通过网络进行搜集和筛选，最后整理出许多中国传统文化故事和绘本；五六年级以传统文化故事为主题，动手制作了丰富多彩的传统文化故事英文绘本。从英语视角看待中国文化，学生在熟悉的故事中引发了对英语学习的兴趣。

（2）益智类拓展课程

为了启迪学生智慧，寻找数学亮点，体会数学之美，激发学生学习的热情，我校各年级数学组举办了形式多样的数学活动，开展了以穿越时空、弹斤估两为主题的学科节活动。学生漫步在古香古韵的米铺、药铺、当铺中，沉浸式体验在古代的日常生活中质量单位的重要性，观察古人使用不同的秤来测量不同重量的物体，体会古人的智慧。在“诗词中的数学”“杨辉三角”“方程在中国的发展史”“九宫格”“鸡兔同笼问题”等主题中分组讨论，并根据选择的主题鼓励学生把本组搜集的数学史料反映在精美的手抄报和精彩的演讲中。我们从中看到了学生的想象力、创造力、审美和表达能力。

（3）科技创新类拓展课程

“‘双减’赋能，展创意作业，亮科学风采”，学校科学组以此活动为契机，在全校掀起学科学、爱科学、用科学的高潮。一年级创作“我爱我家”主题树叶画，用自己的想象力设计了一个个他们心目中最美的家，表达了“我爱我家”的情感。二年级爱护动物之建造“小鸟餐厅”，把自己的创意融入爱护动物的意识。三年级“随风奔跑”，制作风向标，培养学生对科学工具的设计和标准化的认识。四年级“我是驱车小能手”，将科学和技术密切结合起来。学生可独立完成作品，也可以小组合作共同完成作品。活动让学生在动手动脑中感受科技的魅力。五年级“制水钟寻时间足迹　作潜望镜展望未来”，在动手动脑中，感受古人智慧，懂得珍惜时间，开创美好未来。六年级搭建桥和高塔，感受科技之美。

3D打印课程走进翠微课堂，将想象变成现实，吸引了众多学生加入。3D打印是快速成型技术的一种，在电脑上利用建模软件制作出一个三维立体模型，再用切片软件导入打印机中进行打印。3D打印的设计空间广阔，为学生的想象力打开一扇窗。课堂上老师教得乐，学生学得欢，师生一同探索奥秘。

（4）社团类拓展课程

在课后服务课程中，学校以“党建引领，艺体绽放，全面发展，培养每一个孩子的个性特长”的理念为引领，围绕“五育”并举的工作思路，开设了包括手工、经典诵读、书法、绘画、音乐、舞蹈、轮滑冰球、篮球等多种丰富多彩的特色课程。孩子们在各种体验式、探究式、项目化、情景化的活动中链接生活、继承传统、探索世界。社团类拓展课程使学生在实践中汲取知识、在快乐中启迪智慧，开发了学子们的思维创造能力，培养了他们对科技的兴趣，让智慧闪耀在孩子们的足下指尖。

（5）艺体特长类拓展课程

学校将学生身心健康发展作为重要工作，在开足开齐国家课程的基础上，体育学科创新特色课程，一个年级一个特色，全员覆盖。校内，阳光大课间中的“两操一特色”，给学生提供充足的锻炼机会；校外，不同梯度的体育特色作业，满足每一个学生的个性化需求。课内学、课外练，学练结合，让孩子养成主动锻炼的好习惯，保障学生每日锻炼一小时，促进学生全面发展、快乐成长。

美育拓展课程以“翠微图图课堂”为阵地，通过美术课堂、少年宫特色社团、非物质文化遗产传承人进校园等活动形式，开设了剪纸、国画、书法、泥塑等课程，在美育课堂中浸润中国传统文化。美术学科以非遗为主题，每个年级开展不同的美术活动。学校邀请安徽当地非物质文化遗产传承人来到学校现场展示。同学们零距离感受非遗文化的魅力，同时学以致用，在班级现场学习制作、展示互赠。弘扬中华传统文化，学习祖辈优秀的劳动智慧，美育拓展课程帮助学生形成艺术爱好、增强艺术素养，全面提升学生感受美、表现美、鉴赏美、创造美的能力。

缤纷多彩的拓展课程深受同学们的喜爱。学校努力为学生搭建展示自我的舞台，帮助学生实现个性发展，在活动中找到乐趣、找到自信。精彩纷呈的课程，有趣丰富的内容，翠微学子恣意汲取，尽情享受，拥抱多元的自己。

二、“五育”并举，多元化特色课程助力学生全面发展

1. “行走的课堂”，创新开设主题研学全课程

小学阶段的孩子们除了重视对书本知识的掌握和学习以外，在实践中成长尤为重要。六小翠微注重学生在小学六年时间内对实践能力的掌握，在体验式教学中受益与成长。因此，从2015年起，学校在主题全课程的基础上，创新开展了主题研学全课程。这是一次教学与德育的融合，更是一次在改革创新中强化和提升学生综合实践能力的尝试。学校根据区域特色、学生年龄特点和各学科教学内容需要，组织学生走出课堂，对所学习的课本知识进行实践检验，同时也对学生的文明礼仪、核

心素养的践行起到了检验作用，在与平常不同的生活中拓展视野、丰富知识，加深与自然和文化的亲近感，增加对集体生活方式和社会公共道德的体验。研学旅行继承和发展了我国传统游学、“读万卷书，行万里路”的教育理念和人文精神，成为素质教育的新内容和新方式，提升了中小学生的自理能力、创新精神和实践能力。

（1）主题研学全课程开设背景

2016 年 12 月教育部等 11 部委印发了《关于推进中小学生研学旅行的意见》。接到市教育局的有关文件通知后，学校就开始积极准备。教导处、少先队共同研讨，怎样在“游”与“学”中找到一个平衡点？如何将研学旅行做出自己的特色，而不是只停留在“旅行”的表面？最终大家达成共识，提出了“主题研学全课程”的设计，将学科教学与实践探寻紧密结合，从而推动学校全面开展“主题研学全课程”的尝试与探索。

研学主题不断递进。从 2016 年春开始，学校的主题研学全课程就开始了。研学主题是根据不同年级的学生心理、生理、认知特征设定出来的。为了让研学旅行的教育方式更加具有科学性，研学主题也是呈阶梯式递进的。例如，一年级的主题是认识植物，二年级的主题是了解动物，三年级的主题是探寻家乡文化，四年级的主题是深入了解徽文化，五年级的主题是开展爱国主义教育。因此，学校的研学基地就根据年级主题进行有目的的选择，真正做到在实践中对所学知识进行检验，全学科实施课程育人。

组织管理严谨细致。学校成立主题研学全课程领导小组，校长担任组长，作为第一责任人。教导处、少先队组织牵头，年级组长、教研组长、学科组长、家委会参与其中，对不同年级、不同学科进行统筹设计和规划，让全课程更具系统性、层次性。

（2）主题研学全课程开展过程

主题研学课程有储备。学校成立了主题全课程活动策划小组，采取年级组长负责制。中层干部蹲点年级组，召开年级组长会议，给出设计研学方案的指导性意见。各年级组长召集本年级各学科老师，进行组内商讨，根据本年级段学生的年龄特征、各学科课程目标、身心承受能力、学校德育主题实践活动要求，结合学校“养成教育”特色以及安全性等要求，精心设计了适合自己年级的活动方案和安全预案。

根据制定的方案，结合本次研学的行程安排和各学科的特点，各任课老师认真商讨和研究，从五大课程领域的角度出发，根据微习惯培养目标，编撰主题全课程研学手册，融入各学科相关知识及学习任务单。其中既有需要孩子们出发前提前准备相关知识，也有研学途中需要孩子们细心观察、认真聆听才可以知道的知识要点，还有需要孩子们抒发情感的研学日志。学校将旅行和读书有机地结合在一起，全方位地完善孩子们的知识体系，并邀请家委会成员共同参与。任务单确定之后，学校组织召开全体家长会进行沟通和培训，让家长明确研学旅行并不是单纯的旅游，而是专题性学习、课堂知识的延伸。通过同行、同吃、同研、同活动、同实践，增强学生热爱家乡的意识。

外出安全十分重要，学校做好详细的安全预案，要求各班提前根据乘车情况，对学生进行编组，每个组长负责本小组人员的每次出行的人数检查，及时反映突发问题，确保活动能够安全有序开展。

主题研学课程有体验。主题研学课程主要分为课堂教学和校外实践。一是课堂教学。各学科老师结合任务单的要求，围绕本年级主题，引导学生进行相关学科知识的探究，通过访问亲友或者收集资料来了解知识（如地理位置与交通、历史与文化、著名景点、地方美食、相关古诗词、当地建筑特点等），为外出研学做好充分准备。班会课上，班主任会向学生强调研学旅行的意义及安全工作的重要性，并且做好安全教育、文明礼仪教育、出行注意事项提醒等准备工作。二是校外实践。学科教师按照校内研学方案，带领学生进行主题探究，完成研学手册。学生通过培训和体验，在实践中更好地学以致用。

我们对“主题全课程”的定义就是让学生把课堂上学习到的知识应用到实践中去，力争做到全学科融入，并且带上研学手册，对在整个实践过程中所见所闻所感进行及时记录，学以致用。

例如，2023 年学校四年级研学旅行的主题是“博学徽州多彩皖南”。学生们走进皖南，感受徽文化。语文老师带领同学们在祠堂里诵读与徽州有关的古诗词，数学老师带领学生测量建筑，音乐老师带着孩子一起唱《梦里徽州》，美术老师带着他们一起画一画徽州的建筑群……别有一番风味。

主题研学课程有反馈。研学归来不代表课程的结束，孩子们会在老师的引导和带领下整理一系列材料，对整个主题研学的过程进行梳理和总结。

一是认真完善研学手册。整理、完善研学手册是必不可少的一个环节。同学们对比出发前和过程中的知识点、活动记录等，在归来后完善研学手册，以此对主题研学全课程进行梳理、总结，对知识进行储备和积累。

二是及时总结旅行经验。为了及时总结研学旅行的经验，学校教导处和少先队还会组织开展不同主题的展示和评选活动，以此搭建平台，让孩子们将研学路上的所思、所想、所获及时记录和展现，让主题研学全课程成为一本全校师生共享的“百科全书”，让每一位翠微学子受益、成长。例如，低年级的学生通过手抄报的形式体现，高年级的同学每人写了一篇研学旅行日记，由各班语文老师筛选出三至五篇优秀作品，参加学校的研学评比展示。形式虽然不同，但是每个参加研学旅行的学生或写或画，表现出自己感受最深的人和事，大大加深了对研学活动的印象。

三是集中开展主题班会。每班在研学归来后的第一周周一下午召开研学旅行专题班会，要求学生畅谈此次活动的收获和感受等，并将班会活动照片收集归档。

（3）主题研学全课程的感想与收获

提升学生历史人文素养。经历是最好的学习，游学是最美的相遇。语文学科范老师感触颇深："六小翠微学子在旅行中研学，探索徽州文化，寻根溯源，充分感受了历史文化魅力；体验生活，学以致用，对于语文的学习有很大的帮助。"研学旅行活动在安全方面做得很成功，没有出现一例事故。由于组织到位，有安全预案，每次在学生离队后的整合中，带队教师都要清点学生人数，每辆车至少有5位指导教师和家长志愿者敦促教育，安全方面没有出任何问题。另外，学生自我保护意识也较强，能听从带队教师和导游的安排。不管在市内还是在市外，我校的学生都能做到走好路队、安静有序、文明参观。特别是高年级的孩子需要乘坐高铁出行，在候车大厅里安静地看书，没有吵闹，十分有秩序，走过的地方没有留下一处垃圾。三年级的一位学生家长感慨道："研学归来后，孩子有很明显的变化，交通安全意识更强了，文明习惯也更好了，我感觉研学旅行太有必要了！"

培养学生团队合作精神。研学中，学校将学生分成四个小组，设组长一名，负责每次活动点名、带队，出现问题及时向带队老师反映。每位组长都很尽责。在整个过程中，有的同学坐车晕车，同组同学帮助照顾；你分享我的饮料，我分享你的美食；你帮我拍照，我帮你提东西，不懂的问题相互沟通……

集体活动培养了学生的团队合作精神。五年级的班主任张老师就有深刻的体会：班级孩子们团结协作的精神在研学归来后有了明显的体现，班级现在看到的更多的是互帮互助，以前经常出现的小打小闹也很少发生了。看到班级孩子们的进步，大家真的很高兴！

（4）主题研学全课程的精彩案例（六年级与毕业季主题活动一并开展）

一年级：走进植物王国　探寻多彩世界

春暖花开，合肥市六安路小学翠微分校一年级的小朋友们迎来了期待已久的赴祥源花世界研学旅行。本次活动是一年级组的老师们在校领导的带领下，以“花花世界　自然童行”为主题，在全年级实施各学科整合的全课程主题研学活动，有利于将学校教育和校外教育衔接，是教育教学的重要内容，是综合实践育人的有效途径。此次一年级学生赴祥源花世界研学旅行非常有意义，学生多方位感知、探究了植物世界的奥秘，进一步了解植物的外形、分类、生活习性，激发了保护植物、爱护大自然的感情。小朋友们在活动中开阔眼界、增长知识，有利于激发他们的社会责任感、创新精神和实践能力。

二年级：探寻地质奥秘　感受科技魅力

儿童的成长离不开活动，本着全面育人理念，学校二年级组以“探寻地质奥秘　感受科技魅力”为主题，在全年级实施各学科相整合的全课程研学旅行。所有学科全部融入，在实践课堂中让学生多方位探究动物、科技的奥秘。

三年级：体验劳动之乐　感受自然之美

庐阳春光正好，同学们走进大自然，体验大自然带来的快乐，感受与同伴一起游玩的乐趣，体验劳动之乐，感受自然之美。学校三年级研学地点定为马郢农耕体验基地，本次研学目标定为“体验劳动之乐 感受自然之美”。

四年级：博学徽州 多彩皖南

本次活动以“走进古徽州 探寻徽文化”为主题，在四年级实施各学科整合的全课程主题研学活动，让学生从徽州名人、徽州美食、徽州建筑、徽州历史等方面全方位感知、探究古徽州历史文化的博大精深，了解徽州的璀璨文化，加深对徽州文化的认识和对祖国历史的了解。

五年级：研读课堂 博学金陵

五年级组以“研学南京，成长旅行”为主题，实施各学科整合的全课程主题研学活动。这次活动让学生在研学的过程中陶冶情操、增长见识、体验不同的自然和人文环境，全面提升了学生的综合素质。

（5）主题研学全课程的评价

研学旅行结束后，学生和家长都对这次研学旅行作出了高度评价。

五年级学生贺博文的妈妈说：“我很荣幸能成为家长中的代表参加这次主题研学旅行。研学旅行与其说是一次游玩，不如说是一次体验，是学校为培养小学生的自立自强能力而准备的。在我看来，现在小学生需要的不只是灌输知识，而是需要一次真实的体验。只有在体验中才能收获书本上学不到的知识。孩子们对外面的事物都充满了好奇与期待，学到了非常多的知识，一路上互相帮助、团结向上。感谢学校提供了这么好的一个机会，感谢老师的默默付出和无私奉献，希望以后有更多的机会让孩子们有这样的学习体验。”

在研学总结会上，老师们纷纷表示感受到了孩子们的进步，懂得了互相帮助，还有原本很内向的学生也变得开朗了许多。

班主任范玲玲老师说：“我们班级一位今年新转来的同学，原本性格很内向，也很难融入班集体。这次研学归来，他不仅性格变得活泼外向，而且能够和班级同学们打成一片了。看到他的进步，我作为班主任真为他高兴！”

孙晶校长也对研学旅行活动给予很高的评价。她觉得活动的效果超出了预期，不仅安全得到了保障，而且在整个过程中，孩子们收获满满。主题研学全课程将在课堂中学到的知识带到实践中体验，真正体现了主题全课程的意义。这不仅是一场旅行，更是一个我们不断探索的课程。

（6）结语

“读万卷书，行万里路”，在整个研学过程中，学生快乐参与，真切感悟，收获了科学知识，收获了生活技能，更收获了书本里学不到的东西。孩子们擦亮眼睛，开启智慧，学会观察与思考，学会做人与做事，在短短的时间内快速成长。师生和家长们都表示，研学旅行活动，在快乐中学习和体验，培养了学生的综合素养，开阔了学生视野，其收获是在课堂学习中无法达到的。对于这种主题全课程研学，六小翠微还在不断探索，寻求更加科学有效的方法。行走的课堂，我们学在路上！

2.“以学生发展为中心”，打造体育“6+N”特色课程

21世纪初，我国提出了“以学生发展为中心，重视学生的主体地位”的教育改革理念，标志着我国“以学生发展为中心”的体育新课程理念已基本确立。随着当代科学技术的迅速发展，社会对人的素质要求也明显提高。现代社会是一个需要终身学习的学习型社会，而学校教育是实现个人终身学习最重要的一个阶段。坚持“以学生发展为中心”的体育课程理念，将有助于进一步开拓与深化学生自主学习、探究学习、合作学习等各种新型学习方式，培养学生学会学习、主动学习、合作学习、乐于学习的能力。在“以学生发展为中心”体育课程理念引领下，体育教师应从学生的需要、基础与发展入手，根据学生的具体情况和特点，积极引导学生进行主动学习，特别是新课程改革以来实施的“自主学习、探究学习、合作学习”应在不断总结其经验的基础上，继续深化与完善，从而进一步调动学生学习的主动性与积极性，使学生在学会运动技能的基础上，理解与体会其中的乐趣，以适应学习型社会的需要。

(1) 体育课程“6+N”，乐学乐动促发展

学校体育是教育的重要组成部分，把“健康第一”作为学校体育的指导思想，为学校体育工作赋予了新的意义。这要求学校体育要立足素质教育、面向全体学生，要注重学生身体、心理、情感和谐发展，要与学校其他学科共同服务于学校教育

总目标。

2017年，孙晶校长提出打造体育特色“6＋N”课程。她认为运动理论知识的学习仅仅是学生体育课程学习的一个内容，它将有助于运动操作技能的学习与掌握，但运动理论知识的学习并非体育课程的主体内容，运动技能的学习才是体育课程教学的本质特征之一。因此，学生在运动技能学习方面不能停留于某个运动项目上，而是要发展自身的运动学习能力。只有掌握了运动学习的各种能力，才能不断地学习与拓展各项运动技能，实现运动技能之间的迁移。

在体育课程实践教学中，教师不仅要让学生学习各种体育文化知识，掌握相应的运动技能，同时，更要注重学生能力的培养，如运动能力、自学能力、实践能力、创新能力等。学校体育课程不是只针对少数高、精、尖的竞技体育后备人才，而是面向全体学生，培养学生的体育兴趣与体育意识，养成终身体育锻炼的习惯。

在“健康第一”的理念指导下，创建体育特色课程有利于形成“健康第一”的学校共识，塑造青少年学生增强体质、健康成长的校园氛围，促进学校体育工作的开展，为体育新课程改革的有效实施提供隐性课程资源；有利于推进阳光体育运动的开展和深化，有利于“体育艺术2＋1项目”的推进，进一步激发学生参加体育锻炼的热情与兴趣，打破长期以来形成的以分数、智育为评判标准的体系，是落实素质教育的突破口和有

益补充；有利于丰富特色学校创建内容，推进特色课程创建多元化，增强学生发展的多样性。（见图 1）

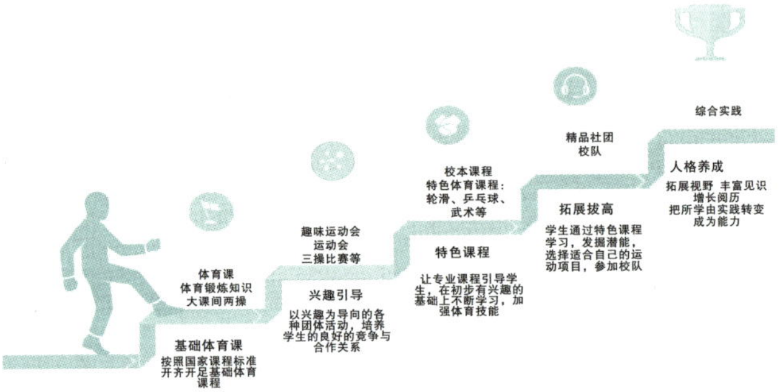

图 1　合肥市六安路小学翠微分校体育特色课程设计理念

体育特色课程的开发是创建“健康第一”共识的重要载体与工具。体育特色课程改革紧紧围绕课程改革目标，并与《关于强化学校体育促进学生身心健康全面发展的意见》（国办发〔2016〕27 号）的要求和目标高度一致。体育特色课程立足于学校、服务于学校。我校体育特色课程的开展要满足以下三点：一是要提高体育课程效益和教学质量；二是要提高课程的可行性，体育课内容要与所在地区经济、场地设施等相适应，我校操场小、学生多，再加上天气因素，往往给体育教学实施带来不便；三要提高学生的锻炼积极性。随着全国小学生体质健康检测的推行，学生提升体质的压力增大，而参与体育运动的积极性却不高。因此，体育课程改革应该通过体育课程内容的更新和教学方式的改进使学生喜欢体育课，能在体育课上获得成功体验和乐趣。为了给学生的终身体育奠定良好的基础，学校根据学生不同阶段的身心发展特点，培养他们对体育的兴趣爱好，从而使更多的学生在运动中享受乐趣，终身热爱体育活动。我校“6＋N”体育特色课程主要安排如下。

一年级轮滑课程：轮滑运动作为一种时尚、刺激的体育运动项目，深受青少年儿童的喜爱。轮滑运动可以对身体的平衡能力、协调性、反应能力起到很大的锻炼作用。人体神经系统是发育最早、最快的系统之一，所以少年儿童通过轮滑运动可以在神经系统发育的敏感期及早锻炼中枢神经系统的功能，从而提高身体的平衡协调、反应能力以及小学生的关节支撑能力和灵活性。同时由于轮滑是有氧运动，轮滑过程中腰部、臀部、大腿、脚踝肌肉都在用力，而且技术良好者会利用合理的摆臂来加强身体的平衡和提高滑行效果，从而使上肢甚至胸部肌肉得到锻炼，最终使学生的有氧运动能力得到提高。

二年级乒乓球课程：乒乓球是具有一定节奏的运动，可以有效地促进学生左右半脑协调发展，还可以培养学生具有规律性和节奏感。乒乓球渗透性强、普及性高，同时乒乓球可根据学生自身的理解创新出很多的方式，这样既发展了学生的身体素质，又培养了学生动脑思考的习惯，体现出了“体智结合”的特点。课程崇尚“学以致用，体验成功”的教育理念，能够有效培养学生强健的体魄、勇敢顽强的意志以及互帮互助、互敬互爱、和睦相处的精神，使学生的心理、生理都得到全面的发展。

三年级武术课程：2016 年 9 月《中国学生发展核心素养》正式发布，意味着基于核心素养的课程与教学改革迎来新的发展理念。核心素养的培育是国家各类人才全面发展战略的具体办法，是为了完成立德树人根本任务的主要战略，同时也是我国教育能够顺应世界教育改革并提升我国教育竞争力的当务之急。武术作为传统体育文化的重要组成部分，在体育课程教学中有着独特的表现形式，为促进学生体育学科核心素养的形成起到了不可替代的作用。武术作为我国优秀的传统文化之一，被认为是中华民族发展过程中思想脉络形成体系的重要部分，其道德体系的核心要素成为中华民族流淌的“血液”，为一代又一代学子输送着独特民族精神文化和人文教育价值。武德所包含的内容与新时代体育核心素养高度契合，成为培育学生体育核心素养的重要手段。

四年级足球课程：在确保国家课程有效实施的前提下，坚持健康第一，把足球课程作为立德树人的载体，积极推进素质教育建设，促进学生全面发展，并在此基础上拓展出有利于学生幸福成长的校本化学习内容。例如，实施有效的校本课程开发，将足球课程列入课程表中，每周保证至少一节高质量足球课，预留本校学生的“足球专属时间”。体育教师负责对学生进行足球知识及动作要领指导教学，同时分组训练，让学生做到全员参与足球训练。利用足球项目打造本校小学生锻炼新模式，为每一位孩子的幸福人生奠基，同时增强集体荣誉感及团队协作能力。

五年级羽毛球课程：羽毛球运动具有易学、安全的特点。它是学生全面锻炼身体、增强身体机能的重要手段，也是培养学生良好的道德风尚、提高自身素养的有效方法。学生通过锻炼与比赛，还能培养优良的意志品质以及顽强拼搏的精神，从而提高心理和身体素质。因此，开设羽毛球课程对学生的发展发挥着重要的作用，可以提高学生的身体敏捷性，培养他们良好的心理品质，激发学生参与运动的兴趣，塑造学生健全完美的人格，使学生健康快乐地成长，同时能够培养学生的合作创新精神和体育锻炼的意识，对学生终身体育观念的形成有重要的意义。

六年级篮球课程：六年级学生正处于身高、体重、力量快速增长的关键时期，心血管和心肺系统功能也明显增强，神经系统已达到一定水平的平衡，自身的能力逐渐增加，可与一定的运动负荷相对应。篮球课程遵循健康体育课程模式，在开始部分采用篮球技术与学生身体协调性、球性相结合的热身活动，加入静态与动态拉伸，增加学生的参与时间，也能保证运动负荷的强度。采用新颖的篮球游戏与多个篮球技术相结合的综合训练，以及多人组合的战术训练，摒弃以前的单个篮球技术教学，将体能练习与全场 SVS 比赛以及半场 3V3 \ 4V4 比赛相融合，既能让学生充分体验篮球比赛情境，又能保证充分的体能训练，通过比赛展示自己的篮球技能，从而提高学生的锻炼效果和运动自信，最终提升学生的心境状态以及自我效能感。

我校的体育特色“6＋N”课程实施安排时间以一学年为一个教学周期，实现“级级有特色，年年有惊喜”。在特色课程建设的过程中，学校注重学生多元发展与人格塑造，受到广大学生及家长的好评。学生参加体育运动的热情日益高涨，学校体育学科的发展也促进了学校的发展，形成了学校的品牌效应。在体育课上，孩子们变得更加乐学乐动，从而得到了更加全面的发展。（见图 2）

图 2　合肥市六安路小学翠微分校体育特色课程构架图

（2）积微成著显身手，活力少年好儿郎

体育与健康课程作为一门以身体锻炼为载体的学科，是完善学生德、智、体、美、劳全面发展的重要环节，是素质教育的重要组成部分，更是学校教学中不可缺少的部分。2017 年，体育特色“6＋N”课程改革在我校开展，涉及年级为一至六年级。为了保证课程能够更顺利进行，学校在具体实施时对发布方案中的课时分配、特色项目两方面进行了调整。

教育部规定“义务教育阶段体育与健康课程占总课程的比例为 10％—11％”，即小学低年级每周有 4—5 节体育课，中高年级每周有 3 课时的体育课。我校一二年级体育课每周安排 5 节，三四五六年级为 3 节，在保证安排的项目具有针对性、可操作性、连贯性的基础上，将普修体育课及特色项目课程进行区分。特色课程安排两节连堂，确保学生可以更加有效地完成学习，提高专项运动的水平，授课由在职教师和专项教师共同完成。专项教师主要负责专项技术的教学及指导，在职教师除了参与教学，还负责与专项教师进行沟通，以确保特色课程严格按照教学进度及教学目标进行。在特色课程实施的过程中，学校要求各班任课教师都要将教学中出现的问题进行汇报和反映，在职教师与专项教师一起进行研讨，第一时间解决问题，固化课堂经验。同时，学校领导会在课中巡查指导，对发现的问题及时纠正，对好的方法进行及时总结，依照正反两方面的经验，逐步对课程实施方案的细节和内容进行补充。

六项特色课程的呈现方式是显性的，如在我校二年级每周增设的一节乒乓球课，从学校规定课时中教会学生乒乓球技能。同时，学校也注重相关隐性课程的开发，自创的乒乓球制度让校园营造出了一种练球、论球的浓厚氛围。

《中共中央 国务院关于加强青少年体育增强青少年体质的意见》（中发〔2007〕7号）指出："要根据学生的年龄、性别和体质状况，积极探索适应青少年特点的体育教学与活动形式，指导学生开展有计划、有目的、有规律的体育锻炼……"《义务教育体育与健康课程标准》（2011年版）指出："关注个体差异，保证每一位学生受益。"体育教师在教学过程中必须考虑到不同学生的体质水平、兴趣爱好不同，既要保证不同水平层次的学生都能掌握一定程度的运动技能，还要对学生的身心发展起到积极的作用。

没有评价的课程是不完美的课程，单一的评价方式又会禁锢住学生发展的步伐，所以，学校的体育特色课程对学生的评价方式也发生了改变，由过去单一的终结性评价转变为过程性评价和终结性评价两个部分。

①过程性评价：在职教师更为了解学生的具体情况，对教育理念、教学目标理解得更为透彻，能够更加关注学生的课堂表现，所以由在职教师负责过程性评价。

②结果性评价：专项教师专项素质高，对项目本身理解深刻，所以由专项教师负责对学生给予结果性评价。

这种评价方式的转变，可以对不同水平的学生实施不同水平的教学，既保证了运动项目的普及，又能使一部分学生脱颖而出，在竞技比赛中获得优异成绩。

自 2017 年实行体育“6＋N”特色课程以来，我校武术队多次在全国、省、市级比赛中荣获一等奖。

2021 年，我校轮滑冰球队作为安徽省唯一一支队伍前往长春参加“筑梦冰雪　相约冬奥”全国学校冰雪运动竞赛冰雪嘉年华冰球比赛，并最终取得不俗的成绩。

“人的个性潜能是无限的，如果不被唤醒就会萎缩乃至泯灭。”实施课程校本化归根结底是以学生发展为本，在课程内容设置上强调学生运动乐趣的体验。通过对学习效果的总结，我们发现实施体育课程校本化不仅能使学生掌握运动技能、体验运动乐趣，而且能够改善体质与健康状况，养成坚持自我锻炼的习惯，培养团结协作精神，提高社会交往能力，塑造顽强拼搏的品质，促进自身的个性发展。

（3）搭建平台引人才，笃行致远重发展

我校“6＋N”特色课程中所包含的体育运动有 6 种，其中包括新兴运动项目与民族传统运动项目。为了能够满足课程安排的需要，学校要求每一位体育教师都拥有 1 项或 2 项特长，总体上能够保障特色课程的顺利开展。在课程实践过程中，我们采用不同专业教师集中和交叉培训、互帮互学的教研方式；采用“协作式备课”的方式，达到专业关联、优势互补、博采众长的目的。这些举措都对学校体育特色课程不断尝试、及时调整、形成共识起着推动作用。

教师作为课程开发的实施主体，要在教学过程中努力开发并合理利用课程资源，科学构建体育与健康课程校本化实施方案，使教学内容克服脱离学生生活实际或无法满足学生发展需要的弱点。教师把特色课程校本化作为自己专业发展的一个重要载体，在实施的过程中通过不断地“研究—实践—反思—创新”，不断提高自身的教学及科研能力、课程意识和专业素养。教师也由课程的“执行者”向课程的“开发者、实施者、评价者”转型。我校体育特色课程的师资主要有以下三个来源。

第一个是学校聘请相应专业运动员或教练员来校担任专项体育教师，完成专项体育教学。学校通过外聘的方式，定期招聘相关专业的体育教师任职，招聘专业的教练员承担课程教学任务，学校专职体育教师跟班配合教练员。一方面，引入专项教师，不仅能够让孩子们在学习效率上有所提高，也能带动在职教师提高专项水平。通过合作教学的方式，更专业、更有针对性的教学方法被带到课堂，与教师丰富的学校体育教学经验相结合，使得教师的综合素质获得提高。另一方面，专项教师虽然有更为专业的专项知识，但是对学校体育在教学过程中的情景不熟悉，对孩子认识不全面，一些训练方法对于学生来说难度过高，一部分教学计划更侧重学生的“练”，对学生“学”的关注不够。在职教师通过发现问题、解决问题，更加关注学生的状态，继而体会和践行“以学生为本”的教学理念。

第二个是体育组教师会有固定时间到指定场地接受专业的同组老师或者外聘专家的指导。此外，学校根据特色课程开展情况，组织体育老师参加培训。

第三个是学校广纳人才，引进了一批篮球、武术、羽毛球、乒乓球等专业的优秀体育教师。目前，在校体育教师一共有 22 名，均有教育学本科学历，且以中青年为主。学习能力较强、观念创新、经验较丰富都是我校体育教师的优势。参与我校特色课程建设的教师以二级教师和一级教师为主要力量，其中有三分之二的教师发表过专业文章。有了理论的支撑，紧跟时代的发展，教师结合各阶段学生的身心发展需要，区别对待、因人而异，从而激发学生的运动兴趣、培养学生的运动能力。同时，青年教师在特色课程实践、研究过程中，从困惑到清晰，从单一到综合，并最终认识到，具有跨专业综合素养是当今体育教师的必备条件。体育教师的综合素养体现在能够将多种体育专业领域之间的重叠元素，综合生成新的视域和教学空间，只有这样才可为学生提供多元化的、开放的教学环境。

经过几年的不断努力，学校特色课程都已经初显成效，学生体育整体水平也有了大幅度的提升，体育教师的专业素养也有了大幅提升，尤其是年轻教师更是能够快速成长。教师专业水平得以积淀和提升，更能享受职业幸福感同步。学校的体育特色课程逐渐生根发芽、开花结果，课程实践将具备真正的成长机能，拥有持续发展的生命力，帮助孩子们飞向广阔的蓝天！

（4）家校携手齐协力，意识培养伴终身

2021年，“双减”政策的出台是我国深化教育改革的重要里程碑，在保障青少年健康成长中发挥着重要作用。“双减”政策的实施，使得家庭教育地位凸显。如何做好家庭教育指导、切实落实《中华人民共和国家庭教育促进法》的相关规定，成为新时代教育改革需要探索的重要课题。如果说学校是育人的主阵地、主渠道和主课堂，那么家庭育人则是教育的起点，是青少年儿童健康发展的基础。父母在培养未成年人的道德品质、身体素质、生活技能、文化修养、行为习惯等方面有着不可忽视的作用。

如何引导家长参与家校共育，为孩子成长创造良好环境？如何指导家长掌握儿童成长规律、保障儿童心理健康、树立科学的家庭教育理念？如何引导家庭教育回归本真，创设丰富多彩的家庭生活，实现“双减”背景下家庭教育质量的提高？这些问题引发了我们的思考。在六小翠微的校训“以爱育爱　积微成著”中，我们提倡用“爱”的教育去塑造人，以“润物无声”的方式将教育融入生活中。家庭正是一个充满爱的环境，家庭教育则是教育在细微处的体现。我们引导家长要以儿童为中心，尊重儿童的成长规律，有针对性地开展家庭教育才能更加有效促进儿童心理健康。儿童发展具有连续性与阶段性、普遍性与差异性以及鲜明的时代性等特征。家长应当掌握科学的家庭教育准则，根据其不同发展阶段的成长需求，内容有所侧重，方法有所调整，才能把家庭教育的优势发挥到最大。因此，要针对家庭教育的重点难点问题，找准家庭教育指导的重点任务，培养家长的家庭教育胜任力，提高家庭教育的科学性和针对性，才能真正实现“双减”。

基于新时代的家校共育理念，体育教师为家庭教育提供专业的指导和支持是十分必要的。我们通过强化家长主体责任意识，树立起科学的家庭教育理念。常言道：“理念是行动的先导。”第一，要帮助家长树立全面发展的成才观，端正教育目的，保持对孩子发展的合理期待。引导家长充分尊重孩子发展的差异性和特殊性，培养孩子的广泛兴趣爱好、健康审美追求和良好学习习惯，增强其科学的体育锻炼意识和能力。第二，树立平等尊重的亲子观，调整教育动机，通过家长与学生合作的模式，让家长发现孩子的成长规律，帮助家长更好地了解自己的孩子，建立正确的育人观。第三，引导家庭教育回归本真，我们通过创设丰富多彩的家庭体育课后作业和亲子小游戏，帮助学生和家长建立良好的家庭氛围。家长与孩子在共同完成某一项任务的过程中，将教育真正融于生活之中。家长可以充分利用家庭日常生活中的教育契机培养孩子健康的体魄、真正促进孩子全面和谐发展。

随着“双减”政策落地，紧扣体育新课标的指导思想，学校以学生为中心，构建高效的沟通机制，增强家校双方合作共育意识，同时也增强了家校之间沟通的实效性。在以往的家校共育实践中，虽然家校双方沟通途径与平台多样化，但沟通的实效性不强。通过线上或课后亲子体育锻炼小游戏，我们构建了家校、师生之间的平等对话协商的合作机制，在合作中形成“通知一反馈”的闭环沟通机制，确保沟通的实效性。一方面，学校、教师将学生信息反馈给家长，有助于家长了解学生学习状态、在校表现，同时也有助于家长了解学校、教师的工作内容、任务、状态等，以此增进家长对教师的理解与信任；另一方面，家长将学生在家完成体育锻炼的表现，以及家庭亲子关系、家庭教育情况等反馈给教师和学校，也有助于教师更全面地了解学生及家长，进而增强合作共育意识。从家庭养育和学校教育的各自优势出发，实现互补、共生、共荣。教师、家长围绕儿童的发展建立教育共同体，同时学校和教师发挥专业优势，给家庭提供专业的教育引导、支持和服务。

苏霍姆林斯基说过：“教育的效果取决于学校与家庭教育的一致性，如果没有这种一致性，那么学校的教学和教育过程就会像纸做的房子一样倒塌下来。”由此可见，教育的成功必然要家校合作共育。在“双减”背景之下，家校共育更为迫切，同时也面临更严峻挑战，家校双方必须以学生为中心，各施所长，合作共育，从学校主导、家庭配合的低层次，走向学校与家庭积极合作、共同发展的高层次，只有这样才能实现教育的高质量发展及学生的全面发展。

学校体育的发展，关乎祖国下一代的健康成长，关乎祖国未来的发展，关乎中华民族的伟大复兴。合肥市六安路小学翠微分校体育特色课程的开发，是对中共中央、国务院印发的《“健康中国2030”规划纲要》的具体落实，是深化体育教育改革的需要，是学生身心健康成长的需求，也是基于学校丰富的体育资源而生成的特色办学成果。今后，学校将继续秉承着科学严谨的工作态度，践行我校的办学理念，在前进中找准方向，在促进学生的全面发展中贡献属于自己的一分力量。

（5）冰雪激情筑梦想，传承精神不言弃

随着2022年北京冬奥会的成功申办以及习近平总书记提出“带动三亿人参与冰雪运动”的目标，国家相关部门就开始着手规划在全社会大力推广冰雪运动，青少年无疑是推广的主要对象，学校是青少年的主要活动场所，推广冰雪运动进校园是国家的一项重要战略规划。但是，在安徽开展冰雪运动存在诸多制约因素，用技能相近的“旱冰”代替冰上项目的推广不失为一个捷径。轮滑以其新颖时尚的特征，深受青少年青睐。借助国家推进冰雪运动进校园的契机，大力推广校园轮滑运动，是充实学校体育课程体系的一次有益尝试。

我校大部分学生是通过观看电视节目了解冰雪运动，能说出滑雪、滑冰等运动项目，有个别学生在父母的带领下参与过滑雪运动。当教师展示冰雪运动的图片和视频时，学生表现出极大的热情，并且希望学校开设冰雪运动课程或者社团。青少年冰雪运动具有传承文化、增强体质、竞技表演与社会交往等多元功能，可以满足青少年成长中的多元需求，蕴含着丰富的育人价值，成为培养冰雪运动人才和提升青少年体育核心素养的重要渠道。结合我校“6＋N”体育特色课程中一年级的轮滑课程，我们于2018年11月组建了第一支校级轮滑冰球队。

我校轮滑冰球队建立之初可谓是“困难重重”，供给保障力量薄弱。首先面临的难题就是场地资源匮乏，这是轮滑冰球队开展训练的短板。我校多次进行沟通与筹备，整合多方资源，通过家、校、社三方面齐心协力，解决场地资源不足的问题。在师资保障方面，由于我校体育教师冰雪运动专业技能不足，我们采取了“请进来”的方法，聘请校外冰雪运动专业人士走进校园，在一定程度上缓解了冰雪运动师资不足的问题。在资金保障方面，我校加大经费投入力度，不断改善校队的支撑条件，确保我校轮滑冰球队训练工作的顺利开展。轮滑冰球队每周一至周四15：40—17：40训练，每学年第二个学期开始招新。学校现有五六年级梯队17人（企鹅队）、四年级梯队18人（鲨鱼队）、三年级梯队25人（小虎队）、二年级梯队23人（凌德队）。2020年，我校被评选为“全国青少年校园冰雪体育传统特色学校”。

轮滑冰球队2018年寒假开启集训，此后每年寒暑假都开展集训工作。

2019年寒假期间组织第一届合肥市六安路小学翠微分校“迎新杯”轮滑冰球友谊赛。

2019 年暑假期间组织第二届合肥市六安路小学翠微分校“翠微杯”轮滑冰球友谊赛。

2021 年寒假期间组织第三届合肥市六安路小学翠微分校“迎新杯”轮滑冰球友谊赛。

2022 年暑假期间组织第四届合肥市六安路小学翠微分校“翠微杯”轮滑冰球友谊赛。

轮滑冰球队参赛及获奖情况：

2019 年 8 月至山东济南参加全国中学生轮滑锦标赛小学生轮滑夏令营（济南站）取得轮滑球小学 B 组第六名。

2019 年 11 月参加合肥市首届青少年轮滑球锦标赛单排轮滑球项目取得少年乙组第一名、少年丙组第三名。

2019 年 11 月参加安徽省青少年轮滑球锦标赛单排轮滑球项目取得少年乙组第五名。

2021 年参加第九届中小学生运动会轮滑冰球锦标赛取得小学甲组第一名，小学乙组第一名、第二名。

2021 年举办合肥市六安路小学翠微分校首届冰球联赛（第一次上冰）。

2021 年参加合肥市青少年速度轮滑锦标赛暨合肥市中小学“阳光体育运动”轮滑比赛取得小学乙组轮滑球第三名。

2021 年参加“筑梦冰雪　相约冬奥”全国学校冰雪运动竞赛冰雪嘉年华冰球比赛取得小学生组第九名。

2022 年参加合肥市冰雪嘉年华青少年冰球挑战赛 U8 组、

U10 组（参加未公布）。

2022 年参加“筑梦冰雪　传承冬奥”冰雪运动系列竞赛和冰雪嘉年华活动轮滑球项目小学组（成绩未公布）。

3. 助力“双减”促成长，融合课程激发学习自主性

融合课程是指将传统教学方式与当下流行的教育模式完美结合，形成一种新型课程，既可以满足学生需求又可以满足教学要求的学习方式。它以深入的知识为基础，将科学、艺术、语言、数学和职业等学科结合在一起，以满足当今青少年多元化的学习需求。该课程强调传统的教育理念，同时也考虑到当下流行的教育理念，并将其结合到一起，以达到最佳的学习效果。

融合课程的概念源于学校和社会发展之间的复杂关系，它可以为学生提供一种更完整、更有效的学习方式，帮助他们培养创造性思维、增强自我实践能力和解决问题的能力。与传统学科不同，融合课程将课堂上多种学科知识并置，让学生在整体思维中学习多个学科，更好地掌握深入的学术思维，并能够运用知识去分析问题和解决问题。融合课程采用活动式学习法，丰富多彩的课程安排让学生既能在课堂上获取类似传统课程的知识积累，又能培养自我价值取向和责任感。

课程设置方面，融合课程既考虑传统概念，又引入新颖概念。例如，在学科教学方面，课程设置既考虑传统的学科内容，

又考虑生活能力培养，以达到学习的效果。融合课程的教学方式是一种新的结合形式。当下的教育模式越来越多元化，已经从传统的以教师为中心转变为以学生为中心，加强学生的学习自主性，深化学生的学习活动。同时，传统的教学理念也得到了运用，以传统的方式讲授传统知识，考查传统知识点，如此可以让学生掌握知识，增强实践技能。传统教育观念认为学习是一种被动的任务，学生需要遵守教师的指导，而融合课程让教学变得灵活自由，学生可以自主学习。

学科融合是教育领域中新兴的一种教学形式，它被认为可以促进学生的全面发展。学科融合的一大优势在于可以为学生建立一个更丰富多彩的学习环境，启发学生思维，充分调动学生学习的积极性。

首先，学科融合可以促进学生多元思维发展。它把学术上不同的专业素质交叉融合在一起，培养学生独立思考、创造性思维，开展全面素质教育。不同专业的思维模式相互交融，可以为学生提高思维灵敏度和积极性提供强有力的辅助。

其次，学科融合也可以增强学生的学习能力，提升学习质量和效率，培养学生的自学能力。学科融合的方式有利于学生自主探索，体验到学习的快乐，可以激活思维，激发学生的学习热情。

最后，学科融合还可以增强学生跨学科概念思考能力，通过广泛而深入地学习，扩大学生的知识面，更好地满足学生需求。此外，在职业发展道路上，学习了学科融合的学生更容易获得用人单位的青睐，由此也可以发现学科融合的另一个重要价值所在。

总之，学科融合可以提升学生能力，开阔视野，促进教学互动，提升学习效率。从长远来看，融合课程为学生提供了一个卓越的学习环境，让他们受到更全面的教育，对比传统教育，融合课程更注重学生的学习能力，激发学生的创造力和思维能力。

语文与劳动融合案例：桂花糕篇

就当下的时代和社会发展来看，进行劳动教育是适应时代发展以及社会进步的需要。进行劳动教育，对于养成和践行社会主义核心价值观，完成立德树人的根本任务，培养未来发展需要的优秀人才，具有现实意义和深远的历史意义。同时，进行劳动教育也是促进学生们健康发展的需要。

在小学语文教学过程中增添劳动教育可以真正落实“以劳育人，以劳树德，以劳增智，以劳益美，以劳健心，以劳强体”，将思想道德教育与劳动知识、实践教学进行有机结合，并达到互相渗透、共同发展的良好效果。学生在语言文字的学习中可以感受劳动、欣赏劳动的过程以及成果，养成科学的劳动观，体会劳动情感。

《关于全面加强新时代大中小学劳动教育的意见》要求，各级学校需要强化综合实施，可以采用与德育、智育、体育、美育相融合的方式来建设与推行新时代劳动教育。我们不仅要建设劳动课程，还要启动系统思维，统整各学科的力量，运行“大课程化”的劳动协同教育。

具体到小学语文课程，这里的“劳动教育”不是劳动技能的教导，也不是劳动活动的实践，而是在语言文字的学习活动中体悟劳动，欣赏劳动成果或劳动过程的美，树立正确的劳动观，体会劳动情感，理解劳动精神。语文教学中落实劳动教育，需用语文的方式进行。首先，要找到语文和劳动的统合点，在语文的学习过程中进行劳动教育的渗透。例如，在五年级上册《桂花雨》这篇课文中，可以将本课作者对桂花的喜爱与劳动实践中亲手做桂花糕相结合，找到语文与劳动的契合之处，让孩子们喜爱语文、喜爱劳动。

“何须浅碧深红色，自是花中第一流”。秋日已至，校园里的金桂、银桂、丹桂争相盛开，一树树金黄、橙红的桂花飘出阵阵芳香，沁人心脾。2022 年 11 月 11 日下午，合肥市六安路小学翠微分校五年级的学生们在老师的带领下探索了以桂花糕为主题的学科融合课程。本次课程打破学科壁垒，将语文、劳动两个学科有效融合，一起开启了品桂花糕的美食之旅。

《桂花雨》是台湾女作家琦君的一篇散文，学生们通过阅读文章，感受作者在字里行间对故乡的思念和对童年时代的怀念。刚学完《桂花雨》的五年级的同学们对书本中有趣场面充满期待，迫不及待地与桂花相拥，把秋留在了一篇篇文章、一声声欢笑、一道道美食之中。

桂花寓意吉祥美好，桂花知识迷人奇妙，在本次融合课堂上，老师首先让同学们了解了桂花知识与桂花相关的诗词歌赋、民间传说、谚语等，接着讲述了桂花糕的由来和传说。学生在了解桂花的相关文学知识后，老师便带领着同学们来到了校园桂花树下。循着香味，孩子们与桂花来了一场“香香”的邂逅。赏桂花，观桂形，闻桂香，让童真的思想在自然中自由生长。桂花之美，不仅在于欣赏，更在于记录，伫立桂树一角，观察桂花之美，漫步校园四周，寻找最美桂花。

《桂花雨》中最吸引人的莫过于“摇花雨”。赏完桂花后，在老师的指导下，同学们开始了体验“摇桂花”之趣。小组合作，两人摇树，多人接花。“真像下雨，好香的雨啊！”同学们沉浸在欢声笑雨中，沉浸在合作的乐趣中，沉浸在摇桂、采桂的欢乐中。校园满香，寓教于乐，在劳动中感受语文带来的魅力，在语文中体验劳动的乐趣。

同学们带着满满的桂花来到了食堂，都在期待着最后的制作桂花糕的环节。孩子们兴奋不已，纷纷系上围裙，戴上手套，在老师的指导下，清洗桂花、晾晒桂花、搅拌米粉、过滤米粉、撒上桂花、放入蒸笼、淋上桂花蜜。同学们认真参与每一个环节，安静有序，俨然在雕刻一件精美的艺术品。

约半个小时后，一个个热气腾腾、芳香四溢的桂花糕新鲜出炉啦！饮其流者怀其源，学其成时念吾师。同学们在学会做桂花糕后，第一时间把自己亲手做成的桂花糕送给老师，表达了浓浓的节日祝福。然后，瞧！你一块，我一口，同学们品尝着自己的劳动成果，感受到劳动的喜悦，一个个脸上洋溢着欢快的笑容。

吟诵诗词，制作美食，通过本次活动，同学们在与桂花的美好邂逅中，习得劳动技能，感受劳动喜悦，弘扬劳动美德。这场关于桂花的探索之旅，是源于孩子们的发现和兴趣。“桂花”是秋的使者，也是大自然赐予孩子们秋的礼物。相信在此活动以后，同学们也更多地参与劳动实践，不断提升劳动素养，亲近自然，热爱劳动，争做全面发展的好少年！

桂花糕是我校每年九月份的融合课程之一。融合课程给学生带来的最大变化是他们更加热爱学习，融合课程还培养了一批合作型、全能型的教师。学校将在今后的课程探究中，不断融入更多的学科，向更加多元、更加丰富的课程形态发展不断探索！

我校一直以来贯彻劳动育人理念，抓住每一个教育契机，积极探索开发更多有利于学生学习和实践体验的劳动教育课程，助力劳动教育善做善成、久久为功。

小学语文课堂可以采用多种方式展开劳动教育。语文教师需要从多个领域展开探索，寻找语文教学与劳动教育的融合点，带给学生更多实践及体验劳动的机会，让他们在劳动过程中发掘自己、提升自己、超越自己。

科学与劳动融合案例：枇杷膏篇

劳动教育在小学科学教学中的有效融入，有着非常重要的实际意义。效果良好的劳动教育对于小学生身体和心理的同步发展十分有益，集中表现在以下两个方面。一方面，提高小学生的社会认知能力。随着人们生活水平的不断提升，小学生无须为吃与穿发愁，有些学生甚至形成了大手大脚的不良习惯。通过开展劳动教育，能够让学生深刻感受到粮食、钱财的来之不易，及时纠正其铺张浪费的习惯，从小学会感恩。另一方面，有助于小学生树立正确的价值观念。素质教育的全面推进，强调学生的全方位发展。对于现如今的小学生，尤其是生活在城市的学生，对于土地与自然存在着陌生感，很少有劳动经历，不懂得劳动的重要性。让学生参加劳动，给予学生接触自然与土地的机会，可以帮助他们明白劳动的意义所在，逐渐树立正确的劳动观念。

新版《小学科学课程标准》要求小学生积极参加到各种各样的实验、调查、制作、观察等科学活动中，在学习与活动中克服困难，完成相应的任务。在小学科学教学中，教师要不断尝试与创新，积累更加丰富的有效融入劳动教育的策略，引导学生参与到各种劳动中，从中掌握更多的劳动技能，并在这个过程中形成正确的劳动意识与习惯。

“枇杷着子红榴绽，正是清和未暑时”，当前正是采摘品尝枇杷的好时节。5 月 13 日，合肥市六安路小学翠微分校成功开展第二届校园枇杷采摘节——孩子们将自己采摘的枇杷制作成枇杷膏，送给“最可爱的人”。

科学课上，在老师的组织下，学生们带上采摘工具，分小组合作。孩子们穿梭在果树之间，有的小心翼翼摘下果实，有的认真传递果子，有的细心关照采摘人员的安全，经过一个小时的忙碌，同学们付出了汗水的同时收获了金灿灿的果实。

采摘结束，学生们来到食堂，清洗枇杷，将洗好的枇杷去皮去核，切碎，放进电磁炉里，亲手熬制枇杷膏。开小火慢慢熬，勺子不停搅动避免粘锅，等到颜色变得晶莹剔透，就可以放凉，放进玻璃瓶中进行保存。

待到品尝环节，你一勺我一勺，入口丝丝甜甜，除了枇杷本身带有的酸甜滋味外，还带着属于冰糖的浓浓甜腻，小小吃上一口，口齿留香，甜腻不止。熬制过程虽然乏味，但孩子们深深体会到了劳动的快乐和幸福。

“劳动出真知”，生动有趣的枇杷节采摘劳动课里，孩子们表示收获很多，不仅学到了知识，掌握了技能，磨炼了意志，更收获了幸福和感恩之心。

合肥市六安路小学翠微分校校长孙晶认为：“劳动技能课程不仅要生动，还要结合传统文化，对学生进行思政教育，‘向劳动致敬’，也是向民族的未来致敬。”劳动创造最光荣，期待孩子们“做中学”“学中做”，在劳动课程中实现知行合一、学创融通，让劳动教育在成长的“土壤”里扎根萌芽、开花结果。

同学们秉承实践出真知的理念，从清洗、去皮、切碎到熬煮、品尝，每一步都认真实践着。

老师们更是注重对孩子们实践学习的指导，带领孩子们一起亲知、乐知，将科学探索从课堂延伸至校园乃至家庭，引导孩子们从生活中、在校园里感受科学、触摸科学并努力去实践应用，培养孩子们将科学与生活相结合，锻炼科学的思维，感受到科学就在我们身边！

综合而言，将劳动教育有效融入小学科学教学中，不仅能帮助学生掌握更多的劳动技能，还可以形成正确的劳动习惯与观念，有着非常重要的意义。在具体教学中，教师可以从活用科学文化、探究科学活动、建立实践基地、举办劳动技术比赛、紧密联系生活等方面入手，促使学生树立正确的科学态度，形成更加真挚的劳动情感。

4. 让艺术馆成为校外“大课堂”，馆藏课程全面提升学生素养

在新时代美育背景下，中小学合理利用公共场馆资源，进行馆校合作，丰富课堂形式，搭建与社会交流的平台，是提升学生学习能力、推进社会教育、构建终身学习型社会的重要方式。各类文化艺术场馆在社会教育中发挥着不可替代的作用，可以提供丰富的信息和知识，倡导新的学习方法。通过馆校合作，学校和文化艺术场馆可以实现资源共享，让学生主动体验、参加各类活动；通过馆校合作课程的学习，学生不仅能够创造性地运用知识，而且能重新构建自己的知识体系，全面提升学习能力。因此，馆校合作既是学校教育的重要延伸和补充，也是学校教育和社会教育相结合的重要手段。多年来，我国各级各类学校开展了形式多样的馆校合作，这对我校馆藏课程建设有一定启示意义。

让艺术馆成为学校之外的“大课堂”。各类艺术馆是人类文明精华的储藏室，是天然的学习空间。少年儿童正处在求知欲旺盛的年纪，艺术馆不仅可以通过实物传递知识，更可以激发

兴趣、引导思考，是除了学校之外不可多得的“大课堂”。合肥知名的博物馆、美术馆、音乐厅、公共图书馆、非遗场馆等专业文化艺术场馆和机构，学校都可与其共同研发有主题、成系列的美育项目。基于此，我校提出符合培养新时代学生素养的馆藏课程，包括走进美术馆看展、走进音乐厅听剧、走进科技馆体验、走进博物馆探秘等课程。

（1）开发馆藏课程的目的

六小翠微的理念是让艺术教育场所与学校课程发生直接的联系。作为学生，参观展览不仅可以提高学生的美术鉴赏能力、审美能力，还对学生的智力发展，心理发展、人格发展起到了积极的作用。馆藏课程是为了创造一个让孩子享受学习过程的环境，我们注重的是过程而非结果，培养孩子创造性思维模式，激发他们的学习兴趣。馆藏课程是通过各种展览、节目和活动来激发儿童的好奇心、探索和学习精神，激发他们的灵感，培养创造性的思维。通过在美术馆的欣赏感知、博物馆的发现探索等，学生手脑并用，双向互动引导儿童认识生活、认识世界。

（2）馆藏课程的设计原则

原则一：结合学校课程。场馆的展品知识不是脱离于学校课程的，而是与学校课程有着千丝万缕的联系。以科技馆为例，“光学展区”中关于光的三原色、色光混合、平面镜对光的反射作用、棱镜对光的折射作用等知识点在中小学科学课程标准中均有体现。结合学校课程的科技馆学习，不仅使学生更易于了解展品知识，而且能促进教师的学校教学。

原则二：具有连续性和延伸性。学习是一个连续的过程，建立在学习者先前经验的基础之上。学校学习的经验是场馆学习的基础，而科技馆学习的经验又成为学生将来学校学习的基础。因此，馆校学习的内容要相互映衬，参观前、中、后的教学设计要层层递进，以促进学生认知的发展。即，参观前的教学要为学生提供知识的铺垫，参观后的教学要延伸和拓展场馆学习的经验。

原则三：具有引导性和辅助性。集体参观的模式不同于个体自由式的学习，其教育性更强，引导性和辅助性更为突出。教师通过开展教学或使用教具能够让学习变得更有组织性和深入性。教师和科技馆馆员在参观前和参观后可以设计一些教学活动，引导学生理解科学知识，探究科学原理；在参观的过程中，为学生提供一定的辅助工具，比如学习单（或任务单），帮助学生有意识地规划参观路线，理解展品知识。

原则四：激发学生之间的合作。在集体学习中，以小组为单位开展研学能够提高学生学习的有效性。教师和馆员能为学生创造合作学习的机会和氛围，有助于调动学生个体的学习和生活经验，激发个体参与思考和讨论，提升个体学习的积极性，从而提高小组整体的认知水平。学生不仅从教师和馆员那里了解了有关知识，而且能从同伴的分享中获得认知上的提升。教师采用合作学习的方式，鼓励学生以小组为单位开展探究活动。

（3）馆藏课程的特色

第一，培养的是儿童的收藏意识。收藏是艺术馆重要的功能之一，任何一件历史文物都是在岁月侵蚀下被保留下来的。

第二，培养的是观察意识。艺术馆的核心是丰富儿童知识经验，通过肢体接触感受、观察，去发现、去探索不为人知的秘密。

第三，培养的是互动意识和创新意识。艺术馆中大多数的课程设计都是为了锻炼儿童的创造力和想象力。

（4）馆藏课程的开展形式

为了保障学生的“综合性学习时间”，提升学生终身学习的能力，强调在课程建设中利用文化艺术馆资源以及与博物馆开展合作的重要性，六小翠微的馆藏课程通过以下几种形式开展。

一是通过并结合少先队雏鹰假日小队活动，组织学生到身边的艺术馆内去观展。队员们通过欣赏不同形式的艺术作品，直观了解到历史发展中的关键事件，领略到艺术作品表达方式的独特魅力。同时，队员们还领悟到人民群众为了追求幸福生活敢于创新、努力奋斗的精神，切身感受到科技发展的进步，生发热爱祖国的真挚情感。

学校与安徽省地质博物馆的馆校合作分为课内活动和课外活动两部分。课内活动面向全体班级学生，课外活动主要通过雏鹰假日小队成员进行实践活动。

比如，探秘安徽省地质博物馆课程，这一课共设计 4 小时，其中 3 小时在博物馆教育专员的带领下学习，其余 1 小时由学校教师授课。首先，利用班级主题班会课，由博物馆专员通过远程授课或者进校园的方式，对全班学生进行讲解地质现象的历史发展和场馆特点等，激发学生走进博物馆的兴趣。然后，学校教师为学生设计参观路线和组织小队人员。最后，利用周末假期，学生以假日小队的形式走进安徽省地质博物馆，联系博物馆教育专员，与同伴、老师一起共同参观学习，并将课堂里所听、博物馆里所见所学的内容总结在笔记上。书本知识加课外实践，学生对所学知识的体系有了更加立体的理解。

二是通过结合我校文化艺术节等活动，让优秀的学生作品在艺术馆内展出、绽放。学校以周边的艺术馆为有力资源，充分调动学生学习和创造的积极性，挖掘学生的艺术潜能，发挥美育育人功能，形成品牌特色，努力培养德智体美劳全面发展的社会主义建设者和接班人。

在学校的美术教学过程中，教师积极引导学生进行美术创作，将优秀作品进行收集分类，通过装裱作品、制作主题字和环保装饰品，完成最终的布展准备。2022 年 8 月 19 日至 21 日，学校联合中环城美术展馆举办了我校学生自己的首届画展。一走进展馆，仿佛置身于艺术的殿堂，有富有传统文化气息的书画展区，有剪纸布袋、抱枕、旗袍等文创作品展区，有立体的筑梦航天手工展区，有可坐下来观赏的多彩童年展区，还有可品尝的糖画体验区、可打卡的大师名画区……从一镌一刻到特色剪影，从明暗虚实到素描之美，从超轻黏土到手上生花，从一束彩铅到一纸美丽……这一切的美好，都源自翠微娃娃的自由创作，这是一场充满童心童趣而且可触、可玩、可尝的一次沉浸式的艺术馆课程，也是“双减”背景下学校大美育课程的缩影。

这种馆校合作的形式，能增强小学生的自信心，提高对美术学习的兴趣和动力。由于不同年级、不同性格的学生所展现的绘画风格不同，通过展览，学生们可以提升自身的美术欣赏和美术批评水平，促进学生个体多方面的发展。对于优秀作品，学校印装成册，运用到校本课程的教材中，实现资源的循环合理利用。馆校合作办展活动，是翠微美育形式的一次探究和升华。在翠微少年的培育中，我校坚持充分发挥美育的基础作用，让课程与实践相结合，依托丰富而序列化的美育课程，引导学生发现美、品味美、践行美、创造美，做到知行统一，成就学生的美好情操、健康品格。未来，我校也将继续与美术馆共建馆校合作美育实践基地，打造美术馆公共教育与学校美育之间新的资源共享平台。在既往合作的基础上深化、优化、细化合作领域，让参观美术馆感受传统文化、提升综合素养成为在校学生的必修课，发挥美术馆与学校“双减双进”工作的融合功能，让学生成为能够感知美、欣赏美、创造美的人。

三是带领学生在艺术馆体验活动课程。活动体验课程主要面向中高年级儿童及其家庭，主要通过主题探索、实物教学、动手体验等方式，让父母、老师与孩子一起在艺术馆乐享畅学。

课程的设计形式多样，有话剧、剪纸、手工、读书会、舞蹈、绘画等。多样化的安排让每个孩子都能够选择合适的课程。学校将鲜活的艺术现场与美育课程融为一体，实现艺术资源与学校教育需求有机衔接。走进艺术馆，教师设计生动有趣的专业课程，让学生在自主探究、分析思考、合作交流的过程中，不断地去发现问题、探究问题、解决问题，增长其知识，扩宽其视野，提升其审美和文化素养。

例如：我校结合美术馆场馆特点，开发了“寻找颜色”课程。其目的是让学生能够认识到颜色背后的艺术作品的内涵和文化意义，并能够在相关的学科和领域灵活运用颜色。美术馆可供观察和研究的有画作、模型、服饰、乐器等。在课程中，学生可先选出自己喜欢的颜色，陈述选择该颜色的理由，再在各展厅寻找带有自己喜欢颜色的展品并拍照，之后把自己拍到的图片资料进行整理，只保留带有自己喜欢颜色的部分，进行剪裁拼接。在下一阶段，除了自己选择的颜色外，还会对其他同学选择的颜色进行分类，猜测同学选择该颜色的理由，思考该颜色可以被应用在哪些地方。

经统计，对红色印象最深的学生数量最多。学生的理由是：红色带有一种力量，象征着勇敢、热情，也经常被用在节日或盛大活动的场合。即使同样是红色系，色调也有差别，制作成拼接画将这种差别进行对比对于学生来说是很有趣的。排在第二位的是绿色，学生的理由是绿色代表大地、物产丰富和生机勃勃。排在第三位的是结构色，即“玉虫色”，观察的角度不同，看到的颜色也会不同，学生的理由是五颜六色、十分漂亮。每种颜色都有其历史和文化的内涵，引导学生对颜色的内涵进行思考是非常重要的。

“寻找颜色”课程虽然以综合性学习的形式导入，但是也可以广泛运用到其他各学科和领域中。比如，在美术课上，巧妙运用拼接画进行设计，开发出购物纸之类的产品；在科学课上，观察动物和植物的颜色，调查自然界的生物选择其颜色的原因；在语文课上，仔细研究颜色与汉字的关系，如红色系包括大红、朱红、深红、橘红等，蓝色系包括深蓝、天蓝、靛青、青玉色等，这些词语所表示的颜色是不同的，可思考这些相近而又不同的颜色在内涵上有什么不同。

2022 年版的艺术新课标坚持以美育人，重视艺术体验，突出课程综合。六小翠微始终遵循这一原则，让学生们认识美、发现美、体验美、欣赏美，提高民族精神的继承意识和民族文化自信，达到文化育人、实践育人、美育育人的教育目标。作为国家课程的延伸和有益补充，我校还将进一步探索更丰富的馆藏课程建设，不断完善课程体系，建立健全由立德树人、科学素养、人文素养等维度构成的多元评价体系。

第二节
坚持育人初心，发展多维立体课程结构

立德树人、“五育”融合是党和国家对新时代学校教育的根本要求，合肥市六安路小学翠微分校从人的全面、充分、可持续发展的角度出发，充分挖掘优质的教育资源，遵循教育规律，找准课程开发的立足点、创新点，注重课程结构的多元化、立体化、动态化、体系化，在尊重学生的基础上开展教育教学创新，精心培育德智体美劳全面发展的时代新人。

一、五大领域＋三大类别，六小翠微课程体系持续优化

六小翠微课程体系由人文与社会、语言与文化、数学与思维、科学与技术、健康与艺术等五大领域组成，有机融合基础型、拓展型和探究型三类课程。

人文与社会领域：由基础型课程道德与法治，拓展型课程专题教育、节日课程、社会实践活动、仪式教育、班队课程、文化艺术节以及人文历史兴趣社团等组成。(见表 3)

语言与文化领域：由基础型课程语文、英语，拓展型课程语言文化节、节日课程、传统文化专题教育、语言类社团课程

等组成。（见表4）

数学与思维领域：由基础型课程数学，拓展型课程益智数学节、思维类社团课程等组成。（见表5）

科学与技术领域：由基础型课程科学、信息科技、劳动，拓展型课程科技创新节、劳动成果节、技术实践类社团课程和科学探究类课程组成。（见表6）

健康与艺术领域：由基础型课程体育与健康、艺术，拓展型课程趣味体育节、运动会、艺术节和体育类、艺术类兴趣社团课程等组成。（见表7）

二、多维融合，六小翠微课程内容向纵深推进

1. 人文与社会领域

表3 合肥市六安路小学翠微分校“人文与社会”课程体系

<table>
<tr><th colspan="2">课程类型</th><th colspan="2">课程内容</th><th>年级设置</th></tr>
<tr><td colspan="2">基础型课程</td><td colspan="2">道德与法治</td><td>一至六年级</td></tr>
<tr><td rowspan="9">拓展型课程</td><td rowspan="9">限定拓展</td><td rowspan="6">专题教育</td><td>爱国主义教育（包括国防安全）</td><td>一至六年级</td></tr>
<tr><td>理想信念</td><td>一至六年级</td></tr>
<tr><td>心理健康</td><td>一至六年级</td></tr>
<tr><td>行为习惯（包括文明礼仪）</td><td>一至六年级</td></tr>
<tr><td>安全教育</td><td>一至六年级</td></tr>
<tr><td>绿色环保</td><td>一至六年级</td></tr>
<tr><td rowspan="3">节日课程</td><td>六一快乐童年课程</td><td>一至六年级</td></tr>
<tr><td>教师节课程</td><td>一至六年级</td></tr>
<tr><td>国庆教育课程</td><td>一至六年级</td></tr>
</table>

（续表）

课程类型		课程内容		年级设置
拓展型课程	限定拓展	社会实践活动	春秋季社会实践考察（涵盖红色教育、安全防护、励志拓展、传统文化等类型）	一至六年级
			学雷锋活动	一至六年级
			“快乐雏鹰”假日小队活动	三至六年级
		仪式教育	入学仪式	一年级
			入队仪式	一年级
			毕业典礼	六年级
			升旗仪式课程	一至六年级
			成童礼	三年级
			感恩礼	二年级
			尊师礼	一年级
		班队课程	小干部课程	一至二年级
			路队课程	一年级
			整理课程	一年级
			常规教育课程	一至六年级
			主题班会课程	一至六年级
			暮省课程	一至六年级
			晨夕会课程	一至六年级
		文化艺术节	多彩实践节	一至六年级
	自主拓展	人文历史	汉服社团	三至四年级
			漫画中国史社团	五至六年级
探究型课程		家史探究课		一至二年级

2. 语言与文化领域

表 4 合肥市六安路小学翠微分校“语言与文化”课程体系

<table>
<tr><th colspan="2">课程类型</th><th colspan="2">课程内容</th><th>年级设置</th></tr>
<tr><td colspan="2" rowspan="2">基础型课程</td><td colspan="2">语文</td><td>一至六年级</td></tr>
<tr><td colspan="2">英语</td><td>一至六年级</td></tr>
<tr><td rowspan="12">拓展型课程</td><td rowspan="8">限定拓展</td><td rowspan="2">文化艺术节</td><td>汉语文化节</td><td>一至六年级</td></tr>
<tr><td>英语文化节</td><td>一至六年级</td></tr>
<tr><td rowspan="3">节日课程</td><td>年文化课程</td><td>一至六年级</td></tr>
<tr><td>重阳节课程</td><td>一至六年级</td></tr>
<tr><td>清明节课程</td><td>一至六年级</td></tr>
<tr><td rowspan="3">语言与文化</td><td>传统文化专题教育</td><td>一至六年级</td></tr>
<tr><td>阅读拓展课</td><td>一至六年级</td></tr>
<tr><td>英文阅读拓展课</td><td>一至六年级</td></tr>
<tr><td rowspan="4">自主拓展</td><td rowspan="4">语言与文化</td><td>趣味语文</td><td>一至六年级</td></tr>
<tr><td>走进古诗词</td><td>一至六年级</td></tr>
<tr><td>演讲课程/辩论课程</td><td>三至六年级</td></tr>
<tr><td>趣味英语</td><td>一至六年级</td></tr>
<tr><td colspan="2">探究型课程</td><td colspan="2">国际理解项目化课程：中西方文化比较</td><td>三至六年级</td></tr>
</table>

3. 数学与思维领域

表 5 合肥市六安路小学翠微分校“数学与思维”课程体系

<table>
<tr><th colspan="2">课程类型</th><th colspan="2">课程内容</th><th>年级设置</th></tr>
<tr><td colspan="2">基础型课程</td><td colspan="2">数学</td><td>一至六年级</td></tr>
<tr><td rowspan="3">拓展型课程</td><td>限定拓展</td><td>文化艺术节</td><td>益智数学节</td><td>一至六年级</td></tr>
<tr><td rowspan="2">自主拓展</td><td rowspan="2">节日课程</td><td>趣味数学</td><td>三至六年级</td></tr>
<tr><td>思维训练</td><td>三至六年级</td></tr>
<tr><td colspan="2">探究型课程</td><td colspan="2">零花钱大作战项目化课程</td><td>三至六年级</td></tr>
</table>

4. 科学与技术领域

表 6 合肥市六安路小学翠微分校“科学与技术”课程体系

<table>
<tr><th colspan="2">课程类型</th><th colspan="2">课程内容</th><th>年级设置</th></tr>
<tr><td colspan="2" rowspan="3">基础型课程</td><td colspan="2">科学</td><td>一至六年级</td></tr>
<tr><td colspan="2">信息科技</td><td>一至六年级</td></tr>
<tr><td colspan="2">劳动</td><td>一至六年级</td></tr>
<tr><td rowspan="4">拓展型课程</td><td rowspan="2">限定拓展</td><td rowspan="2">文化艺术节</td><td>科技创新节</td><td>一至六年级</td></tr>
<tr><td>劳动成果节</td><td>一至六年级</td></tr>
<tr><td rowspan="2">自主拓展</td><td rowspan="2">工程与技术</td><td>STEAM 课程</td><td>三至六年级</td></tr>
<tr><td>机器人课程</td><td>三至六年级</td></tr>
<tr><td colspan="2">探究型课程</td><td colspan="2">STEAM 类项目化课程
植物生态课程</td><td>三至六年级</td></tr>
</table>

5. 健康与艺术领域

表 7 合肥市六安路小学翠微分校“健康与艺术”课程体系

<table>
<tr><th colspan="2">课程类型</th><th colspan="2">课程内容</th><th>年级设置</th></tr>
<tr><td colspan="2" rowspan="2">基础型课程</td><td colspan="2">体育与健康</td><td>一至六年级</td></tr>
<tr><td colspan="2">艺术</td><td>一至六年级</td></tr>
<tr><td rowspan="8">拓展型课程</td><td rowspan="8">限定拓展</td><td rowspan="2">文化艺术节</td><td>趣味体育节</td><td>一至六年级</td></tr>
<tr><td>艺术风采节</td><td>一至六年级</td></tr>
<tr><td rowspan="6">体育专项普修课程</td><td>轮滑</td><td>一年级</td></tr>
<tr><td>乒乓球</td><td>二年级</td></tr>
<tr><td>武术</td><td>三年级</td></tr>
<tr><td>足球</td><td>四年级</td></tr>
<tr><td>羽毛球</td><td>五年级</td></tr>
<tr><td>篮球</td><td>六年级</td></tr>
</table>

（续表）

课程类型		课程内容		年级设置
拓展型课程	自主拓展	体育选修	体适能社团	一至六年级
			击剑社团	一至六年级
			轮滑冰球社团	一至六年级
			啦啦操社团	一至六年级
			篮球社团	一至六年级
		体育竞赛	轮滑冰球队	一至六年级
			击剑队	一至六年级
			武术队	一至六年级
			啦啦操队	一至六年级
探究型课程		健康生活	翠微大课间	一至六年级
			体质健康训练营	一至六年级
			安全运动会 成长励志课程	一至六年级

第三节
以学生为主体，拓展课程实施路径与评价体系

课程是实现教育目的的重要途径，在教育教学活动中居于核心地位。随着我国教育改革的深入，新课程标准的实施已经成为当前教育教学的重要内容。合肥市六安路小学翠微分校以教育部新课程标准为依据，以学生为主体，不断探索和拓展新的课程实施路径与评价方式，注重实施路径和评价方式的多样性、连续性和进阶性，打造具有本校特色的课程评价体系，全面落实“双减”，有效提升课堂教学质量，推动学生综合素质的全面发展，为他们的美好未来奠定坚实的基础。

一、注重课程实施路径的多样性、连续性和进阶性

要使课程实施方式本身更加适合课程计划，这就需要探寻多种课程实施路径。课程实施是课程理论与实践、理想与现实联系的桥梁和纽带，六小翠微结合教育实践与条件，不断地修正完善课程计划和课程内容，并使课程实施路径多样化。

学校把课堂教学作为课程实施的主要路径，坚持起始年级“零起点”教学，严格依据课程方案和课程标准开展教学，严禁赶进度、增难度。科学评估学生发展水平，注重活动化、游戏化、生活化，合理设计课程，把握课程深度、广度变化，合理

安排不同学段内容，体现连续性和进阶性。

另外，学校注重发挥社会大课堂资源优势，寻找多种育人路径，巩固学科实践活动课程成果，开展跨学科主题学习，培养学生应用知识解决实际问题的能力；加强课内外学习有机融合，整体规划课后服务与学校教育教学活动，根据需要在课后服务时间内安排体育与健康、劳动、班队活动，开展科学探究、社会实践、艺术活动等，保障课程实施，发展学生特长。

1. 课堂教学是课程实施的主要路径

（1）保证学生主体性

学生是课堂中有个性、有思维的生命体，作为教师应以“全局观”来看待每一名学生。学生的主体性，是保证学生在课堂中的相关权益与促进学生动态、长远、多元发展的内在诉求。纵观学生的整个发展过程，尊重其主体地位，对于培养学生的动态思维、优秀品格等方面都有着重要的作用。

构建学生为主体的民主式课堂。所谓民主式课堂，指学生、教师、知识，在“交流”的过程中，能够达成平等，并以一种和谐的关系促进彼此的共同发展。在课堂教学中，每一名学生都是主体，每一主体都与他人共同享有课程资源。教师及时倾听学生的“声音”，转变自身看待学生的先入为主的观念，将学生视为与自己平等的人。重视学生的主体地位，教师要在学生对其主体地位认识的不同时期，赋予其不同的权利。教师给予学生话语权并与学生形成平等和谐的师生关系，这使得民主的观念深入到学生的内心，让学生敢于、乐于、善于发声。同时，教师也要关照学生的心理及个性特点，以免适得其反。以学生为主体的民主式课堂，是教师将学生视为动态的而并非被动的人来培养的重要体现，这使得师生在融洽的关系中相互磨合、理解、成长。

创造尊重学生的公平式课堂。公平式课堂能够让每一名学生都能获得最大化发展。公平所强调的是学生发展机会的均等，即每一名学生不仅能够在自己擅长的领域熠熠生辉，还能够尝试进入自己不擅长的领域。由于学生是一个个鲜活的生命体，每一名学生都有着区别于他人的独特认知方式与处事技巧。加之，每一名学生的家庭环境和个性特征都有所不同。因此，教育公平成为课堂教学中所追求的目标之一，目的是使教育者的目光转向每一名学生的动态、多元化发展，并为国家和社会培养出不同方面的人才。为使学生鲜活的生命得到彰显，教师在课堂中要尊重学生的差异性与多元需求，创造公平的课堂。

学生存在先天的性别和个性差异，并且受到后天家庭和社会环境的不同影响，可能会呈现出截然不同的学习状态。同时，学生知识经验与喜好的不同也是其个体差异的重要体现。教师既不能偏向某一类学生，也不能用同一个策略对待所有学生。教师要兼顾不同学生的认知，从学生已有的知识经验出发，帮助不同层级的学生建构知识体系，使他们都能获得最大程度的发展。教师充分关照到每一个个体的差异性，在使学生获得公平发展的同时，拉近师生间的距离，让课堂氛围更加融洽。

学生的个性化发展得到了尊重及满足，使得他们找到了自身的价值，同时也有助于教师转变自身作为权威者的地位，改善师生间的关系。尊重学生的个体差异和多元需求，使教育为社会培养出了不同方面的人才，推动了教育的公平发展与完善。

塑造培养主体品质的发展式课堂。发展式课堂能够从学生长远、多元发展的整体需求出发，为学生继续学业奠定必要的基础。发展式课堂也可以理解为教会学生如何探索知识以及如何生存的过程。学生的主体品质（独立自主性、积极能动性、创造超越性）会对学生不同阶段的发展起到相对积极的作用。因此，教师对学生主体性地位的肯定和对其个体差异的尊重，都有助于他们主体品质的形成与发展。学生主体品质的培养，还要求教师在课堂上不断将主体精神渗透给学生，并通过适当"放权"、因材施教、分层教学等形式，培养学生独立解决问题的能力和积极主动的精神。同时，学生的独立自主精神和积极能动精神，也是推动他们创造卓越的重要力量。教师也可以通过向学生传授新鲜和前沿的知识，让学生形成认知冲突，促进其主体品质的发展与完善。

（2）营造教学情境性

教学情境作为课堂教学中的重要影响因素，在一定程度上对学生的学习兴趣与教师的教学质量产生作用。结合教学情境、联系生活情境和创设问题情境的方式，使课程实施与教学情境密切结合，以此改变教学中知识与学生脱节的现象。营造教学情境性相关策略有助于将知识的动态性通过合理的氛围，让学生深刻理解所学，进而提升课堂品质。

生成结合教学情境的轻松式课堂。轻松式课堂，通过情境的渲染与潜移默化的作用，让学生在相对轻松的环境中内化知识。然而，轻松并非是绝对的放松，轻松式课堂的目的在于，把相对枯燥的知识与相关教学情境有机整合，进而缓解学生的学习压力，提升学生的学习兴趣。如若课堂中教师所讲授的知识没有与学生达成共鸣，就会导致学生对所学知识一知半解，难以将知识内化并有效地迁移。

教学情境作为学生与知识之间的纽带，是将二者串联起来的重要支架。教师将学生巧妙地引入课程的情感氛围之中，就可以建立知识与学生之间的桥梁，并在一定程度上提高学生的学习兴趣，加深学生对问题的理解。因此，教师要为学生创设相关教学情境、关注学生动态、引导学生“入境”，以轻松的情感氛围与学生达成共鸣。同时，由于不同学科有着自身的独特性，教师在课程实施中要找好切入点，将不同学科的特点与学生的认知结构相融合。教师还可以通过启发诱导和话题互动等形式，在轻松的环境中带动学生思考，帮助学生融入相关知识体系之中，提高学生的学习兴趣与效率。教师对教学情境的创设以及对轻松氛围的营造，有助于提升学生对相关知识的情感体验，激发学生学习动机。通过师生间的情感共鸣，达到“共情”，进而提高学生对教师的认同感。

开设联系生活情境的鲜活式课堂。鲜活式课堂能够利用现代化的教育技术与教学手段，将知识与时代发展密切结合，并将知识运用于学生的实际生活。但是，这一实施策略要规避形式化教学，明确鲜活式课堂的实施目的是将知识联系生活、将知识赋予现代化气息。而教师作为学生发展的促进者与合作者，应更多关注的是学生能否在生活中运用所学知识解决实际问题。学生学习的目的是积累经验，学习更深层的意义在于运用经验。因此，开设联系生活情境的鲜活式课堂，是将知识的动态性与运用知识的学习者的动态性（学习者对知识的运用是以其自身的生活为媒介的）进行合理整合。学生运用知识解决生活问题的能力如何，考验了教师对学生动态、长远发展兼顾的程度如何。

教师所讲授的知识应尽量贴近学生的生活，关注其喜好，使知识富有新鲜感。教师将知识回归生活，使课堂具有可持续发展性，也使知识焕发出鲜活的生命力。同时教师可以通过直接呈现生活素材（实物展示）、还原实际生活场景、展开探究活动、开设游戏环节、利用“互联网＋”等方式进行教学，将知识与实际生活接轨。这也使得教师在吸引学生注意的同时，形成了自身的教学特色。

开展创设问题情境的灵活式课堂。灵活式课堂通过逐级深入、逐步拓宽的问题，培养学生发现问题和解决问题的能力。灵活式课堂的开设，让学生的思维真正的“活”起来，并主动发现、探寻知识的奥秘。但在实际教学活动中，存在着学生较少有问题意识的现象。学生问题意识的重要性在于，该意识能够帮助学生敏锐地察觉问题，为分析解决问题奠定基础。所谓问题意识，就是“能自觉地、主动地意识到问题的一种能力，是主体在认识活动中通过对认识对象的深刻洞察、怀疑、批判，产生认知冲突，经过深入思考后仍困惑不解时，出现强烈的探索真实问题或想做出发现式创新的心理状态。”学生问题意识的发展，受到教师、课堂环境、家庭等因素等方面的影响。因此，在课堂教学中教师要通过自身的问题意识感染学生，同时为学生创设相关问题情境，用自身行动和环环相扣的问题推动学生问题意识的形成与发展。

建构主义理论认为，学生的学习是运用已有的知识经验，对新知识积极主动地建构的过程。那么，教师要根据学生已有的认知，以相关问题为辅助，通过启发诱导及循序渐进等方式，逐步加大问题的深度和广度，让学生主动地发现和探索。充满问题的灵活式课堂，能够激发学生的思考与表达欲望，使课堂更具灵活性与生命力。教师所创设的问题以及营造的活跃气氛，不但能够培养学生的问题意识，还能推动学生的探索精神、质疑精神、批判精神的不断发展。当然，教学过程中所强调的问题情境，并非是形式上的提问，而是注重问题的内在逻辑价值与是否能真正训练学生的思维。同时，师生共同发现和探究问题，也可以帮助教师不断积累经验，促进其专业的发展。

（3）达成过程开放性

课堂教学的开放，讲求的是思想、知识、环境、教学手段、课堂评价机制的开放，它体现出的是一种有秩序的开放，而非听之任之、一盘散沙。

打造开化理念与目标的前卫式课堂。前卫式课堂要求教育者要将课程视为动态、变化、发展的事物，要综合考虑学生的当下与长远发展需求，并推进教育理念与方式的与时俱进，在教育实战中对旧观念与做法进行取舍、创新。所谓开化，是指思想开通、不顽固不守旧。开化课程理念与课程目标是课程实施不断发展、创新的重要保障。在贯彻落实新课程理念与目标的过程中，依然存在着“穿新鞋，走老路”的现象，即教师还是以大量灌输的方式传递知识，较少从学生发展角度思考教学活动的合理性。教学活动的合理性在于，它是否能将知识与学生的多元需求和时代的发展要求有效衔接，为学生日后的学习奠定基础。

为此，教师要及时参考最新的教育动态，利用发展的理念和以学生为本的目标指导课程实施，以此构建前卫的课堂。并在此基础之上结合学生的动态，对课程实施策略进行调适和扬弃。同时，教师还要不断审视自己对课程的理解，以此来指导课程实施，不断将理解付诸实践，在实践中累积经验，为课程实施质的飞越提供动力。

构造创新内容与环境的实用式课堂。实用式课堂能够让学生利用所学知识实现自身价值，体现在课程内容和环境与学生认知是否匹配以及二者与时代发展是否匹配。课程内容与课堂环境是相辅相成且互相促进的，良好的课堂环境既有助于教师对课程内容的创新，又有助于学生学习效率的提高。同时，课程内容的创新也是塑造创新型课堂环境的重要基础。为此，教师既要不断审视课程内容与课堂环境的合理性，也要走进学生的世界、了解学生的兴趣和所想，让知识和考点以学生最易接受的方式，内化在学生的认知体系之中。教师要在不偏离课程目标的基础上，使课程内容尽可能满足学生的兴趣。同时，教师要根据时代发展趋势分析课程内容的实用性，创新课程内容的呈现方式，并为学生营造创新、民主、积极的学习氛围，让良好的课堂环境辅助教师的课程实施，帮助学生高效吸收知识。

铸造开放实施与评价的实践式课堂。实践式课堂，教师要将理论知识与实践有机结合，在帮助学生建构知识的过程中，训练学生的动手操作能力与自主思维能力。同时，对课程的评价既要包括教师对学生的考核，也要赋予学生对教师与课程的评价权。在物质和信息极大丰富的今天，学生获取知识的途径呈现多样化，其认知水平也在逐步提高。因此，如若教师不及时更新知识体系、完善实施策略，将会使学生对教师的认同和对课堂的体验感降低。为此，教师要尽可能将理论知识与实践操作相联系，并参考学生的反馈，通过开放课程实施课程评价，生成实践式课堂。

在开放课程实施与评价的环节中，教师可以通过实地学习、动手操作、模拟教学、翻转课堂、互动游戏等形式，将知识与实践有机结合。教师在此环节中，要以正确的价值观（以学生长远发展）作为引导，以“善”为教育的出发点和归宿，借助学生成为更好的自己。同时，在开放课程实施的环节中也要不断采纳学生的意见，与学生进行沟通和交流，赋予学生对课堂和教师的评价权。学生的相关评价，有助于教师完善教学。教师也要从不同维度对学生进行评价，不要用统一标准对待所有学生。

（4）实现交互上升性

课堂教学中的交互上升性，主要以表达、交流、理解等为形式，以师生双方实现协同发展为目的，达到师生间的平等交流、生生间的合作互惠、师生自身的“心灵对话”的目标。

建立师生平等的共生式课堂。共生式课堂是指，教师与学生在相互依存的课堂关系中，相互砥砺并达成螺旋式上升。所谓共生，是指两种生物之间形成的彼此互利的关系。这种关系表现在甲为乙提供帮助时，甲也从中获得乙的帮助，倘若甲乙分开，其中一方或者双方将无法生存。在我校的教育生态体系中，师生间所呈现的就是这种共生的关系，二者间呈现出相互影响且相互依存的动态态势。为使师生间的共生关系稳步上升，就要加强师生间的相互了解，形成平等的对话关系，建立师生平等的共生式课堂。首先，教师要放低姿态，在课堂教学和日常生活中与学生平等地交流，以民主和谐的师生关系保障课程实施的进行。其次，教师要善于在交流中了解学生的兴趣爱好并挖掘学生的潜能，使课程实施密切关照学生的需求。教师在帮助学生弥补不足的同时，也可以完善自身教学，使双方在互动中完成互助。最后，教师在交互上升的环节中，要尽可能地照顾到每一名学生，使每一名学生都能在课堂中找到存在感。师生间的平等交流，一方面可以使学生充分参与课堂，提高课堂的活跃程度，让学生发现“真问题”，并能主动地解决问题；另一方面，可以使教师通过了解学生，不断反思教学过程中的不足。学生的充分参与以及教师的自我反思，都是扩大教学收益的关键。师生在共生式课堂中能够彼此敦促、共同发展。

搭建生生合作的互惠式课堂。互惠式课堂通过生生之间的对话、交流、讨论、合作，能够让学生在表达自己观点的同时，考虑他人观点的独到之处，并将好的意见和建议为我所用。互惠式课堂，一方面可以帮助学生发现他人的闪光点，另一方面也可以完善学生的取舍精神与集体精神，让学生以全局观和整体观来看待事物的发展。课堂教学中，学生个体之间不像教师与学生之间那样存在悬殊，他们之间的交往活动更富有协商平等性，更容易产生碰撞与激荡，以此达到取长补短、互惠互赢的效果。在课堂教学过程中，教师可以利用小组讨论、合作交流、探究学习等方式，在帮助学生吸纳他人观点的同时，使学生通过交互活动达成互惠。

挖掘师生心灵对话的批判式课堂。批判式课堂是指，师生通过对自身在课堂上的互动方式、思考方式、行为方式等进行反思与批判的形式，实现与自身的心灵对话，进而提升教师的授课水平与学生的学习能力。然而，无论是师生还是生生的交互上升活动，最终都要以内驱力为推动自我发展的决定性力量。课堂教学中所要求的“心灵对话”，主要是以师生与自己心灵间的层层诘问来发现自身的不足，最终获得发展。师生通过与自己内心的互动与对话来进行深度思考，进而审视自我、完善不足。

教师与学生的平等交流，以及为学生搭建的合作平台，都是为了让学生在参与的过程中寻找自身的优势与缺陷。教师可以在与学生合作交流中，将反思批判精神通过启发诱导，逐步渗透给学生，使这种精神成为学生的一种思维习惯。同时，教师也要根据对学生的观察，批判课程实施中不适合学生发展的策略，并及时加以纠正。

保证学生主体性、营造教学情境性、达成过程开放性和实现交互上升性，是我校课堂教学中的逻辑较为严密的系统，且它们之间是相辅相成、互相促进的关系，构建动态的生态课堂。教师可根据班级的特点灵活运用，根据实践需要调整顺序、补充完善。

2. 积极开发课堂教学以外的其他路径

我校积极推动建立以学校为主导、家庭为基础、社区为依托的协同实施机制，形成共育合力。学校要通过家长会、家长学校、社区宣讲、网络媒体等途径，引导家长树立正确的劳动观；明确家长的劳动教育责任，让家长主动指导和督促孩子完成家庭、社区劳动任务；与相关社会实践基地共同开发并实施育人课程。

（1）场馆学习：让孩子与一切美好的事物相遇

学校积极推动场馆学习与学校课程的深度整合。场馆学习作为非正式学习的重要形式，学习的特点主要体现在场馆学习的情境性、自主选择性、主动探究性以及结果输出的多元性。推动场馆学习与学校课程的深度合作，可以采用以下四种合作形式：先校后馆、先馆后校、共同建设场馆课程、场馆活动进校园。

当然，借助信息技术构筑虚拟场馆将成为未来场馆学习的新趋势。虚拟场馆的建立将切实解决场馆中一些资源难以陈列、资源结构不合理、地域分布不均衡等问题。

（2）赛事学习：以赛促学，激发孩子的学习欲望

赛事学习即在特定的规则之中，让参赛者在智力、体能、技术、技能等方面进行单项或综合的较量，最终依照规则评定出胜负或者排名的一种学习形式。以赛激趣，以赛促学，以赛

促用。比赛是促进学习的一股力量，想推动一件事情，最好的方法就是组织比赛。让孩子参加比赛是一种很好的锻炼机会。比赛有输赢，孩子知道了努力的结果；比赛有团队，孩子懂得了友谊和付出；比赛有困难，孩子收获了解决问题的勇气；比赛有情绪，孩子释放了最真实的自己；比赛有运气，孩子还能了解生活的真相……

（3）行走学习：研学旅行，让孩子与世界站在一起

课程是一段美好的人生经历。教育的目的是教会学生过有意义的生活。学生只有在真正的生活中，才能感悟生活的意义，才能学会过有意义的生活。我校积极建构行走类课程，推进行走学习，让学生领略自然山水，感悟历史古迹，在行走中感悟自然，在行走中了解历史。具体课程设计可从学生视角出发，采取“我知道、我行走、我感悟”等板块设计，让学生不论行走到哪里，“行”前都要先做查阅资料、了解景点、调查路线等准备工作；“行”中要做好观看、欣赏、拍照、记录、解说的工作，找准景点的风光特点或历史典故；“行”后要写下自己的独特感受，与家长、同伴一起分享。

（4）实践学习：用有意义的实践活化学习成果

社会实践是课程实施的一种重要方式，对于学生了解社会、了解国情、增长才干、奉献社会、培养品格、增强社会责任感具有重要作用。在学校课程体系中，增加实践性课程，形成知识类学习和实践类学习的融合、静态式学习和活动式学习的兼

容。让课程引领学生经历学术训练式学习，也经历实践体验式学习，达到课程内容“文本学习”与“实践学习”结合，学习方式“文中学”与“做中学”的结合，让实践和体验成为一份丰富的课程资源。

（5）社团学习：满足学生的多元发展需求

对于学生来说，社团是一个熔炉，锻炼自己的能力；社团是一个舞台，展现自我的风采。社团建设要尽可能满足学生发展需求。第一类是文学艺术类，如文学社、诗社、学生报社、励志宣讲团、文艺社、书画社等；第二类是实践感悟类，如同伴社、爱心社、广播社、环保社等；第三类是科学技术类，如实验超市、航模社、天文社、数码时代等；第四类是兴趣活动类，如集邮社、摄影社、手语社、吉他社等；第五类是运动竞技类，如足球社、乒乓球社、羽毛球社等。学生根据自己的兴趣爱好与特长自愿报名。社团活动应做到“三稳定”，即人员稳定，社员中途不得随意退出；时间稳定，无特殊原因，不得随意停止活动；地点稳定，充分利用校内各功能室、操场。

（6）项目学习：把真实项目作为学习的驱动力

项目学习是让学生参与到真实的问题解决中接受挑战、主动探究，创造出某件作品并完成重要知识的学习。项目学习操作程序分为选定项目、制订计划、活动探究、作品制作、成果交流、活动评价等六个步骤。项目学习需要注意六个方面。一是项目的选择很重要，应该由学生根据自己的兴趣选择，教师在此过程中只能作为指导者的角色。二是有学习时间的详细安排和活动计划，学生对项目学习所需要的时间做一个总体规划，对基于项目的学习所涉及的活动预先进行计划。三是活动探究是基于项目的学习的主体，学生大部分知识内容的获得和技能、技巧的掌握都在此过程中完成。四是作品制作是基于项目的学习区别于一般活动教学的重要特征，学生运用在学习过程中所获得的知识和技能完成作品的制作。五是学习小组通过展示他们的研究成果，表达他们在项目学习中所获得的知识和所掌握的技能。六是基于项目的学习评价要求由专家、学者、教师、同伴以及学习者自己共同完成，不仅要有对结果的评价，同时也强调对学习过程的评价。

（7）仪式学习：让内隐的教育要求外显化

仪式具有整齐、庄重的特点，能集中表达特定的主题，更容易引起学生情感的共鸣。仪式学习需要做到“三个精心”，即精心策划、精心组织、精心实施，注重每个细节，从教室布置到人员着装，从每个程序到内容都要体现庄重感。比如，我们可以根据学生的认知水平，贴近学生生活实际，设计具有连续性的系列仪式学习活动（一年级入学礼、二年级宣誓礼、三年级生日礼、四年级幸福礼、五年级军营礼、六年级毕业礼），构成了学生成长的阶梯。总之，仪式学习是学生精神发展、思想发展的动力，可以唤醒每个学生对生命、人生的体悟。

（8）服务学习：在服务中培养社会责任感

服务学习以课程为纽带，实现服务与学习的有机统一。服务学习有两大要素：一是服务学习的主体部分是社区服务，即教师与其他组织者针对社区实际需要，组织学生进行某种服务活动的设计、实施、评价与修正的过程；二是服务学习在本质上是一种学习方式，精心设计的服务活动要有明确的学习目标。在开展实际服务之前，学生应有关于问题的背景、历史与相关政策的预先了解。服务学习有三个特征。一是强调课程学习与服务实践并重。服务学习必须与课程相结合，配合课程的安排。学生将在课上所学的知识和技能，运用到服务实践中。二是注重结构化反思活动。反思是服务学习的重要组成部分。教师在服务前、服务中及服务后安排反思活动，帮助学生整合其课程学习与服务经验，达到学习效果。三是促使学生在服务实践中关注社会，培养社会责任感。

（9）节庆学习：用主题节日把学习生活点亮

节庆学习是围绕一个或多个经过结构化的主题节日进行学习的一种方式，让学生自己设计、自己策划、自己实施、自己评价校园节日。在这种学习方式中，“主题节日”成为学习的核心，而围绕该主题的结构化内容成了学习的主要对象。每个学期开始前，学校集体研究、策划不同主题的校园节日，以丰富多彩的节庆活动吸引学生。比如，绚烂多彩的“涂鸦节”、生机盎然的“花卉节”、开阔眼界的“旅游节”等。在具体操作方面，中小学要设计体现学生学习需求、具有时尚元素的校园节日活动方案。最好是让学生自己设计、自己策划、自己实施、自己评价，从选定主题到活动环节、活动呈现等都让学生参与进来。

如何让校园主题节日活动常态化、有持续的新鲜感？中小学要致力于机制建设和评价方式探索，如设置“最佳节日评选活动”，评选“最佳创意奖”“最佳人气奖”“最佳时尚奖”“最佳娱乐奖”等奖项，让学生设计评价方案、参与评选。

二、建构具有本校特色的课程评价体系

课堂教学评价会在第四章第三节中进行阐述，此处重点介绍课堂教学之外的课程评价。

学校充分关注学生的个性需求，量身定制课程评价方式，关注学生学习经历，促进每一位学生的发展，建构具有学校特色的课程评价体系。学校基于“立长志　有担当　会学习　勤实践”的育人目标，将学生综合素质纳入评价体系，把过程性评价和结果性评价结合起来，健全和完善我校课程评价标准、程序和方法，鼓励、支持利用大数据、云平台、互联网等现代信息技术手段，开展过程监测与即时评价，发挥评价的育人导向和反馈改进功能。

1.借助“班级优化大师”管理软件，进行平时表现评价

教师们要在平时课堂教学之外的各种实践活动中及时进行评价，以评价促进学生发展。要覆盖各类型实践教育活动，明确每学期中校外实践活动的类型、次数、时间等考核要求。关注学生在实践活动中的实际表现，注重从行为表现中分析把握劳动观念形成情况。以自我评价为主，辅以教师、同伴、家长、服务对象等评价，指导学生进行反思改进。要指导学生如实记录活动情况，收集整理相关制品、作品等，选择代表性的写实记录，纳入综合素质档案，作为学生学年评优评先的重要参考。

2.借助《“红领巾奖章”争章手册》，打造阶梯式评价体系

学校少先大队结合“红领巾奖章”评价激励体系进行新队员的选拔，把对少先队员的思想道德素质、科学文化素质和健康素质等方面的要求量化评比，通过争章活动培养少年儿童的劳动观念、创新精神、奉献精神和合作精神，养成良好的日常行为习惯。学校少先队大队部制定了《“红领巾奖章”争章手册》，由校长、教导处、大队辅导员、各中队辅导员组成“红领巾奖章”争章活动领导小组，制定奖章活动实施方案，围绕德智体美劳全面发展设计了特色争章体系，将少年儿童素质培养具体化为“六个好习惯”。每养成一个好习惯，学生就能获得一

校相对应的奖章。

3. 注重结果运用，实施四个激励手段

学校注重结果运用，充分运用体系评价结果，将获章情况作为岗位激励、实践激励、荣誉激励、推优激励、社团活动的重要参考。学校少工委为优秀少先队员提供值日小班长、红领巾执勤岗、国旗队、红领巾广播站、助理小辅导员、环保小志愿者团队等体验岗位，“小手拉大手共筑碧水蓝天”保护母亲河、“校园垃圾分类投放”等实践活动，合唱团、经典诵读社团、红舞鞋社团、静墨轩书法社团、图图创意绘、小机器人、足球、篮球、乒乓球、羽毛球等红领巾社团活动，他们通过岗位体验、实践活动、社团活动，锻炼了自己的能力，同时引导全体少先队员不断追求进步。

三、以高质量课堂教学将“减负增效”落到实处

在“双减”政策下，如何激发学生的学习兴趣，减轻学生过重的课业负担，提高课堂教学效果，提升学生学习效率，是每一所学校必须研究和探讨的课题。“双减”政策能否顺利落实，关键是要在减负的同时提高课堂教学质量。学校牢牢牵紧课堂教学质量这个“牛鼻子”，以“双减”背景下的高效课堂建设为主题，以学习共建为突破口，采取一系列措施，聚焦课堂

教学质量提升。

1. 以骨干教师的示范引领促进课堂提质增效

在教研活动中，各学科带头人和教学能手积极参与示范课及研讨活动，发挥示范引领作用，共研“双减”背景下的高效课堂建设。启动青年教师培养“青蓝工程”，师徒结对，骨干教师引路，在备课、上课、辅导、作业方面发挥骨干教师的传帮带作用，促使青年教师课堂教学能力快速提高。骨干教师与青年教师共研、共思、共进步。

2. 以优质均衡绿色评价推进“减负”成效

作为小学教学体系的重要一环，低年级开展乐趣十足的非测试性综合素养测评，高年级创新开展指向核心素养立意的学业质量监测与研究，通过诊断性、发展性、综合性评价，推进“学一教一评”一体化，成功构建全学段“优质、均衡、绿色”三维立体综合评价系统，切实将立德树人、减负增效落到实处，助力学校教育高质量发展。学校坚持立德树人目标，强化“五育”融合，坚守课堂主阵地；聚焦国家课程，关注学生全面发展；融入过程评价，关注教学全过程，推进“双减”赋能，促进教学质量整体提升与教育优质均衡内涵发展，以此加强软实力建设。

3. 以科学精准的课程评价促进教学质量提升

“教一学一评”是教育活动的内循环，六小翠微在大力提倡课堂增效和严格作业要求的同时，也充分体现评价的重要性。对此，学校领导多方开展研讨，落实学科过程性评价实施方案。制定学习目标至少要明确谁学、学什么、怎么学、学到什么程度。清晰地回答这四个问题，便构成了学习目标的基本要素——行为主体、行为表现、行为条件与表现程度。制定学习目标的主要依据是课程标准，同时结合教材和学情。学习目标具体、可评价、可测量是关键。我校根据学科素养评价要求，结合学情，落实常规管理，加强教学督导，逐步构建系统、科学、有效的学科过程性评价质量监控体系，努力实现减负增效。

教育评价事关教育发展方向，有什么样的评价指挥棒，就有什么样的办学导向。

“问渠那得清如许，为有源头活水来。”学校将继续在“双减”背景下的高效课堂道路上前行，总结经验，开拓创新，围绕学习共同体建设，努力构建“以学生为中心、以研究促提高”的教学和教研体系。

第四章

高效教学 激发潜能

——翠微课堂教学实践体系推进建设

自古以来，人的全面发展始终是教育追求的理想。在实践教学理想的过程中，教学实施是非常重要的阶段，课堂教学承载着培养更好的人、建构学生学习和发展品质等任务。以“习惯养成教育”为办学特色的合肥市六安路小学翠微分校，非常注重学生的健康发展和全面成长，将培养“立长志、有担当、会学习、勤实践”的优秀少年作为学校的教学目标。

六小翠微坚持聚焦目标教学，以多元化特色课程体系为载体，注重将教育目标与课堂教学实践体系紧密结合，积极构建“学生为主体、教师为主导、教学评一致”的高效课堂。学校通过探索微项目、践行微激励等自主式创新方式，从备课、上课、听课、作业设计与批改、课堂和课后教学评价等方面，对教学实践活动做了细致的要求，有效提升了教学质量和学生学习的兴趣、效率和成果，为学生的全面发展打下了坚实的基础。

第一节
聚焦目标教学，推进“教”与“学”双向赋能

教学目标是教学活动的出发点和归宿，制定明确清晰、富有层次性的教学目标，是上好一堂课的前提，也是保证课堂教学质量的基础。六小翠微从知识、能力和态度等维度来深度建构课堂教学目标，坚持围绕实现教学目标来开展教学实践活动，使得教师的“教”、学生的“学”都针对目标而发生，既有力促进了学生综合素养的发展，也推动了教师专业能力的成长。

一、课堂教学目标的设计

课堂教学目标是经过一定的教学程序后学生所获得的素养或能力，是课堂教学活动实施的方向和预期达成的结果。教学过程完成后，学生所获得的能力与品格的状态的描述，可以用学科核心素养来表达，也可以用三维目标来表达。总体来说，其结果应该是学科必备品格和学科关键能力。课堂教学目标是否实现，取决于学生的学习结果，表现在学生身上，即教师的教学过程是否对学生产生效果，包括教学的方法和手段。教师的教学不应该是评价的直接对象，教学效果的好坏主要由学生

的学习状态得出。因此，课堂教学的目标应该主要以学生学习后的素养状态来表达。

教学过程是为实现教学目标而设计的。教学过程与教学目标之间具有对应关系，可以分为以下四种情况。

第一，单一教学片段对应某个教学目标。这属于最简单的对应关系。

第二，多个教学片段对应某个教学目标。一般对应具有一定难度或学习内容量较大、需要多个教学过程来实现的教学目标。

第三，单一教学片段对应多个教学目标。设计精准的教学过程或学习内容的难度不大时，就会出现这种情况。

第四，多个教学片段交叉对应多个教学目标。这种情况比较复杂，一般来说比较少，只有在学习内容难度比较大和学习内容之间的关系较复杂时才会出现。

二、对三维目标的重新讨论

三维目标是上一轮课程改革提出的，对于课程与教学改革起到了积极的引导作用。它引导学校的教学注重学生能力的发展，注重教师教学过程的展现，重视知识发生过程的教学设计。但是，一线教师在理解与使用三维目标的过程中出现了或多或少的问题，因此，我们必须重新考虑三维目标的内在联系及其教学应用。

1. 对“知识与技能”的讨论

知识是指学习者必须知道或理解的学习内容，主要表现为客观事物的事实性的特征和事物之间的简单关系。知识可以表达事物的表面特征、事物内部的本质特征、事物本身深层次特征和事物之间的相互关系等各个方面。

教学设计中，对于简单地反映客观事物表面特征的知识可以直接用“告知”的方法，其可行性在于：如果把知识直接告知学生，学生能够理解，那么这种告知的教学方法是恰当的。告知方法是课堂教学必要的方法，我们不能认为课堂所有的知识都不能直接告知学生。对于中等难度的知识，教师可以设计一个问题引导学生讨论，在讨论的过程中，学生逐步领会知识目标所对应的学习内容，达到理解层次，该知识目标就可以认为实现了。因此，“讨论”是知识学习的重要方法。对于难度比较大的知识，教师往往用“解释”的方法。例如，对于空间想象力较弱的学生，他们很难理解立体几何中的一些概念，如一个立方体的对角线。对于这样的难点知识，教师可以用实际模型帮助学生展开立体想象，克服学生学习上的心理障碍。其实，教师帮助学生学习难点知识的解释方法有很多，例如模型解释、类比解释、推理解释等。因此，知识学习可以采用“告知”“讨论”和“解释”等方法。

知识的应用包括下面两类。第一类是心智性解释，即以大脑中已有知识为基础，综合任务信息对问题进行有序解释的思维加工的过程。这样的过程具有内隐性。例如解释水面上油膜呈现彩色的原因、解释发生鸦片战争的原因等问题，这些问题的解释可能体现问题解决者的内隐性思维，不一定会显示出可观察的外显性行为。这类应用能力可以用纸笔方式进行有效测试。第二类是行为方式的输出，即动作的外显性行为，一般被称为技能。技能具有外显性，例如根据实验程序进行实际的实验操作，这是实验程序知识的应用。知识的这两类应用可以统称为能力。

能力是个体对于任务环境的适应性行为。这种适应性行为往往需要个人经验和知识的应用来支持。能力的实现方式与知识的实现方式完全不同。能力应该由学习者自主操作所需要学习的行为（包括内隐性的心智性解释和外显性的动作技能），教师的责任是指导学习的操作，当学生的学习最终能够自主操作时，我们认为学习者就学会了这种能力。因此，能力学习的途径是学习者的自主操作与教师指导相协同。教师单一的讲解不可能培养学生的能力。

综上，知识与能力具有不同的特征，所以应该采用不同的教学组织方式。教师对于学生的学习目标要作细致的理性分析，对于被认定为知识的目标可以用“告知”“讨论”和“解释”等方法；而对于被认定为能力性质的目标就不能用讲解的方法，应该让学生进行自主操作（包括心智性思维操作和动作性技能操作），教师要设计符合能力性质的学生自主活动，才可能使学生的学习有效。当然，把知识与技能放在同一个目标维度内，不利于正确引导教师的教学设计与教学实施方式。因此，建议把技能扩展为能力，并且把知识与能力放在不同的维度，以引导教师采用不同的教学设计与教学实施方式。

2. 对“过程与方法”的讨论

“过程与方法”要求教师的教学重视学生学习的获得过程，重视知识发生的过程。“过程与方法”是对教师教学行为的要求，但它并不是教学目标，因为教学目标是学生经过一定的教学程序后所要获得的品格与能力。教学目标是否达到应该以学习者作为评价对象。“过程”是实现目标的教与学的行为的总和，是教学经过的路径，“方法”是实现目标的手段或者是解决某些问题的有效策略。因此，“过程与方法”只能是课程实施中针对教师教学的行为性要求，并不是课堂教学中学生获得的素养或能力目标。

3. 对“情感、态度与价值观”的讨论

“情感、态度与价值观”要求教师关注学生的学习动机与兴趣、学习态度与习惯，关注学生对事物的认知、判断与价值选择能力的培养。这些目标总体来说是属于课程范围的目标，并

不能表达课堂教学的目标。课堂教学目标应该以与科学相关的情感和价值观为基础，突出学科态度层面的培育。例如，科学课程中“培养学生爱做实验的情感”应该是所有实验课程与演示实验环节的课堂目标，不是某节特有的课堂的教学目标。课堂教学目标是课堂教学可以落实并且能够取得效果的目标。例如，我们可以在第一节实验课时列出下列三个目标：

（1）进入实验室保持安静；

（2）在教师的指令下才能动手做实验；

（3）实验结束，清理实验台，并且把实验仪器恢复到初始状态。

这样的课堂目标是可以落实并且是经得起评价的。因此，“情感、态度与价值观”这一维度转化成课堂目标，可以用“态度”来表示，而这里的“态度”应该融入了“情感”与“价值观”可实施的因子。

4. 用三维目标表达的课堂目标

综上讨论，我们可以用知识、能力和态度三个维度来表示课堂教学目标。

三、设计科学的教学目标是常态课堂实施有效教学的前提

在课程目标的指导下，课堂教学目标对课程目标进一步具

体化，是指导、实施和评价教学的基本依据；是教师每一个教学课时都应树立的基本教学思路，即思考与实施教学的第一步。在深度教学理念下，准确把握课堂教学目标也是实施课堂深度教学的前提。事实上，课堂教学目标并不属于课堂教学程序的范畴，它源于课程整体及具体教学内容。从较长时间来考察，教育目标只能涌现、形成于教育过程之中；但是，就具体的一堂课而言，课堂教学目标是能够也应该获得清晰界定的，这是保障日常教学有效进行的前提。课堂教学目标预期学生通过教学活动获得学习结果，即具体描述学生完成教学活动后应达到的状态。教师在开始教学设计前应该思考：在教学之前，学习者能够做什么？而在教学之后，教师应该能够做什么？学习者在教学之后到底应该有什么变化？在经过这样的设问的基础上确定的课堂教学目标，有助于指导教师选择和使用教学策略、进行教学测量和评价，对教学活动能起到导向、指引、操作、调控与测度等功能。

如在六年级心理健康教育“注意力和记忆力”单元的《思维，成就记忆超人》一课中，教师将该节课的教学目标设定为：

（1）学生了解记忆、思维是两个不同的心理过程，并明晰其心理学原理；

（2）学生学习如何将思维加入记忆过程，运用思维帮助自己建立记忆结构，学生体会两者结合后记忆效果的提升，愿意主动在学习和记忆中建立结构记忆意识。

此教学设计清晰地体现了课堂教学目标的功能。在此目标指导下，教师以“什么成就了记忆超人?”为课堂核心问题引导学生参与“神奇的数字规律”“字母的意义”等课堂活动，使学生体验集中联想范式心理学实验，从而认识记忆和思维两个不同层次的心理过程并明晰其心理学原理。在主题活动中，教师创设“感恩节的学习”实践活动，鼓励学生运用“分类记忆”“图文组合”“建立结构”等思维方式提升记忆效率，学生在整堂课中强烈地感受到了学习方式（该节课侧重记忆）变化所带来的冲击，课堂积极性和参与度非常高，在课堂结束前的检测性练习——“关于‘细胞’一词的记忆建构”活动中，学生完成情况普遍较好。

该堂课的教学目标具有导学、导教、导测评的功能，目标的设置与陈述适当，使得教师的“教”、学生的“学”都针对目标而发生，课堂效益也清晰地得以呈现。

四、常态课堂教学中课堂目标偏差的现象

教学目标十分重要，但是在现实的学校课堂教学中，特别是在日常课堂教学中，教学目标存在着被忽视和被设定偏差的现象。

1. 课堂教学无目标，造成课堂教学行为不聚焦

在实际工作中，特别是集体备课环节，部分教师错误地把

课堂教学流程视作课堂教学目标，以教学进度作为课堂教学准备的首要任务，重视备环节、备流程，轻视备课堂目标。在此备课状况下的课堂容易出现“上到哪里哪里停”的随意状态，或为了完成进度而忽略学生学习感受的慌忙状态。另外，没有课堂目标的准确确定，再华丽的课堂教学流程都有可能因偏离目标而事倍功半，干扰学生层层深入的学习，造成课堂教学不聚焦，课时浪费，课堂热闹但学生实际所学与该阶段该学科课程的要求有较大差异，降低了课堂效益。

2. 课堂教学目标过多，造成课堂教学重点散乱

在公开课的教学设计中，教师为了表述清楚自己的教学设计思路，常常将三维目标一应俱全地逐一陈述，有时一堂课设计了涵盖“知识与技能”“过程与方法”“情感、态度与价值观”各 2 — 3 个共计 7 — 8 个目标，看似全面的目标却暴露了教师把握教材能力和概括总结能力的不足，干扰了学生对课堂核心目标的掌握，华而不实的展示更会给广大青年教师思考如何设计常态课堂教学目标带来干扰。

3. 课堂教学目标过度关注知识内容，忽略学生方法提升和思维培养

当教师把知识仅仅看作客观事实，看作教学唯一的内容时，就会忽略知识本身的多元价值，从而过度关注知识传授，忽略

教学过程中多元化的学习活动，如感知理解、抽象移情、感悟升华、体验反思等，课堂出现“满堂灌”“填鸭式”的现象，更无从谈及深度教学所倡导的“建构知识、获得意义”的目标。

4. 课堂教学目标表述含糊，削弱了对课堂教学结果的测评功能

课堂教学是否需要测评？是否可以测评？能够测评多少？测评手段有哪些？新课程标准指出评价是课程的重要组成部分，是对教学全过程和结果的有效监控。课堂教学测评也是教学评价之一，它能及时反馈学生的学习状况，使教师获得教学的反馈信息，及时对自己的教学行为进行适当的调整。但在实际工作中，教师在教学目标的表述上用词含混、笼统，这为准确测评学生是否达到学习目标、课堂是否达成教学目标带来干扰。如教师在英语复习课教学中设定目标之一为“复习一般现在时”，这个目标就太过笼统，教师如何能鉴别学生是否达到了以上目标呢？根据知识分类的教学思想，把目标改为“能正确陈述一般现在时语法规则，能正确运用规则造句，能运用一般现在时口头或书面（以两人或小组等形式）描述自己一天的活动”，这样清晰的富有层次性的目标明确具体、可以测量。

五、确定常态课堂教学目标的方法

教师确定常态课堂教学目标能聚焦重点任务，明晰教学方

式，形成测评课堂效果的意识。确定科学、准确的课堂教学目标也是有法可循的。

1. 提升解读能力，让目标指向学科本质和学生发展

深度教学强调知识的内在结构，体现知识依存性，彰显知识与主体发展的意义关系。丰富性教学（Richness teaching）、回归性教学（Recursion teaching）、关联性教学（Relation teaching）和严密性教学（Rigor teaching）所组成的 4R 教学是深度教学的基本策略。据此确定有效准确的课堂教学目标是遵循和实施以上深度教学策略的基本方法。要实现课堂教学的丰富性、层次性、关联性等深度教学的特点，教师应该在解读学科课程标准、解读学科教材、解读学生学情方面下功夫，这些信息应该成为确定教学目标的重要依据。

2. 梳理目标系统，让常态课堂教学目标更加聚焦

北京师范大学教授在谈到深度学习的目标时，指出目标应该系统。其表现形式之一是活动目标、课时目标、单元目标和课程目标之间确立整体、系统的联系，这有助于学生形成学习目标结构，进而形成良好的知识和能力结构。对这几项目标的关系我们可以这样理解：课程目标界定学科教学整体内容，是教师教学的指导；单元教学目标明晰单元在学科教学中的地位和作用，教师通过“知识与技能”“过程与方法”“情感、态度

与价值观”三维教学目标对单元信息进行整体梳理，能有效把握阶段任务；课堂教学目标是通过日常教学活动落实课程目标提出的要求，是单元目标的具体实践，它的表述应该是明确的、具体的，是可以观察和测量的，换言之，它能使教学行为更具可操作性。常态课堂中教师研究教学内容，聚焦学科核心素养和能力，形成清晰而明确的核心课堂教学目标，这是提升课堂40分钟教学效益的前提保障。对于常态课堂教学目标而言，一概要求教师从“知识与技能”“过程与方法”“情感、态度与价值观”三个维度全面描述教学目标，容易导致任务全面却缺少重点的问题，显现核心任务被冲淡的弊端。根据课堂实际教学内容，教师兼顾考虑三维目标，确定有重点的核心课堂教学目标是非常重要的。

3. 凸显学生主体作用，表述准确、有层次

在日常教学中，教师规范、正确、准确地思考和陈述教学目标，既有益于教师把握课堂教学重点，也能培养教师严谨、专业的教学素养。周小山、严先元在《新课程的教学设计思路与教学模式》一书中认为，教学目标陈述的基本要素有四个：行为主体、行为动词、行为条件和表现程度。如“在与同学的交往中（行为条件），学生（行为主体）能复述（行为动词）他人的主要观点（表现程度）”。有时，为了陈述简便，省略了行为主体或行为条件，前提是不会引起误解或多种解释。

需要重点关注的是，一个目标的陈述中常常包含一个动词，动词通常描述预期的认知过程。动词需要教师根据教材内容应达到的要求来选择，明确地表述应达到何种结果，以加强教学设计的可操作性和教学质量的可测度性。教师如果选用笼统、含糊的动词，就会显得大而空泛，如用“深刻理解”“发展”等词语，虽然这些词语用起来方便，但不利于教师的教学操作和教学效果的测量。

教师可根据课堂设计构想，使用意义和层次表达准确的动词以明确自己的教学主张，凸显学生的主体作用。

课堂教学承载着培养更好的人、建构学生学习和发展品质的任务。教师上好一堂课需要诸多的因素的支持，科学地思考和研究教学目标设定的意义和方法是其中极其重要的部分。常态课堂在准确分析学科课程、学科教材、学生学情的基础上，系统建立科学精准的教学目标，能有效保障课堂教学质量，促进学生建构知识、发展素养，也能促进教师自身的专业成长。

第二节
探索微项目，推进“理论”与“实践”同发展

教育作为人类社会向前发展的产物，一直伴随文明的发展和进步而不断改革新生。事实上，教育创新是有迹可循的。六小翠微紧扣立德树人根本任务，聚焦学生专业核心素养，依据不同学科定位与人才培养需要，加强理论与实践研究，大力推进课程与教学的变革与创新，打通书本知识与真实生活的壁垒，使教学更具生机与活力。

一、语文学科微创新：多元教研模式＋多样化阅读活动，教学互融共生

1. 巧用“主题＋课例＋微讲座”教研模式，提升教师业务能力

学科组继续沿用“主题＋课例＋微讲座”的教研模式，如文本解读、视频学习、研究讨论、微课制作、课例展示等。加强组内教师的日常交流性听课，使教师互相交流，共同探索。围绕新课标，组内充分利用每周二的教研活动和集体备课时间，发挥组内优势，从而帮助各组语文教师快速学习和内化新课标内容。

配合学校组织语文教师开展“基本功大赛”及“一人一课”，以赛带训，以公开课带动平时的教学，以评课带动教材研读。评课遵循“四部曲”：上课教师说思路、听课教师谈思考、骨干教师说建议、上课教师谈收获。组织同年级组教师和跨年级同校区的教师相互之间多学习，多交流。通过这样的交流活动，互相学习，取长补短，促进组内教师的业务素质和能力整体性提高。

2.巧用多样化阅读活动，提升学生文学素养

统编教材特别注重培养学生的阅读能力，引导学生分享阅读的快乐。学校组织语文教师发挥学校阅读课的优势，各班根据班情开展整本书阅读和群文阅读等丰富多彩的阅读活动。让学生在爱上阅读的同时，培养良好的阅读习惯，学会阅读。各年级扎实推进阅读课课程，落实阅读等级考试。

第一，在读书节活动中给学生提供阅读体会的交流平台，搭建阅读成果的展示舞台，让学生在读书活动中体验到读书给自己带来的快乐。

第二，给家长提供亲子阅读的交流平台。学校通过现有的教育资源，引领家庭教育，利用“书香家庭”的评选，展示家庭读书故事，引导家长关注和研究亲子阅读，真正实现“小手拉大手”。

第三，营造学校、班级、家庭读书氛围。通过图书漂流、

好书推介等活动，让学生对书籍心怀敬仰，向往读书的生活；通过读书活动，引导学生与经典好书“交朋友”，营造良好的读书氛围，让书香溢满校园、班级和家庭。

第四，每周一次的阅读课，低段教师通过绘本教学引导学生爱上阅读，增加识字量，重点培养学生感情朗读和片段描写的能力，引导学生看图、读文、想象、体悟，走进人物的内心世界，体会人物的情感变化。中段教师通过图书馆课程，认真为孩子们介绍图书馆的功能，讲解图书排架的方法、图书分类的规则和图书借还的流程，让孩子们身临其境地感受图书馆的学习环境，从而开阔他们的视野，增长他们的知识，同时让他们感受书卷之香，体验图书的魅力。在阅览室，孩子们挑选自己喜欢的图书，三五成群地围坐在阅览桌旁，安静地看书，沉浸在书的海洋里，感受读书带来的快乐。高段教师通过群文阅读，为学生营造生活化、原生态的阅读情境，提供更为丰富而多样的阅读资源，通过多篇有关联的文章的阅读，使学生掌握生活化阅读的基本方法，在探索性的阅读实践中，使学生的文学素养得到提升。

二、数学学科微创新：巧用教学工具，提升数学教学效果

1. 巧用思维导图，将数学知识系统化、条理化、直观化

思维导图将抽象的数学知识系统化、条理化、直观化，对

辅助学生的思维、提升其自主学习能力具有极佳效用。

（1）巧用思维导图实现思维转化

教师指导学生利用思维导图来实现“数形结合”，将抽象的数学理论和知识摆在眼前，通过视觉感知信息，将抽象转化为具象，适应学生的思维特征，提升其自主学习能力。

比如“1平方千米＝100公顷＝1000000平方米”这个换算关系，教师在指导学生学习时，可以让学生在笔记本上画一个思维导图：在“平方千米”的下面画一个大大的正方形，在“公顷”的下面画一个很小的正方形（为大正方形的百分之一），在“平方米”的下面画一个极小的正方形（或者干脆点一个小方点）。这样，学生在独立做题的时候，一看这张思维导图，基本就不会出现以10倍换算的错误了。次数一多，这个思维导图就印在了学生的脑子里，不用再去翻笔记本了。

（2）巧用思维导图突破学习难点

在学生自主预习或巩固练习的时候，教师可以引导学生对一些知识难点进行梳理，让学生把知识画成一个可以“看”的思维导图。这样，学生掌握了自己画思维导图的方法之后，很多知识难点，可以在独立情况下完成突破。

比如教师让学生预习角的分类，可以引导学生把课本上所列举出来的角的类别，按表格的方式写到笔记本上，然后在每个分类文字的后面画出对应的图形。如锐角用“∠”表示，钝角用“〈”表示……这样一来，整个知识结构一目了然，难点很容易就可以掌握了。

（3）巧用思维导图梳理数学错题

教师要引导学生学会给错题建立思维导图，帮助他们提升自主巩固学习的效果。学生要养成把自己的错题进行归类的习惯，不要按时间顺序简单罗列，而是在错题集上分出板块。抄错题的时候，先判断错题是哪个知识点，再进行归类抄写。比如，这个是“多边形面积类”，那个是“小数除法类”……这样，学生翻开错题集，自己的知识弱点在哪里，就十分清楚。学生在自主复习的时候，就能根据知识点来复习，而不会仅针对某个具体错题。

（4）巧用思维导图促进认知提升

思维导图是一种表达思维的图形工具，它简单却很有效。教师在教学时要合理使用思维导图帮助学生梳理数学知识。

“知识”兼顾“方法”：针对思维导图在整理过程中存在着重知识全面梳理而轻方法、思维整理的现状，教师要有意识地引导学生在思维导图的整理中，既关注知识又跳出知识，从而关注方法、策略的梳理。

“错误”挖掘“资源”：教师可以鼓励学生用思维导图大胆去梳理知识，然后在彼此的交流中读懂别人的思维，点赞精彩，挖掘错误，继而优化思维导图，提高学习效果。

“结果”回归“过程”：教师可以先鼓励学生自己梳理单元知识，再帮助他们提炼、重组。教学中可以把学生的作品拆分，总结、提炼，进而优化成思维导图。

2. 巧用作业创新设计，提升数学教学效果

数学教研组设计出适合大多数学生的基础性作业、自主选择的层次性作业、贴近生活实际的实践性作业、拓展思维的发展性作业、多元化作业及多元性评价。在“基础性作业”设计上，数学教研组分别从“学生视角，关注经验和兴趣”“提出真问题，引导真研究”“作业内容丰富多元”等方面，结合创新例题进行分享。“创新性作业”设计以及“分层作业”设计，不仅内容结构完整，每一个板块都有相应的维度，而且习题设计新颖、经典。“综合实践”的作业设计，更是别出心裁地展示了跨单元的主题学习设计和社会实践活动的拓展作业。

数学教研组主张作业设计从“作业”走向“作品”的设计理念与操作策略。

于高处立：设计作业清单，建构作业体系。数学教研组展示基础性作业清单的设计样例并在教师间进行分享，作业要体现一定的弹性要求，聚焦重点和难点。

向宽处行：实施“自定义”作业，提高作业效能。作业设计坚持以生为本，顺应学情，给学生自由选择作业的权利，实现不同学生的不同发展。

就平地坐：加强教研管理，深化作业研究。把作业设计能力作为教师的基本功，定期开展作业设计培训，强调“不经审

视的作业不值得做”。提倡教师用完整性、发展性的眼光精心设计作业，促进教学提质增效，精准助力学生成长。

三、英语学科微创新：趣味化教学，筑实语言学习根基

1.丰富的各年级特色项目培养学生的学习兴趣

为了丰富学校的校园文化生活，展现我校英语特色教学，激发学生学习英语的兴趣，六小翠微打造了一系列年级主题活动。

一年级进行了英语字母 DIY 设计手工制作以及单词卡片制作大赛。学生们精心准备了形式多样、充满创意的作品。他们利用黏土、卡纸、橡皮泥以及其他材料，用新颖独特的方式将 26 个英文字母制作成精美的作品。英语字母 DIY 设计手工制作大赛不仅培养了一年级学生对学习英语的浓厚兴趣，还锻炼了他们在美术、绘画、手工等其他方面的综合能力。

二年级英语学科节的主题是唱英文，迎新年。英语儿歌语句简单、富有律动、充满童趣，深受学生的喜爱。在教师和学生的精心准备下，精彩纷呈的英文歌曲比赛为师生带来了美妙的音乐盛宴，有的学生选择了经典英语儿歌，有的学生选择了比较流行的英语儿歌。学生们歌声甜美，音调准确，表情丰富，引人入胜。

三年级的各个班级举行了读传统文化故事英文绘本活动。

别看三年级的学生年纪小，讲起故事来却像个“小大人”一样。他们有的给大家介绍了新年的来源以及十二生肖的故事，有的带来了“画龙点睛”和“守株待兔”的故事。故事契合主题，给学生们带来启迪，而且在讲述故事的过程中，学生们的语音抑扬顿挫，发音准确，肢体语言形象生动，整场活动精彩纷呈。

四年级英语学科节的主题是“用英文讲好中国故事”。学生们相互合作，积极地通过网络进行搜集和筛选，最后整理出许多适合讲述的中国传统文化故事。活动期间，学生们绘声绘色地讲述，为大家呈现了一场用英语传播中国传统文化的视听盛宴。有的学生讲述了嫦娥奔月、后羿射日、司马光砸缸等中国传统故事，有的学生带来了愚公移山、精卫填海等成语故事，有的学生用英语介绍春节、中秋节等中国传统节日。尽管很多故事大家都耳熟能详，但是用英语来讲又是一番风味。通过这次活动，学生们学会用英语视角来看待中国文化，同时激发了学生对英语学习的兴趣。

五六年级的学生在教师的带领下，动手制作了丰富多彩的传统文化故事英文绘本。一份份设计美观、色彩缤纷、排版精巧的绘本，将英语学习和手工制作巧妙结合，体现了学生的奇思妙想和心灵手巧。制作绘本的活动不仅锻炼了学生运用英语的能力，还培养了学生用英语传播和弘扬中国传统文化的意识。用英语来传播和弘扬中国传统文化，学生不仅从轻松愉悦的活动中感受到了英语的魅力，也树立了用英语传递中国文化的意识和信念。这种文化传播意识在学生的心中生根发芽，并将继续引导着学生在英语的海洋里遨游。

2.建设学习型团队，助力教研突破

英语学科专场研讨活动暨“领悟新课标　践行新理念”——终身学习视域下的学习型团队建设，在“以科研课文化铸魂　学术领航”主题引领下，分设了微课堂、微教研、微成长、专家报告等环节。

（1）微课堂，展风采

张倩老师依据新课标和小学英语卓越课堂五要素基本理念设计课程，在教学过程中重点关注学生的语言能力、思维方法以及阅读能力的培养，课堂活动设计着力于培养学生的开放性思维，充分体现“以学生为本、以学生的发展为本”的教育教学思想。

（2）微教研，明方向

教科研工作是教师专业成长的助推器，也是教学实践工作的需要。“教而不研则浅，研而不教则空”，教与研相辅相成，相互促进。英语教研组坚持终身学习的理念，鼓励老师们学习、思考、前进，引领专业成长和发展。

李华敏教育名师工作室主持人李华敏老师以“奋斗不负梦想　时光见证成长”为主题，围绕“团队创建，幸福的责任”“合作创生，深度的成长”“超越创造，辐射的强音”三个方面作了发言。李老师指出：聚力走心的顶层设计，为工作室的活动开展指明方向；卓有成效的队伍建设，为工作室的活动开展注入活力；坚实深厚的文化建设，为工作室的活动开展增加底蕴；科学规范的制度建设，为工作室的活动开展提供保障。在教师成长方面，李老师指出：阅读研讨，在学习中成长；引领互助，在合作中成长；反思内化，在研究中成长。

（3）微成长，促提升

就终身学习视域下的个人成长收获，英语教研组内的教师依次进行了个人成长汇报。杨甜甜老师说，优秀教师之所以优秀，是因为他们善于在每节课后及时反思自己的教学，不断改善教学，以增加课堂教学的魅力，达到及时调控学生的情绪、引导学生用心参与课堂的目的，使学生获得更好的发展。胡月老师说，通过两年多的工作实践，在各位前辈教师的悉心指导下，自己有了信心，在思想上、业务水平上都有了不小的提高。王蓉老师说，庆幸自己遇到了专业本领过硬的李华敏老师，李老师在她备课过程中帮她理清教材的基本脉络，给她提供切实可行的建议，通过跟着李老师学习，她顺利完成了多节汇报课。

教学设计来源于教学理念，教学设计与课堂教学应当是统一的，教学设计要体现学科价值、育人价值。课堂教学要设置真实的情境，才能让英语课堂富有情景性，充满趣味，互动有效。

课程建设是学校内涵发展的抓手，文化引领筑牢学校高质量发展的根基，六小翠微英语教研组坚持以科研课，始终落实新课标的育人理念，助力学生全面发展。

四、美术学科微创新：以美育人，项目制学习减负增效

为更好地落实“双减”政策，促进美术教学发展，丰富学生校园文化生活，各年级组通过组织多种艺术活动，让学生从丰富多样的形式和内容中感受美术学科的魅力，提升发现美、欣赏美、创造美的能力，增添对美好生活的向往。

一年级：趣味粘贴，找寻动手的快乐！学生们用剪、撕和卷的方法，将彩纸变成各种形状，通过有趣的组合，粘贴出一幅幅充满着各种神奇和浪漫画面的作品，这大大提高了学生们的想象力和创造力。

二年级：彩绘童年，描绘多彩的画卷！学生用各种绘画材料，自由地表达自己的观察、感受和想象。一幅幅绚丽多彩的作品，是对孩子们童年生活最美好的记录。这一活动让学生在线条和色彩中感受绘画之美和艺术的熏陶。

三年级：指尖黏土，塑造艺术的浪漫！看，五颜六色的超轻黏土在学生们手上，变成了一件件令人称赞的作品——甜蜜的糖葫芦、丰盛的年夜饭、美味的火锅、可爱的面人等，真是一场视觉大餐！

四年级：变废为宝，改变生活的创意！生活中有很多材料可以循环利用，只要我们愿意发挥创意、动手制作就可以变废

为宝啦！

五年级：相约冬奥，感受冰雪的魅力！学生用手抄报、绘画的形式描绘出心中的北京冬奥会，展现出对冬奥会的期盼和祝福，用画笔为冬奥会加油助力。

六年级：黑白线描，展现线描的丰富！学生在深入探寻黑、白、灰的表现方法中，了解点、线、面三元素在装饰画中的应用。一支黑色针管笔塑造一幅完整作品，给我们带来了震撼的视觉效果。

学校把美术课堂移到一楼美术展厅，由教师组织学生观展，使学生进一步了解美术作品中呈现的创造性和美感。在教与学的过程中，每一件作品都凝聚着学生们的智慧和心血，倾注着他们的思考和创意。以美育人，以美润心，让美照亮每一位学生的成长之路。

五、音乐学科微创新：音乐与传统文化结合，厚植家国情怀

为了激发学生的学习兴趣，提升学生的综合素养，进一步丰富校园文化生活，为学生创建展示才艺的平台，学校围绕“厚植传统文化”的主题开展了丰富有趣的音乐活动。

一二年级开展了“我为祖国妈妈唱首歌”的活动。学生通过演唱爱国歌曲，表达对母亲的爱，对祖国的爱。

三四年级开展了“唐诗宋词唱祖国”的活动。近年来，由诗词改编的歌曲屡见不鲜，足以说明了传统文化的艺术魅力。教师先让学生了解唐诗和宋词的区别，再让学生领略诗词的博大精深，激发学生的学习兴趣，最后让学生结合诗词学习歌曲，课堂气氛尤为热烈。

五六年级开展了“我为祖国奏起来”的活动。乐器在课堂中一直以来都是学生最感兴趣的“好朋友”，学生自己制作乐器，并用乐器为歌曲伴奏，极大地激发了大家的学习兴趣。

优秀的传统文化是民族复兴的精神动力。在当下的学校教育背景下，弘扬优秀的传统文化，再结合时代特点加以创新，可以让学生在了解传统文化的同时，懂得如何去保护传统文化和继承传统文化，这对于帮助学生厚植家国情怀具有深远意义。

六、体育学科微创新：定制体质提升方案，树立“健康第一”理念

“少年强则国强”，少年学生作为国家未来的筑梦者，拥有健康的体魄十分必要。而学校体育工作是实现立德树人根本任务、提升学生综合素质的基础性工程。在“双减”的大背景下，更多的学生走上运动场，“健康第一”的教育理念在学校得到进一步深化和落实。结合我校的实际情况，体育教研组的教师们为各年级的学生精心制定了秋季体质提升计划，科学设计了体

育学科线上教学指南，引导学生坚持锻炼，增强体质。

体育教师采用课堂考核的方式评价学生的锻炼成果。学生的坚持换来身体素质、心理素质的整体提高。

七、信息学科微创新：信息技术助力传统文化传播和传承

为培养学生“敢于探索、勤于动手、勇于创新”的科学精神，不断推进我校素质教育的全面实施，学校以“了解传统文化 信息技术来助力”为主题开展活动，进一步提高我校学生的信息素养。

众所周知，中华传统文化范围广泛，书法、武术、曲艺、棋类、民俗等都属于传统文化的范畴，其与我们的生活息息相关，是我们享受而不自知的东西。

信息技术学科组的教师引导三至六年级的学生利用信息技术寻找、获取传统文化知识，同时，鼓励学生尝试着实现传统文化的创新呈现。

三年级的学生在网络上观看有关家乡安徽的徽文化视频。四年级的学生利用网络搜索具有代表性的中国古建筑，并将搜集到的文字与图片整理出来。五年级的学生以“我爱中华传统文化”为主题自由发挥，借助网络搜索了很多关于中华民族的习俗、美食、节日等的知识。窗花并不都是剪出来的，六年级的学生们在学了计算机知识后，用软件编程，绘制了一幅幅美

丽的窗花。

作为中国人，最美的事情，就是亲近文化传统，传承文化经典。信息技术就是学生走向传统文化的桥梁之一，通过各年级开展的信息技术活动，书本上的“死知识”变成体验中的“活记忆”，学生的学习方式与方法得到优化，学习积极性也得到极大提高。

八、心理健康学科微创新：系列主题活动，守护学生阳光成长

为了贯彻落实《安徽省中小学心理健康教育实施指导意见》《关于做好 2022 年度进一步促进中小学生健康成长工作的通知》等相关文件精神，营造良好的心理发展氛围，帮助学生科学地认识和理解心理健康，掌握必要的心理调适方法，形成正确的心理健康观念，以积极阳光的心态面对学习与生活。为此，合肥市六安路小学翠微分校积极开展以“蜕变·遇见更好的自己”为主题的心理健康教育月系列活动。

自心理健康教育月启动以来，学校积极组织，落到实处，开展了一系列主题活动，这些活动深受广大学生的喜爱，他们踊跃参与，收获颇多。

1.《致家长的一封信》

2022 年 4 月底，我校通过微信公众平台，围绕孩子的心理

健康，发布了《致家长的一封信》。对于家长的辛劳及其对子女的期待给予了真诚的理解，同时鼓励家长正确地表达对孩子的爱。自此拉开了“蜕变·遇见更好的自己”合肥市六安路小学翠微分校 2022 年心理健康教育月的序幕。

2. 线上家长会

为了充分发挥家校共育的合力，有效维护疫情期间学生的心理健康，我校积极组织开展了线上家长会，线上家长会不仅明确了防疫期间家校共育的责任分工，还增强了家长们对孩子心理健康的重视程度。

3. 国旗下的讲话

秉承着“人人都是心理健康教育辅导师”的工作理念，我校鼓励全校的教职工参与到心理健康教育月活动中来。在 5 月 23 日的升旗仪式上，我校的语文教师兼班主任赵峥嵘老师紧紧围绕“蜕变·遇见更好的自己”这个主题进行了精彩分享。

4. 心理健康主题班会

5 月 23 日下午，学校统一组织了“我爱我，健康、快乐、自信”心理健康主题班会。在班会课上，学生们积极分享，教师们科学解释，学生们不仅明确了心理健康的重要意义，更学会了不少实用的心理健康小技巧。

5. 心理健康主题黑板报

每年的 5 月 25 日为心理健康日，“5 · 25”的谐音为“我爱我”，提醒我们“珍惜生命，关爱自己”。各班级以此为主题，创作了立意鲜明、内容丰富的黑板报，这有效地提高了学生们的心理健康意识，并极大地促进了健康校园建设。

6. 心理漫画评比活动

心理漫画评比活动的目的是通过创设漫画故事，引导学生通过有效沟通，宽容、平和地处理人际矛盾，学会以尊重、真诚、包容的态度建立人际关系，学会理解、信任他人。活动发布以后，学生们参与热情高涨，涌现了很多优秀的作品，学校择优进行了评比。

7.《青春变形记》心理观影及观后感征集活动

该活动让学生通过观影体会到家庭的美好，感受生命的可贵，尝试理解父母的爱，学会接纳自我。活动利用心理课组织学生观看影片《青春变形记》，并面向学生开展观后感征集活动，择优进行评比。

8. “人世间”照片征集活动

为了培养学生对父母的感恩之情，加深学生与父母之间的感情，活动要求学生收集父母年轻时和现在的照片，并写下自己对父母的心声，让学生体会父母养育子女的辛苦，进而达到感恩教育的目的。

9.心理剧的剧本征集和编排活动

为了贯彻落实《关于开展2022年合肥市第三届义务教育阶段校园心理剧评选活动的通知》的文件精神，丰富我校心理健康教育的实践形式，我校积极组织该项活动，激发学生智慧，先后征集心理剧本20余份，从中选出最有代表性的心理剧本——《我只是想和你玩》，精心挑选学生参与表演，编排剧本并完成录制。

点滴守护，共赴未来。心理健康教育月系列活动，不仅丰富了学生的校园文化生活，还在潜移默化之中提升了广大师生的心理健康水平，推动了健康校园的建设。在今后的心理健康教育工作中，学校将继续以大心理健康教育观为指导思想，以“人人都是心理健康教育辅导师”为工作理念，充分发挥全体教职工的安全员作用，一如既往地关注学生的心理健康水平，为学生的健康发展保驾护航。

九、音体美等特色课程项目：“五育”并举，助力学生全面发展

为落实素质教育，全面发展学生的综合素养，音体美和信

息学科制定了特色学科课程方案。

音乐教研组长马赟指出，音乐课程应多方面涉及，分层次教学。低年级重视演唱技能和音乐技能；中高年级重视演唱技能、基础知识和音乐技能三方面。

体育教研组长李圣贤指出，体育立足我校六大特色课程，坚持以生为本的原则。根据各年级学生特点安排必选特色课程和五大备选课程，结合学生发展特点设置不同标准和等级，激励学生积极参加体育锻炼。

美术教研组长李雪从“自评＋他评＋师评”三个维度出发，分年级制订了色彩（1—2年级）、手工（3—4年级）、素描（5—6年级）三大类课程方案，更加关注学生综合素养。

信息教研组长方寅指出，当今社会人工智能快速发展，需要在小学阶段就开始培养学生信息技术的运用能力。课程的选择要结合课标、学生特点和实际可操作情况。

各学科要严格遵循学校要求，定期开展作业设计与实施的教研活动，深度研拟习题，加强优质资源的共建共享。教师要结合学生的实际情况，创新作业类型，布置分层作业、弹性作业及个性化作业，并认真批改反馈作业，利用信息技术手段进行作业分析和诊断。学校要努力做到“五育”并举，立足素质教育！

第三节
践行微激励，推进“师”与“生”共成长

在现代化的教育教学活动中，适当的微激励往往会引发大变化，不管是对教师还是学生，都能产生强大而持续的影响。六小翠微在创新和践行微激励的过程中，在课堂教学和课后服务各环节，针对不同的目标群体，注重将激励策略与教学目标相统一，并深入运用到实际教学活动中，使激励的运用落到实处，推动教学相长，师生共同进步，最大程度地提升教学质量和育人效果。

一、聚焦课堂教学评价

1. 教学本质观是课堂教学评价的立论依据

教学本质观决定教学评价观，教学评价观体现教学本质观，全面认识教学活动过程的本质特征是建构课堂教学评价框架的基本前提。现代课堂教学具有以下三个本质特征。

活动—实践性。课堂教学是在教师指导下，学生以发展为目标、以学习为主要方式的实践活动过程。活动作为主体成长的基本方式，既是主体认识发生和发展的机制，也是人其他方面的能力和素质发生发展的原因和机制。课堂教学的出发点和

归宿是促进学生的身心发展。课堂教学目标的主要实现形式是学生在教师的引导下主动参与各种形式的学习活动，如操作活动、认知活动、交往活动、情感活动、审美活动等。学生只有主动参与知识的构建和各种课堂活动，才能掌握知识，发展能力，养成个性。“学生的主体性在活动中生成，在活动中发展，在活动中表现。”教师的职责是设计、组织各项学习活动，并保障学生各项学习活动的顺利展开，为学生创造最佳的物质、心理、文化条件和环境，激发和促进学生的学习，使学生学会学习、创造和发展。佐藤正夫认为：“学生的发展，是他们的正在成长中的生命以环境为媒介的他们自身的创造。学生主动积极地选取对于他们的发展来说是最重要的环境因素——学习——的对象，并且有目的意识地开展创造性的活动，乃是学生发展的基本条件。没有儿童的自发的、积极的、有目的意识的创造性活动，便没有教育，也没有发展。”无论是主体内部的认知建构和情意活动，还是外部的操作、交往活动，都是人类的社会实践成果在特定教学时空中的集聚、传承与创造。教学活动在本质上是实践的。

交往—社会性。教学是人与人之间交往互动的社会性过程。课堂教学中学生的学习活动既是一种理性的认知过程，又是一种情感的、社会化的过程，通过人与人之间的交往和互动，个体社会化和社会个体化的对象性目的才能得以实现。教学过程中的交往活动，既是发展学生社会交往技能、形成集体意识和行为规范的基本条件，又是学生满足发展个体需求、实现自我的主要途径。正是在师生和生生的互动和合作中，学生和教师之间相互作用和影响，学生的社会适应能力（社会交往技能、沟通交流技能、集体意识和规范意识）、道德品质（合群性和利他性、自信心、自制力）、价值观（认同感、归属感、责任感、竞争和合作精神、平等意识）和个性（自我角色、自我表达等）才能得到发展。

文化—价值性。教学是历史文化与价值体系的传承延续过程。首先，教学具有文化的传承和再生性。教学总是在一定的社会文化环境中进行，并传承与发展着文化，社会文化在某种程度上决定了课堂教学进行的方式和价值导向。从教学系统的构成看，教师是以历史与社会文化传播者的身份进入课堂的，学生是带着知识文化的需求和渴望参与课堂的，而联结教师与学生的载体（文本、教学材料等）更是一种文化的浓缩。一方面，课堂教学中的各种制度、规范，教师和学生的言行、互动方式、信仰和观念在某种程度上折射了一定时期的社会文化；另一方面，通过对年轻一代的培养和塑造，课堂教学使得文化得以继承和发展。其次，教学具有价值的传承和再生性。课堂教学是师生生成自我价值的过程，同时也是传递社会价值的过程。教学的自我价值在于促进学生的全面发展和个性潜能的发展；社会价值体现在课堂教学培养的人需要满足一个国家的社会经济发展的需要，即满足社会对人才培养质量的需要。正是教学活动的价值取向制约着它的发展方向、进程和评价内容，成为衡量教学质量的根本标准。《教育规划纲要》明确指出：把促进人的全面发展、适应社会需要作为衡量教育质量的根本标准。

对课堂教学本质特征的分析，对课堂教学基于历史发展的时代性把握，是构建课堂教学评价框架的思想前提和理论支撑。“抓住价值与理念、实践与活动、合作与交往这些重大命题，对于现代课堂教学理论与实践的构建，将提供一个新的解释系统，同时也从根本上把握中国课堂教学存在形态及发展的未来走向，这是一个真正意义上的思辨的提升，理性的思考。”课堂教学本质特征中的“活动”“交往”“文化”成为认识和评价课堂教学的核心概念和关键词，学生正是通过积极主动的实践活动，在社会性交往中传承和创新人类文化得以成长和发展。

2. 教学关系是课堂教学评价的基本维度

课堂教学是由多种要素相互作用而体现的多重复杂关系所构成的动态系统。课堂教学活动包括教师、学生、课程与课堂文化四个基本要素。教师和学生是课堂教学的主体，教师的“教”和学生的“学”在具有一定中介性的课程和课堂文化中开展。课程是以教材为基本形式和载体的各种教学资源，是教师教学和学生学习内容的总称；课堂文化主要是对教学活动特别是学生的学习活动发生内在影响的规约、程序、价值观念等。

课堂文化当然包含课堂物质文化（教室布置、座位摆设等），但这里的课堂文化着重强调其“软文化”，即教学制度文化（教学规则、教学秩序等）和教学观念文化（教学思想、价值观和师生表现出的精神状态等）。其中，在课堂文化的层级结构中，教学观念文化是课堂文化的内核和统领，对师生的思维方式和行为方式起着持久性、决定性影响，甚至影响学生在特定课堂之外的社会实践和社会服务的活动方式。

以教学观念文化为统领的课堂文化是课堂教学的土壤，为教学活动输送养分；是教学存在和运行的元气，为人的健康成长提供有效能量。课堂文化成为教学活动之根和动力之源。在具体的课堂教学过程中，课程与课堂文化是因实际不断调整和动态生成的，并与教学主体相互作用形成动态复杂的教学关系，即教师、学生、课程和课堂文化之间的互动构成了六种教学关系：一是学生与课程互动构成的创生关系，二是教师与课程互动构成的调适关系，三是学生与课堂文化互动构成的创生关系，四是教师与课堂文化互动构成的调适关系，五是教师和学生互动构成的导学关系，六是学生和学生互动构成的合作关系。其中，由学生与课程互动构成的创生关系是核心关系，其他关系是辅助性关系。这六种关系相互影响和作用，并以学生与课程的创生关系为核心整体推动课堂教学的运行。

上述六种关系与教学本质特征直接相关：学生与课程的关系、教师与课程的关系体现了教学的“活动—实践性”特征；

教师与学生的关系、学生与学生的关系体现了教学的“交往—社会性”特征；学生和课堂文化的关系、教师和课堂文化的关系体现了教学的“文化—价值性”特征。教学本质与教学关系的相互依从性表明：教学本质决定教学关系，教学关系体现教学本质。

（1）学生与课程的创生关系

学生与课程的关系是整个学习过程的基础和主线，课程所涉及的学习内容和相应的学习方式在很大程度上决定着学生学习的成效和质量，体现出生成性的特点。这种生成性不仅表现在学生对所学内容在知识总量上的积累、在知识面上的扩展，而且表现在学习经验的增加、学习能力的增强和学习意义的获得。学生在形成新的知识、习得新的技能、发展实际操作和创新能力的同时，也体验着学习本身的乐趣，引发对生命价值和意义的感悟。当新的学习内容呈现时，又引发学生新的问题和疑虑的产生，以及新一轮的学习、探究、知识构建和生命体验的活动。叶澜教授在谈到“新基础教育”的一堂好课的标准时强调，在这节课中，学生的学习是有意义的：初步的意义是他学到了新的知识；再进一步是锻炼了他的能力；再往前发展是在这个过程中有良好的积极的情感体验，使他产生更进一步学习的强烈的要求；再发展一步，在这个过程中他越来越会主动地投入到学习中去。所有这些都同学生与课程的关系直接相关。“课程可以被看作一条教育之路，它引领学生走向一种特别构想的美好生活。”考察和评价学生与课程的创生关系，主要关注学习方式和学习效果两个要素。

（2）教师与课程的调适关系

教师对课程标准的解读与转化、对学习资源的开发与使用、对信息技术的掌握和利用，直接影响学习效果。一方面，教师正确地判断课程对学生的难度，科学地掌握课程的进度，有效地处理课程的深度，合理地安排课程的梯度，对促进学生学习教学内容意义重大。另一方面，教师能否成功地应用现代信息技术手段来开发、呈现课程内容也直接关系学生学习的程度和质量。考察和评价教师与课程的调适关系，涉及三个方面：把学生引向何处（目标确定），用什么来引导学生（内容设计），怎样引导学生（信息技术手段）。即教师应在课程的设计性、变通性和中介性三个方面予以重点关注。设计性指的是教师需要对包括教材在内的各种教学资源进行选择、加工、设计、组织和调控，对教学目标、活动的目的、思路和方式进行整体规划，适时地给学生提出相应的策略和建议，并为学生创设符合学生认知特点和情感需要以及联系学生生活实际的教学情境，为课堂中学生的认识和实践活动提供最佳的认知、物质和心理条件。变通性指的是，在具体的教学情境中，教师能够运用恰当的策略灵活处理教学中出现的不确定因素，调整教学机制。中介性指的是教师充分利用各种媒介、教学手段和教学材料满足学生的不同需求，学生应该把自己的学习情况及时反馈给教师，并积极配合，和教师共同利用这些教学信息和教学材料，对问题进行探究。近年来，迅猛发展的现代信息技术强烈地影响和改变着当今的课堂教学，有人预言：慕课（MOOC）时代已经到来。时下，翻转课堂在一些地方悄然兴起。在这种模式下，知识的学习被放在课下由学生通过网络视频自主进行，课堂的有限时间就被用来开展师生之间和生生之间互动交流、质疑解惑、研讨合作。而优化教与学的方式，尽量减少教师讲授时间，聚焦问题开展交流研讨特别关键。可见，教师具备良好的信息素养，充分应用现代信息技术合理处理课程内容，是评价教师与课程关系必备的要素。

（3）学生与课堂文化的创生关系

学生在课堂文化建设中处于中心地位，并与课堂文化形成动态生成的关系。一方面，学生作为家庭和社会文化的经历者投入到课堂文化建设中，在与课堂文化的相互作用中催生学习状态和学习情趣；另一方面，学生的学习状态和学习情趣又丰富和生成课堂文化。这里，学习状态和情感体验成为考察和评价学生与课堂文化关系的两个基本要素。在课堂教学情境中，学生是否有学习动力（是自主地而非被迫地学习），是否有精力（能够持续而不是松弛和疲惫），是否有学习活力（是精神饱满而非沉闷和压抑），是否使学生产生一种内心愉悦的情感体验和感悟，等等，应当成为评价学生和课堂文化关系的重要内容。

（4）教师与课堂文化的调适关系

教师在课堂文化建设中扮演着主导者和促进者的角色。教师与学生共聚一堂，对什么样的课堂教学环境和氛围对学生身心发展具有积极意义最有发言权。教师要设身处地促进学生主动快乐地学习，尽力营造一种支持性和建设性的课堂文化，使学生置身于亲切温暖且具有情感性的学习氛围中，产生愉悦的情感体验和真实的学习感悟。由于学生生活背景的差异性和多元性，课堂文化既存在交融共通的方面，也存在碰撞和冲突的方面。教师作为传播积极正向文化的使者，必须坚守育人目标和主导性的价值立场，正确引导，合理取舍，努力传播和释放课堂文化的正能量，使课堂成为学生健康成长的一方净土。诚如杜威指出的那样："学校要建立一个净化的活动环境。选择的目的不仅是简化环境，而且要清除不良的东西。"课堂气氛的营造要适宜，讲究一定的秩序规则，张弛有度，避免在一些课堂中出现的形式化和浮躁化倾向。因此，气氛营造和秩序调节是考察和评价教师与课堂文化关系的基本要素。

（5）教师与学生的导学关系

教师的"教"和学生的"学"因共同的目的——实现教育教学的目标而发生联系。教师的"教"是为了引导学生的"学"，是为了保证学生学习活动的顺利开展。师生的导学关系主要包括对话性导学、活动性导学和反馈性导学。对话性导学就是教师以问答为主要形式来引导学生学习。课堂教学是教师和学生的知识结构逐步变换，相互提升，心理逐步共融交汇的过程。教师需要同学生平等真诚地展开对话，师生围绕共同的话题进行沟通、交流，实现知识的共有和个性的发展，使师生的生命意义和社会价值得到体现。活动性导学是教师依据教学目标，通过设计和组织与学习内容相关的多种主题性活动、任务情境性活动和问题解决性活动来引导和促进学生学习，活动的任务、路径、时效以及个人的责任应当明确。反馈性导学强调无论在学习前、学习中和学习后，教师都要及时地采用正向反馈掌握学生状况，并对学生的下一步学习提出建议。提问应答、活动引导和评价反馈是考察和评价师生导学关系的三个要素。

（6）学生与学生的合作关系

这种关系可以用“同向问题、多维互动”来概括，这是由学习活动本身的同向性和互补性决定的。学生的学习活动围绕共同的问题（活动的目标和方向是一致的），通过学生个体与个体之间、个体与小组之间、小组与小组之间的不同观点、见解在解决问题或完成任务过程中的相互沟通与融合，学生之间构成一种尊重差异、自由表达、相互沟通、共同发展的价值共同体。在此共同体中，既有自主真实的个性化表达，又有容纳借鉴的视界融合，表达与倾听、独见与分享、差异与共识在学生之间的合作关系中得以充分展现，彼此的坦诚和信任的情感得以逐步生成。可见，合作研讨是考察和评价学生关系的基本要素。

二、聚焦课后服务评价

合肥市六安路小学翠微分校已拥有作业托管、延时托管、个性化课程三大类课后服务内容，实现有需要的学生全覆盖。学校初步构建了覆盖学校、学生、社会机构等多方关联的评价体系，以“教学评一体 校家社联动”为重要特征，不断巩固学校“立德树人”的教育主阵地，让学生在丰富多彩、温馨快乐的课后时光中回归本真，全面成长。

1. 高效学习，作业轻松完成

目前，学校内参加课后服务的学生占将近 96%。对广大家长来说，孩子的书面作业能在学校完成，是再好不过的一件事。其中，作业托管，是学校夯实教育主阵地的重要举措。学校把作业托管作为课后服务的第一抓手，专门安排本班级语、数、英教师轮流值班。教师不仅为学生答疑解惑，让学生更高效地完成书面作业，还为学生提供个性化的辅导，帮助学生巩固提升。值班教师每天在“作业班教师值日记录表”上写上每个学生的出勤和作业完成情况，并通过线上平台及时将学生的表现反馈给家长。通过反馈信息，家长们能够知道孩子的学习状态。同时，这一做法也能够记录学校的课后服务成果，帮助提升学校的课后服务质量。

2. 特色课程，尽享欢乐时光

作业托管结束后，为了更好地满足学生的个性化发展需求，结合“五育”并举理念，学校一方面给学生提供延时托管课程，一方面为学生提供个性化的社团课程。

延时托管是学校将有继续托管需求的学生，以年级为单位并班，由年级组教师轮流排班管理。值班教师每周固定排班，由音乐、体育、美术、英语、数学、科学等学科教师轮流值班。学校根据值班教师的专业特长给延时托管班定制课程表，开展硬笔书法、绘本阅读、音乐欣赏等课程，或者结合高质量的微课开展课程。

除延时托管课程外，学生还可选择参与个性化的社团课程。个性化的社团课程有两种。一种是学校的经典社团，包括田径、篮球、武术、击剑、合唱等 22 个，由校内专业老师授课。一种是由教育局遴选的第三方机构提供的个性化课程，包含播音主持、创意手工等 31 门课程。这些课程皆为一生一账号，学生在选课平台上自主选课，每个学生都拥有自己独特的课表。目前，学校在工作推进中不断完善课后服务课程方案，做到一校一方案、一生一课表、一生一账号，力求让学生学好、玩好。

3. 可视化评价，提升课程质量

个性化课程引入了第三方服务机构，但这些课程的教学质量该如何进行保障和提升呢？针对这个问题，六小翠微从学校和家长两方面的监督着手，积极推动课程评价，力求不断优化教学质量。

走进个性化课程教室，跟课教师进行线上点名。所谓跟课教师，是学校根据第三方服务机构提供的课程的内容性质，从本校教师队伍中挑选出来的，用于管理和监督第三方服务机构的跟课助教。学校会收集跟课教师对第三方服务机构提供的课程的评价和建议，相当于对这些课程进行日常考核。课程好不好，还要家长来评价。目前，六小翠微正在尝试运用线上评价系统来打通家长监督、评价的渠道。个性化课程授课教师与家长共用一个线上平台，教师可在平台上上传教学重点和课堂动态，家长登录后，既能掌握孩子的学习情况，又能对授课效果进行评测，这无疑是对第三方服务机构的课程质量、教师的教学质量进行动态监督，有利于促进家校沟通，真正实现以评促教，以评促学。

今后学校会继续完善课后服务评价体系，加强学生表现评价、第三方服务机构提供的课程内容评价、教师教学质量评价等多方面的内容，不断提升课后服务综合实力，努力在优化课程的道路上倾心奉献，凝心聚力，让优质的教育伴随孩子健康成长。

第五章

潜精研思 共同成长

——聚焦教师专业发展的微教研

教师专业发展事关教师的成长和进步，事关教学质量的有效提升及教育改革的发展。合肥市六安路小学翠微分校结合微文化的整体校园文化，以微教研促进教师专业发展。

学校针对青年教师、骨干教师两类教师的专业发展需求，提出“两工程、三行动”教师专业发展框架。同时，“三项行动”的探索，提供了对学校教师现状、教师发展主要问题及对策的深度思考，从而为教师的专业成长提供指导。学校强调教研活动的系统性、针对性和连贯性，关注常规教研中的微活力。同时，学校注重挖掘特色教研中的微创新。特色教研活动的开展，以及教研组团队文化的建设，都为教师提供了广阔的发展空间。在这个过程中，教师不仅能够收获丰富的专业知识，更能体验到自我成长的喜悦。

第一节
“两大教师培养工程”构建教师专业发展框架

在教师专业发展上，合肥市六安路小学翠微分校提出“两工程、三行动”教师专业发展框架。其中，“两工程”指的是“‘精微’青年教师培养”工程和“‘精萃’骨干教师培养”工程。两大工程充分考虑了教师的不同阶段和不同需求，为教师提供了丰富的学习资源和个性化的发展路径，使他们能在专业发展中找到适合自己的位置，同时相互补充形成成长共同体。同时，为了解决教师在专业成长中遇到的种种难题，学校进行了教师调研、教师发展现状分析，探讨了教师发展的主要问题，旨在深入了解教师的真实需求，发现并解决影响教师专业发展的问题，从而给教师提供针对性的支持和帮助。

一、分层培养：实施“两大教师培养工程”

1. “‘精微’青年教师培养”工程，赋能职初教师成长

青年教师的素质是一个学校生存和发展的根本，青年教师的培养工作更是一所学校可持续发展的重大战略性工作。合肥市六安路小学翠微分校“‘精微’青年教师培养”工程是一项系统工程，旨在为青年教师提供思想引领、教学指导、生活关怀、文化熏陶，以期为学校人才的培养奠定坚实的师资基础。

“精微”指精专细致，也指精微之处。这恰如我校在青年教师培养上坚持的于细微处精专细致的原则。

教师培养以“德艺双馨，教书育人”为教育重点。让青年教师“走得端，立得正”，尽快在三至五年内成为适应岗位要求、学生信赖、家长满意、学校放心的“教育有心人”；让年轻的班主任们主动开发工作潜能，积极立德、立行、立言，成为适应学校发展需求、学生喜爱、家长认可的班级“领头羊”。合肥市六安路小学翠微分校的“‘精微’青年教师培养”工程在实践中不断成熟。

（1）实施师徒结对，助力专业成长

青年教师要想在专业上快速成长，离不开学科导师行动上的指导。为此，学校成立师徒结对导师制项目。各教研组中的骨干名师与青年教师直接对接，手把手进行学科教学和班级管理上的帮扶带动，这样可以使青年教师少走很多弯路，加快青年教师专业成长的步伐。

学期初师徒在学校教导处统一指导下共同制订培养目标和落实目标的方法、措施，再针对具体的活动让骨干教师对青年教师进行带动帮扶。

首先，骨干教师扎实指导青年教师的研究课。

各结对的导师针对每位徒弟的研究课，重点把好三个关，即教学设计关、课堂教学关、教后反思关。具体而言，对公开课的教案，先“集体会诊”，具体课堂要打磨到位，教后评议要全面深刻。其中，打磨课堂必须做到“三磨”，即磨教学理念、磨教学策略、磨教学细节。骨干教师要帮助青年教师寻求先进的教学理念，选择最佳的教学策略，追求完美的教学细节。这几年导师制已初现成效，先后有多名青年教师在市区级教学比赛或者展示课中崭露头角。

其次，学校全面开放导师的常态课。

每位导师的课表，青年教师人手一份。每位导师的每节课都对结对的青年教师开放，力求让青年教师对课堂教学看得清、摸得着、学得像、走得稳。有了导师的示范，青年教师的课堂创新意识逐步增强，这促进了青年教师的专业成长。同时，学校每学期开展两次导师和青年教师的“同课异构”活动，这是对青年教师教育教学理念、教学设计能力的一种考验。在“挑错”“磨课”活动中，不断发现问题并解决问题，实践后再找出问题，再研讨、思考，再实践。这样的研讨活动，让青年教师在感受着“破茧”的痛楚时，也能品尝到“化蝶”的欣喜。实践证明，这种措施能起到极佳的效果，它使得全校青年教师的教学水平大大提高，进而在各类竞赛中多次获奖。

（2）建立青年教师成长档案，促进专业成长

青年教师的专业成长首先要求青年教师要有自我成长的目标和成长规划，如果没有自我规划和自我追求，成长就无从谈起。如果说开展师徒结对是青年教师成长的外因，那么青年教师的自我成长就是他们专业成长的内因。为了唤醒青年教师的

自我成长意识，学校要求每位青年教师都要建立自己个人的成长档案，把在教学教研上的每一次进步、获得的荣誉写进档案。青年教师追求自我成长具体要做到以下四个方面。

一是常读。青年教师大多专业知识比较扎实，但是缺乏正确的教学方法、教学技巧，所以在组织课堂教学时比较困难。学校通过给教师赠送书籍、订阅刊物、开放学校图书馆等，引导教师多读名人名家的教学专著，多领会名人名家的教育教学思想，从而反思自己在教学中遇到的问题和困惑。教师通过反复研读，悟出其中的内涵，体会其中的真谛，久而久之就能将其运用到自己的教学和班级管理中。同时，学校每月开展读书分享会、班主任大讲堂等，增加教师之间交流、研讨的机会，让输出倒逼输入，使读书成为教师的日常行为。学校要培养青年教师更好地运用专业知识进行教学，使学生既学会知识，又增强能力，还能提升学科素养，以达到全面教书育人的效果。

二是常听。常听课是青年教师上好课的快捷途径。学校大力提倡教师进行校内外听评课和线上线下听评课的学习。创造机会，搭建平台，“走出去，请进来”，让教师多听多学。线上听就是从网络上搜集名师名家的教学视频进行观摩学习；线下听就是听取身边名师的课堂，揣摩他们是怎样落实理念、实施方法、组织活动的。青年教师的成长就在这样的细微处得以发生，并不断积累。

三是常仿。青年教师在不断的听课学习中，会悟出一些方法和技巧，那就需趁热打铁，将这些方法和技巧尝试运用在自己的课堂中，体验教学效果。如果效果可以，就将这些技巧熟记于心；如果效果不佳，可以将其作为一个课题来进行研究，去查阅资料或拜访身边的教师，请教问题出在哪里，以便尽快地解决。六小翠微的青年教师们就是通过这样不断的尝试，一点一滴地掌握课堂教学的真谛。

四是常思。青年教师工作经验少，经常会遇到各种教学问题，为此，学校引导青年教师养成常思的习惯。学校鼓励青年教师在教学中遇到问题要重视，课后进行反思，在问题中思考，在思考中成长。同时，在备课专业化上，学校重点强调教学反思的撰写和实效，并通过课堂跟进教学反思后的完善优化，做到精专细致。教学反思是青年教师专业成长道路上至关重要的一点。

（3）建立运行机制，督促专业成长

任何活动的开展如果没有一系列的运行机制支持，就容易陷入虎头蛇尾、应付了事的局面，难以达到预期的效果。为了使“‘精微’青年教师培养”工程持续进行，使青年教师的自我成长常态化，建立考核机制尤为重要。

每学期末，由学校教导处对各个导师的工作和青年教师的成长情况进行考核，主要从过程性资料、导师和青年教师取得的成绩等方面进行量化打分，以此评选出优秀导师和优秀青年教师。由学校颁发相应荣誉证书，并给予考核奖励。

接受指导的青年教师，所获得的荣誉同时属于导师的指导成果。在评先评优方面，政策向在师徒结对方面有突出贡献的导师倾斜，让导师们“导有所成”，由原来的“学校要我指导年轻教师”，变为“我要指导年轻教师”，竞争意识逐步增强，面貌焕然一新。

青年教师的专业成长不是一朝一夕、一蹴而就的事情，它需要青年教师在借助外力的情况下，坚持不懈，精专细致，积微成著，静待花开。

2. “‘精萃’骨干教师培养”工程，榜样引领扩大辐射

“精萃”有精炼、出类拔萃之意，这正是我校培养骨干名师的目标。

教龄 10 年以上的成熟型教师，已经有自己独特的教育方法和教学策略，形成了自己的教学风格。我校重点培养这部分骨干教师，给他们搭平台，压担子，目的就是培养一批师德高尚、精于教学、擅长科研、业绩突出的校级名师，发挥名师在教育教学、教育科研等方面的引领作用。学校鼓励这些骨干教师当好学科教学的示范者，当好青年教师的培养者，当好先进理念的实践者，当好课题研究的探索者，当好教研活动的设计者。在促进骨干教师成长的同时，让骨干教师发挥示范、引领和辐射的作用。

（1）营造“争当骨干”氛围，激发教师专业发展动力

教师的成长动力源自教师自身的内驱力，我校通过多举措

引导这种内驱力的发展，创设合理环境，引导教师们走上自主成长的快车道。首先，学校借助教育名师的榜样力量，增强教师发展的自信心，体悟自身专业成长的重要性。其次，通过学习沙龙、分享交流会等形式，把学校现有骨干教师的专业成长轨迹、工作成果经验和先进事迹等在校内进行分享，让教师们从身边的名师身上得到专业成长的动力，在校内营造奋发有为的骨干成长氛围。

（2）建立骨干成长梯队，协作共赢

梯队教师的专业成长尤其是骨干教师的成长离不开团队的帮助。我校设定“教坛新秀→教学能手→学科骨干→地方名师”梯队，通过分工协作、互相配合、梯次成长，打造高素质的骨干教师队伍。梯队强调团队整体合力，梯队环境有利于骨干教师的全面成长，使骨干教师不但个人成果突出、创新能力强，而且具有团队精神、领导能力和可持续发展能力。梯队可以营造良好的教研氛围，梯队中的每个人都不甘落后、奋力争先，在为梯队赢得荣誉的同时，也能实现个人的成功。另外，团队培养为骨干教师营造协同、内生、向上、交互的学习环境，骨干教师可以在团队内部或与其他团队定期开展教育教学专项研讨，探索问题解决策略，从而提高知识能力素养、增强课程改革执行力，与团队形成一种相互依存、相伴共荣、优势互补、协作共赢、同伴互助的共生机制。

（3）开展骨干教师“同课异构”活动，“比赶超”促成长

我校骨干教师间的“同课异构”活动要求任教同年级同科的骨干教师选取教材中的同一教学内容，各自研读教材，独立设计教学方案，然后分小组集体备课，在此基础上进行教学实践并展开讨论。在此过程中，教师们经历了如何去吃透教材，如何去创新教学设计，如何将备课成果智慧地实施到课堂上，从而提高自我的教学水平。“同课异构”活动最直接的受益者是授课的骨干教师，他们通过将自己的课堂与其他教师的作比较，对比出彼此的不同点，找到自己的不足，来改进以后的教学。间接的受益者是其他学科的教师，这些教师也能从中学习许多新颖的做法，体验别人的教学风格和教学艺术，达到取长补短、资源共享、共同提高的目的。

（4）进行全方位学习培训，打通知识链条

学习培训平台是我校为骨干教师搭建的前沿、优质、宽广的成长平台，进行全方位学习培训是骨干教师专业发展的关键路径。我校为提升教师综合素养，要求每位教师根据自身发展需求和学校发展规划，每学期制订自我成长学习计划。学校组织骨干教师集中参加教育法规、职业道德规范、职业情感等主题教育培训，参加新课标解读培训、新教材解读培训、教育综合改革培训等相关学科领域高端培训学习活动。同时，我校以让骨干教师成为教学改革“促进者”和“领路人”为目标，通过目标规划设定、知识信息传递、技能熟练演练、作业达成评

测、结果交流公告等多种方式，常态化组织开展学习交流活动，促使教师发展专业精神，增强专业认同，端正专业态度，明确教育追求，提升教学能力。

（5）加强教学实践锤炼，提升专业技能

教学实践是骨干教师专业发展的基本路径。学校的教学实践以“交流、合作、提高”为宗旨，以教师“促进、成长、发展”为重点。学校经常组织骨干教师对教学名家的教学视频进行“观摩—讨论—再观摩—再讨论”，让其深刻领会名家的教学技巧并有效运用于实际教学；积极组织骨干教师参加优质课大赛、公开课展示、专题学术讲座、教学经验报告会和“送教下乡”等教育教学活动。学校特别重视课例的研究，通过专家指导、集体备课、“同课异构”等形式研究课例，全体教师全部参与课例的探讨和研究，教师直面教学过程，在具体教学实践中发现问题，反思并找出解决问题的途径，这可以促使教师形成主动研究和善于思考的良好习惯，真正做到研中有得。

学校倡导科研兴校理念，走教育科研之路。骨干教师可以利用学校图书馆资料及订阅教育教学类杂志，借鉴传统教育教学经验，掌握现代教育教学理论，接触最新教育教学信息，提高自身知识能力和理论素养。学校经常组织教育科研专题学习和交流活动，通过撰写论文、课题研究等方式，促使骨干教师强化教育研究成果意识，掌握教育教学研究基本方法，在教育思想、课程改革、教学方法、教育评价等方面取得创造性成果，并广泛运用于教学实践。为充分发挥教研基地的先进性、示范性和引领性作用，学校成立课题研究基地，聘请名师为指导教师，吸收骨干教师加入课题研究小组并承担研究任务，共同研讨、切磋教研教改课题项目。

八年来，随着我校“‘精微’青年教师培养”和“‘精萃’骨干教师培养”两大工程的不断推进，全体教师的教育教学能力得到很大提高，课程改革的创新意识也不断增强，在教育教学的各个方面都取得了不错的成绩，学校的教育教学质量得到大幅度提升。

二、聚焦校情精准摸排

“百年大计，教育为本。教育大计，教师为本。”教师是教育事业的基石，只有教师有职业荣誉感、事业成就感和社会荣誉感，教师队伍才能稳定，才能在实现中华民族伟大复兴的征程中为党和国家的教育事业发挥出应有的贡献。那么，目前我校教师群体的现实发展样态是怎样的？未来发展愿景如何呢？基于这些问题，学校对我校教师的基本情况、职业认知、专业发展、生活状态等作了调研和分析。

1. 学校教师调研

（1）教师基本情况

①总体情况：截至 2023 年 6 月，全校教职工总数 202 人，

其中，教师 201 人，教工 1 人。

②性别情况：男教师占 10.6 %；女教师占 89.4 %。

③年龄情况：70 后占 2%；80 后占 35.7%；90 后占 62.3%。

④教龄情况：从教 1—3 年、3—10 年、10 年以上的教师分别占 28.3%、49.5%、22.2%。

⑤教师发展情况：市级以上骨干教师占 9%；区级骨干教师占 12.1%；校级骨干教师占 23.7%。

（2）职业认知方面

个人对教师职业的认同感。从选择教师职业的原因来看，工作稳定、假期多和有成就感是主要原因。值得注意的是，认为当老师没有成就感的比例不低。

他人对教师职业的认可度。从家人的态度来看，36.7%的教师觉得家人对其的教师职业有较高的认可度。

职业幸福感。19.6%的教师觉得当老师是件幸福的事；认为当老师幸福感一般的占比 62.3%；认识当老师不幸福的占比 18.1%。

职业忠诚度。数据显示，超过 37.7%的教师有清晰的职业目标。立志终身从教的教师仅占 56.8%。

（3）专业发展方面

专业发展规划。在“掌握一定的专业发展路径和方法，有清晰的自我规划”的选项中，选择“完全符合”和“比较符合”的合计为 56.3%，还有 43.7%的教师对自己的专业发展比较迷茫。

解决疑难问题的方式。遇到难度较大又重要的教育教学问题时，选择自己通过小专题研究、向名师请教的教师的数量占比明显低于与同行讨论，基本不思考、不研究的教师占比为2.6％。

对提升教育水平有帮助的因素。同事教学经验分享占比54.3％、高水平同行指导占比23.6％、专家指导占比12.6％、其他占比9.5％。

教育中重点关注的方面。教师主要关注家校工作、学生心理问题解决、学生行为偏差转变、学生成绩提高、个人专业发展等问题。

（4）生活状态方面

教师经济状况。调研显示，我校教师的工资收入主要用于家庭补贴、自给自足，其中，有约三成的教师其工资收入主要用于自给自足。

日常工作状况。我校教师认为自己的工作量超负荷的有84.9％，认为自己的工作量较合理的有14.6％。我校教师觉得自己的工作压力很大、一般、不大的分别占38.2％、51.3％、8％。

课外休闲方式。调研显示我校教师在课外时间主要从事以下活动：手机休闲占比61.8％、朋友聚会占比24.6％、陪伴家人占比46.2％、提升学习占比34.2％。

2. 教师发展现状分析

有着较强的亲和力。我校教师比较注重与孩子的沟通与交流，尊重学生的主体性和差异性，大部分教师能够以发展的眼光和态度，对待教育教学和学生的成长，注重构建因材施教、民主和谐、教学相长的教育生态。

有着丰富的实践力。我校教师的执行力较强，善于行动，勇于行动。

有着成长的期待。我校教师有一定的问题意识，愿意向同行请教，愿意花时间去学习与成长。他们会努力研究新的教学方式，努力创新，并将自己良好的学习习惯传递给学生。

有着较强的责任感。尽管工作任务重、压力大，但是大部分教师愿意引导学生、转变学生，并希望能带给学生平等、民主的学习环境。

缺乏持续的自我学习能力。我校教师在学习上呈现出虽然有发展与成长的愿望，但持续学习动力不足的现象。

畏惧家校合作工作。一些教师因为缺乏经验，在面对家校合作问题时不能够科学妥善地处理，在家长面前信心不足。

欠缺团队合作意识。大部分教师会主动迎接教育形态变化带来的挑战。少部分教师比较有个性，注重个人价值的体现，除了学校要求的任务外，他们会花费额外的时间和精力践行自己的教学方法，但是面对需要团队合作的活动，他们的合作能力较弱。

3. 教师发展的主要问题

性别比例严重失衡。学校男女教师比例相差巨大，男女教师在职业的认同感、幸福感以及职业发展规划、专业发展路径、教育教学方式、与学生和家长的关系等方面都存在一定差异。男教师的严重缺乏，将给我校教师的整体发展带来影响。

承受经济和精神双重压力。调研发现，我校多数教师需要租房、还房贷等，自身的经济压力较大。同时，随着午餐工程、课后服务的开展，我校教师的在校时间均在 10 小时以上，下班后还有家校联系、备课教研等工作，导致教师的工作压力大。

4. 教师发展的思考

教师的发展与成长问题一直备受我校关注，学校在发展教师工作上，致力于培养教师成为优秀教师、好教师。无论是优秀教师还是好教师，他们都有着正确的教育观，有着优秀的品质，能够运用良好的知识结构和丰富的经验有效地解决日常出现的教育教学问题，切实成为学生成长路上的引路人。教师的发展过程是一个漫长而艰辛的过程，学校寻求教师发展策略为教师的发展提供了有力的保障。教师的职业空间受体制机制等客观因素的限制，没有太多的拓展空间，但是我校可以为教师的专业发展开辟一些平台，规划有指导意义的发展路径。基于此，我们做了以下思考。

创新原有的培训方式。目前我校的教师培训，主要包括各种国培、省培、市培、区培项目和学校自己组织的培训等。国培、省培、市培项目的名额太少，而调研结果显示，我校教师认为学校的集体培训对自己的提升和帮助并不大，说明我校的教师培训工作还需要进一步创新，以提高培训的针对性和实效性。

丰富以往的教研模式。我校的校本教研基本模式是“两大教师培养工程＋三定教研活动＋一合作学习共同体”。由于市级以上骨干力量较少，年轻教师居多，我校仍需要打开工作思路，为教师创造更多交流的机会、合作的项目、展示的舞台，提高其成就感、幸福感。

重视教师的专业发展。学校鼓励教师主动学习，注重为教师的专业发展提供保障，积极促进学校青年学习团队的形成，加大图书室、阅览室建设，为教师购买专业期刊、学习账号，并广泛开展各种读书分享会等活动，为教师提供专业发展的基础条件和活动平台。

打造体现学校品牌的教工社团和文体活动。学校将尝试多组织一些符合各年龄段教师需求的教工社团和文体活动。这样，一方面可以增进教师之间的友谊，更好地凝聚共识和加强合作，增加教师对学校的亲切感和归属感；另一方面也能促进教师形成阳光健康、积极向上的工作状态。

在教师发展工作上，我校还有很多地方需要去思考，很多工作需要去完善，比如，成熟的教师教育管理体系、系统的教师梯队培养制度、多元的教师发展途径等等。我校会聚团队之力，不断去思考与改进教师的发展工作。

第二节
微活力融入常规教研，激发教师自主成长

教师的专业发展必须激发教师的内生动力，让教师动起来，让教研活起来，打造教师成长的新支点。学校提出九字方针，倡导备课深入、上课实用、作业精细、教法活泼、手段新颖、活动真实、辅导勤奋、负担轻松、质量优良等教学理念。通过发挥互助力量、立足精细管理、推进“四力”建设以及赋能教研设计，提高课堂质量、优化课后服务、促进学校内涵发展、提升教研品质。教师们在微活力的激励下，同样获益良多。

一、九字方针，为教学教研提供方向

学校坚持抓实教学研究，扎根日常工作，立足教学九字方针——备课求“深”，上课求“实”，作业求“精”，教法求“活”，手段求“新”，活动求“真”，辅导求“勤”，负担求“轻”，质量求“高”。除了线下教研活动的开展，还充分利用信息化手段，各教研组就日常遇到的问题及时进行探讨。

1. 发挥互助力量，提高课堂质量

教师的职业幸福莫过于创造高质量课堂，学校需要发挥备

课组、教研组、项目组等团队互助的作用，引领教师在常态中磨炼，提升素养，提高课堂质量。

备课组是学校学科管理中最基础的“细胞”，备课组长带领同一年级同一学科的老师们，落实常规要求：针对课堂教育教学管理要求，将学校对学科的管理通过备课组落到实处；结合课标要求、教材编排体系特点、年级教师和学生实际，聚焦主题，分版块进行小课题（问题）研究，从而提升教师素养和课堂质量；结合“双减”要求，运用“大单元整合”的备课思维，每周在固定时间进行集体备课，认真学习课标，研读文本，提升教学基本功。教研组是学校学科管理中的一个“面”，学校各个教研组在教科研管理中心的引领下，根据“双减”要求，落实教研组常规管理细则，撰写优质的教研计划，精心做好教研顶层设计，做到有主题、有序列、有发言人、有特色、有反馈地推进学校学科教研工作。教研联盟是学校为教师搭建的成长共同体，引导教师找到自己感兴趣的项目，和志同道合的伙伴一起研究，通过学习、交流，发挥教师的长处，增强成长自信心、成就感，从而提升课堂质量和育人能力。

2. 立足精细管理，优化课后服务

学校全面贯彻教育方针，严格执行课程标准；强化各类教务管理，做好日常服务工作；多样组织教学督导，高效保障教学秩序；持续开展“青蓝工程”，打通教师与校内名师、与本部

集团名师、与结对学校名师等交流互学的通道；数据评价助力“双减”，提升课后服务质量。学校努力激活教师多样发展的内驱力，聚合资源，数据助力，做到一校一案，设置一生一号，所有学生在选课平台上自主选课，每个学生都拥有自己独特的课表，学校启用班级优化大师及时进行评价，探索出“延—学—评”一体化课后服务模式，努力提升课后服务质量。

3. 推进“四力”建设，促进学校内涵发展

学校办得好不好，质量高不高，能否持续发展，关键在于是否有一支素质优良的教师队伍，为此，学校把“做一个终身学习者、研究者和创造者”作为教师的培养目标。一要把准政策方向、更新观念，提升学习力；二要坚守已有经验、精进常态，提升领悟力；三要创新发展、专业成长，提升判断力；四要勇于实践、守正创新，提升执行力。学校推进的“学习力、领悟力、判断力、执行力”“四力”建设，有利于提升学校发展文化力、行政干部执行力、专任教师学习力和青年教师成长力，以此促进教师专业素质的成长，促进学校内涵的发展。

4. 赋能教研设计，提升教研品质

学校积极为教师的成长搭建平台，通过线上与线下相结合，力求学科教研活动务实化，通过培训与实践相结合，确保教师业务能力专业化。再通过“两联两主动”策略，鼓励教师对外

交流，提升教师的教学和科研能力。学校一方面联系、邀请专家、名师，加强对本校教师的线上引领；联系名校、区域兄弟学校结成联盟校、友好校形成学习共同体。另一方面鼓励教师主动走进地方名校，学习、更新教育教学理念；主动加入各级各类名师工作室等学术共同体，进行课例研磨、交流分享、课题研究等实践活动，实现由单兵作战到团队共赢。

二、教师个人成长心得：日进一寸、积微成著

成长案例 1

点亮初心　追寻教育梦

（合肥市六安路小学翠微分校　李新莲）

17 年前，当我踏进安师大中文系的那一刻，内心充满了对于未知旅途的好奇，于是我努力地攫取知识。作为学生的我，认真聆听着每一位老师的教诲。在古汉语纷繁的词汇中，寻求古人造字的乐趣；在唐诗宋词中，体味文人墨客的情愫；在现当代文学史中，探求文学发展的轨迹……所有的学习都在不断浇灌着我，使我坚定成为一名人民教师的决心。因为崇敬，所以热爱；因为向往，所以努力。2013 年 9 月，我第一次站上了讲台，看着一双双澄澈的眼睛，我更加坚定了自己的教育初心。

一、爱之浇灌　以德育幼苗

根植于爱的土壤，教育之树才能结出丰硕的果实。不管是在平时的工作中，还是生活中，不管是在学生面前，还是在同事面前，我都真诚待人，以自身言行去感染更多的人。

一块块小饼干，是我对孩子们进步的肯定；一个个水果，激起了孩子们灿烂的微笑；一颗颗糖果，筑起了孩子们甜美的城堡……与孩子们分享各种美食，已经成了我和孩子们之间的约定。在激励与肯定中，孩子们的内心也萌发了爱的意识。

在学校以及班级组织的各类活动中，爱心贯穿教育的始终。与孩子们一起走进贫困家庭，奉献自己的爱心；参与安徽经视“映山红”捐书活动，学会感受爱、分享爱。在爱的沃土中，孩子们的内心变得更加阳光、健康。

二、学思结合　润物细无声

教师要给予学生海量的知识，自己就应是一条川流不息的河流。来到六小翠微，观摩师傅的课堂，让我见到了不一样的风采。师傅抑扬顿挫的语言、亲切中肯的课堂评价语让我明白，原来课堂也是这般有温度。追寻师傅的脚步，我也不断努力提升自己。积极参加学科教研活动，观摩名家课堂风采，认真备好每一次课，在教学中努力做到有清晰透彻的思路，注重多方位提升学生的学习能力，培养学生良好的学习习惯。

如何激发孩子们的学习兴趣呢？我时常组织孩子们开展读书分享活动、课本剧表演以及写作活动，被激发起兴趣的苹果班同学们，总是会涌现出强大的创作能力。在小小美文征文投稿比赛活动中，孩子们的

105 篇征文入选，并获得一等奖、二等奖等奖项，一定的稿费也是对孩子们的极大鼓励。孩子们在无形中感受到了知识的魅力：原来我们也可以让知识活力四射。

小小的舞台，绽放大大的精彩，在学与思中，我和孩子们都在努力向上，共同追逐教育的脚步，厚植知识的高度，一起畅游在知识的百花园！

三、信中抒怀　携手赴远方

古人书信，可以言大事，可以存知己，可以总关情。一次专家的分享，给予我很大的启发，于是那一年我也开启了与家长、与学生不一样的交流方式。2018 年，即将生产的我写下了给苹果班家长还有孩子们的第一封信，在信中我表达了对家长的感激与希望。那一年，接班的老师与孩子们还有家长度过了愉快的时光。2019 年第二封信、2020 年第三封信……独特的交流方式，拉近了彼此之间的距离，是老师亦是朋友。

阳光给予我们攀登的力量，苹果班的家人们定能在信中感受到我的那一份正能量。于是，有了我们的彼此携手。孩子们也在求知的路途上越行越远。黄一凡获得合肥市第三十五届青少年科技创新大赛青少年科技创新成果一等奖，并参加全国青少年科技创新大赛展示交流活动；在第十一届中国魅力校园合唱节活动中，薛瑾萱、余蕙若获得小学组合唱二等奖；在安徽省青少年越野滑轮锦标赛少年男子乙组 500 米比赛中，赵喻哲同学获得第 3 名，少年女子 1 公里比赛，王余馨获得第 3 名；郭津灵获得合肥市青少年信息学科普日活动小学组个人二等奖；在暑假读一本好书征文比赛中，多名同学获得市一二等奖……

时间的流逝如长河奔流入海，我们皆是被推入时光洪流中的主角。新的一年，不仅需要我们坚守初心、耕耘拼搏，更需要我们在新学习方向的指引下实现新的突破。面对新时代，我们要用创新的精神挑战自我，努力在梦想的罗盘上刻下自己的印记。

原本成才之路不是一蹴而就，梦想彼岸不是一夜到达，但我相信：万古长河，昼夜不止，百川朝宗，终将汇聚为洪流，奔向大海。每一个孩子，每一个家长，每一个我们，都将在学习或者工作的长河中，找到更好的前行方式。因为每一个你，都将汇聚成漫天的繁星，星光璀璨。我愿和大家一起徜徉于翠微的美丽校园，带着初心，眺望更美好的远方；一起走进新的历史长河，去感受波涛骇浪，去采撷花儿的芬芳；一起全力以赴去探索、发现，相信我们的生命，一定会在奋斗中精彩，一定会在骐骥一跃的瞬间拥有自己的光芒！

成长案例 2

且行且思　且悟且进

（合肥市六安路小学翠微分校　宁婷婷）

一、站稳课堂与专业成长

“全面持续提升教育教学质量，主渠道是教学，主阵地是课堂。新教师要扎实站稳课堂，倾心打造高效课堂；实现全面育人，是每一个翠微人的光荣使命！”这是孙晶校长对我们青年教师的谆谆教诲，也是我一直以来的前进目标。

学校为青年教师成长搭建学习平台，促进教师专业化成长。开展“请进来，走出去”活动，邀请专家入校开展讲座，鼓励教师参与市级、区级各类教研活动。在学习中我的专业素养不断提升，在学习中不断摸索，在实践中学以致用，我的教育教学水平得以快速提高。

教学中，校级“青蓝工程”让我得以有机会向有经验的教师请教学习，校长的推门听课，师傅老师的指导课、示范课更是让我受益匪浅。校级教研与集体备课活动，也让我快速提升了业务能力。

2021 年我担任了五年级语文备课组长，在学校教导处及教研组的领导下，以新课程改革精神为指导思想，积极实行课改，打造高效课堂，探索课程改革的新模式，有计划、有目的地开展了教研活动，认真研究教材教法，完成了教育教学和教研工作。

2022 年 10 月，我有幸代表学校参加了合经区小学语文教学大练兵暨“教坛新星”评比活动，并获得了区级“教坛新星”荣誉称号。对于一位青年教师来说，这是一次难得的锻炼机会，在比赛过程中，团队式磨课让我感受到了翠微大家庭的团结进取，更体会到了抱团式成长的力量！2019 年，我参与了我校区课题“二十四节气”的研究，通过课题组的共同努力，我们的课题于 2022 年 9 月顺利结题，这也意味着我校小学语文学科的理论研究跃上新的台阶。

二、职业规划及取得成绩

初入六小翠微，孙晶校长就引导我们每一位青年教师为自己的职业生涯制定三年职业规划，为我们快速成长为一名优秀的人民教师保驾护航。根据自己的三年规划，我积极参加各类教育教学评比活动。2016 年获市级少先队辅导员说课比赛一等奖；2018 年在市“互动课堂”信息化创新应用课例比赛中获二等奖；2019 年在合经区小学语文“聚焦课堂”评比中获二等奖，区教师演讲比赛获得二等奖；在合肥市 2021

年小学教师创新命题比赛活动中获区一等奖、市三等奖；2022 年我带领团队在合肥市 2022 年小学语文学科作业设计比赛中荣获区一等奖、市二等奖。并在 2021—2022 年度工作考核中被确定为优秀等次。

在教育教学工作中，我始终学习着、收获着、进步着，在今后的工作中，我将更加努力，争取更优异的成绩。

成长案例 3

青年有为，成长有道

（合肥市六安路小学翠微分校　聂梓芮）

“心中有阳光，脚下有力量。”作为一名青年教师，个人的专业成长，是努力靠近光、追随光、成为光、散发光的过程。关于青年教师成长的话题，回顾和思考我的成长历程，我有以下几点感受：

一、成长需要执着的探索

问渠哪得清如许？为有源头活水来。作为一名青年教师，我们要去掉浮躁心态，潜心学习。多渠道参与学习，积极参加组内校内公开课，珍惜每一次学习的机会，认真做好笔记，积极思考，做到教学相长，要变“一桶水”为“长流水”。及时复盘，思所长，坚持不懈；思所失，汲取经验。

二、成长需要自我的勤奋和需要同伴的帮助

成长的历程是艰辛的，成功的喜悦是甜蜜的。真正促进我在教学能力上有巨大飞跃的一次机会就是在 2019 年 10 月参加区小学数学“聚焦课堂”比赛，这次比赛时间长达半个月，比赛分两轮，每轮都是提前三天给课题，经过紧张的准备去比赛。通过不停地翻看一些教学杂志、听取别人的课例、观看优质课视频，再反复设计自己的教学环节，不停地试教，听取学校老师和校领导的意见，对自己的教案及时地作出修改，最终在教研组内老师们的集体帮助下我获得了区“聚焦课堂”一等奖的好成绩。感谢工作中同事的帮助与领导的关怀，很多时候，确实是他们在一步步地引领着我。他们都是我成长过程中的良师益友。

独行快，众行远。一群志同道合的数学组队员，一群有趣的灵魂，一群有温度有态度的团队，让我们可以一起走向更远的未来。

三、成长需要多听课多反思

作为一名青年教师，只有多听不同教师、不同类型的课才能够逐渐积累经验。所以对每一次听课的机会我都十分珍惜。学校也经常安排我们外出观摩、学习。通过一系列的听课、学习活动，我的收获很大，逐步掌握了一些驾驭课堂的技巧，每次听完课之后，我都有不同的领悟，而写教学反思则是我对每次活动的学习升华。因为反思是加快青年教师成长的有效途径之一。不论是在学习过程中、在教学过程中的反思，还是在研讨中、在论文及评价中的反思，都能帮助自己及时发现问题，从而探究出解决问题的方法，并把它升华为自己的教育经验，为我所用。

这几年，在校领导和学校数学组老师们的帮助下，我取得了一些成绩。我曾获得安徽省小学数学作业设计一等奖；合经区小学数学“聚焦课堂”一等奖；积极参与课题研究，撰写的论文获得合肥市一等奖并在省级期刊发表；多次辅导学生数学小论文获得省、市、区一等奖。在学校，积极践行课改，荣获“最美教师”等称号。

总之，我点滴成绩的取得是学校各级领导和各个老师帮助与支持的结果。在他们的帮助与鼓励下，我以最快的速度从一个无知的学生转变成颇具成熟气息的教师。青年如初升的太阳，不断积聚着能量，总有一刻会把光和热洒满大地。作为一名青年教师，应该努力做到“心中有阳光，脚底有力量”。我们每个人都不一样，但是只要出发就会遇到温暖的光。

成长案例 4

十年踪迹十年心，且学且思且前行

（合肥市六安路小学翠微分校 朱红艳）

“没有一朵花，从一开始就是花，也没有一朵花，到最后还是一朵花，莫失心所念，万物皆可期。”

清晰记得入校后的第一次公开课，要教的课文是《花钟》。为了上好这节课，我精心准备了两个多星期，教学设计反复修改好几遍并烂熟于心，每一张 PPT 都力求精美，光一个音乐卡点，就足足卡了一个多小时……自以为一切都没问题。那一节课也确实上得非常顺畅，和预期的一样。而在点评环节中，翡翠学校一位资深老师的点评却给了我当头一棒，让我无地自容又醍醐灌顶。那位老师说这不是上课，没有立足课堂实际，这是在演课。至今仍感谢那位“不留情面”的老师，知耻而后勇，他让我认识到，一节好课，绝对不是几张精美的 PPT、流畅的教学设计那么简单。那段时间，我一直在想怎么样才能上好一节课，什么样的课才是好课。

古人云：“道阻且长，行则将至。”所以“行”是关键。

“行”的第一步：研读课标。如果将一堂好课比作是一棵枝繁叶茂的大树，我认为课标就是那棵树的树干，精彩的教学设计和课堂便是枝叶。所有的教学环节应该紧扣课标，是课标的实践拓展。我开始研读课标，利用碎片时间抄课标，一个学段一个学段地抄，一个板块一个板块地抄；去听、去看、去思考专家对课标的解读；一遍一遍地琢磨如何将课标要求巧妙融入教育教学中……时间煮雨，岁月缝花，对课标的细细研读，让我的教育教学紧跟课标的指引，同时也在教育教学中深化了对课标的理解。

“行”的第二步：与专家同上一节课。每个学期我都会找几篇经典课文，先根据课标进行教学设计，再去看专家的视频课、教学实录。反复看，看到精彩之处会一字不落地抄下来，然后思考专家的教学环节、设计意图、重难点突破的方法等，汲取专家讲课内容的精华，将其内化并重新修改自己的教学设计，且将教学设计付诸课堂实践，根据学生的课堂掌握情况以及学生给出的意见，找出不足的地方，最后再次修改自己的教学设计。“操千曲而后晓声，观千剑而后识器”，如此积累多了，也能触类旁通，对于其他课文也就有了一些心得见解。

“行”的第三步：反复磨课。我曾经是年级的“磨课大王”。一节公开课，一个年级六个班，每次都会磨完五个班，最后剩下一个班去上公开课。我将教学设计视为理论，磨课则视为实践，反复磨课，就是在检验教学设计的可行性。从课的容量、教学的环节、重难点的突破、学生的吸收与掌握情况等方面细细打磨，有时磨完一节课后会全盘推翻之前的教学设计，打乱重组。磨课是痛苦的，却也是提高自己教育教学能力最有效的方法之一。所以只要熬得住这份痛苦，便能见到学生眼中的“星辰大海”。

“行”的第四步：塑造“有趣的灵魂”。听过很多课，独偏爱妙趣横生的那一种。推己及人，我的学生应该也是如此。我认为“有趣的灵魂”，要靠扎实的专业知识、宽广的知识面来塑造。广泛的阅读，让我可以在课堂上信手拈来各种奇闻趣事，使一些枯燥的知识点，瞬间变得富有魅力；对心理学的学习，让我可以轻松“拿捏”学生的心理，时常收到他们惊奇、崇拜的目光；关注和了解在学生中流行的事物，能够快速拉近我与学生的距离……学生从喜欢我，到喜欢我的课，再到喜欢语文这一学科，“有趣的灵魂”功不可没。

我知道想要上好每一节课，以上几“行”远远不够，但我坚信“行而不辍，未来可期”。我一直在路上。

成长案例 5

做一名“微”教师

（合肥市六安路小学翠微分校　孟婷婷）

大凡优秀教师、名师，往往都有属于自己的“词汇”。七年，从一名新手教师逐步成为一名出色的青年教师，在一定意义上，我可以说，我的成长历程离不开“微”字。

一是“微”态度。什么是“微”态度？对待教学工作细致入微就是我的“微”态度。在教低年级学生时，我非常重视对学生的语言表达和计算能力的培养。学生的表达是否准确规范，影响着他对知识点的理解，甚至影响他今后的表达习惯和逻辑思维，基于此，我在备课时会对课堂上要用到的关键词、关键句反复推敲、琢磨、修缮，直到现在我还保留着这一习惯。计算是小学数学教学的重点，部分家长或老师对孩子计算出错的态度比较随意，我非常不赞成。我可以因为一道算错的计算题而找孩子沟通半小时甚至更久，却不会因为一道难题去一直苛责孩子。气象学家洛伦兹在一次演讲中提到，一只蝴蝶在巴西丛林的一朵花瓣上轻轻扇动一下翅膀，有可能会在美国的德克萨斯州引起一场龙卷风。我在想，如果我就是那只“蝴蝶”，我的“振翅”是不是也能引起我的学生成长发展的“龙卷风”呢?

二是“微”思考。要想做一名有研究力的老师，首先要做一名会思考的老师。2021 年 10 月，我执教的校际联盟课“认识线段”大获好评，特级教师郑朝晖评价这节课“让老师们知道了概念课原来要这样上”。在比较、感知线段的特征这一环节，教材只安排了一组比较，我在备课的时候认为可以充分地利用毛线，多安排一些比较。二年级学生天性活泼，我邀请两名学生上台来拉直毛线，然后出其不意，剪下一段，再拉直，学生都惊讶于我的毫不留情，我顺势抛出问题：“这样还可以看成线段吗?”这使学生充分认识到：“不管是长是短，只要拉直了，就都可以看成线段。”可以这么说，教材上的每一句话都是需要老师去细细解读的，作为老师，你必须具备捕捉细节、探幽发微的能力。鲁迅说，角度要小，开掘要深。课堂教学就是要于细微之处下深功夫。

三是“微”努力。老子说：“合抱之木，生于毫末；九层之台，起于累土。”七年里，我积极参加各项评比活动。2017 — 2020 年间，我多次获得区级创新命题二三等奖，此时的我根本没有掀起“水花”。但是，厚积才能薄发。2021 年，我撰写的教育教学论文《中高阶段小学数学解决问题能力的调查研究》获合肥市三等奖，2022 年我设计的《有趣的黄金螺旋线》获合肥市创新命题二等奖。从区奖到市奖，这些荣誉就像是我“微”努力的见证者。我明白，在教育教研这条路上，最有价值的东西从来都是看不见的。

心之所向，无问西东。愿做一名平凡的“微”教师，守住纯粹的教育本心。

成长案例 6

个人成长总结

（合肥市六安路小学翠微分校　胡月）

“学如逆水行舟，不进则退。”现如今，终身学习是人生的必修课，学习不只在于习得新知识，更在于它能帮助我们保持深度思考。

学习从来不是一劳永逸的事情，它应该是人生每个阶段都不可或缺的一种能力。唯有不断学习，才能与时俱进。

转眼间，毕业已经两年多时间，我从受教育者的角色转换到了教育者的角色。初为人师，该如何做好教学工作？如何提升自己的专业能力？我很茫然，不知道从何做起。

但是通过这段时间的工作实践，在各位前辈教师的悉心指导下，我逐渐有了方向，慢慢拨开了眼前的一层一层迷雾，在思想上、业务水平上都有了不小的提高。

作为一位刚上岗的新教师，我认真对待每一次听课，从授课的老教师那里汲取经验教训 ，并实实在在内化为自身的教学思想，规范着自己的教学行为。通过培训与学习，我慢慢适应了新的工作环境，并逐步适应了教师这一角色。

我们首先应该树立终身学习的观念，通过学习提升师德修养，完善知识结构，增强理论底蕴。工作中，积极投身教育科研的改革与实践，以学生发展为本，不断提高自己的师德修养，丰富自身的文化底蕴。

其次是反思自己的成功与失败之处。在大大小小的组内教研和外出教研之中反思自我。任何人的教学总会有不足之处，教师就应把课堂的不足记录在教学反思中，然后进行分析、思考。

学习新课标，明确新方向。新课标提出了新的教学理念和新的教学要求，身为老师，只有不断学习，不断充实自己的知识，不断更新自己的教育观念，才能不断进步。

2022 年版的新课标对于学生的课外阅读量的要求很高。所以，我认为在今后，英语阅读理解的比重和难度、灵活度都将会有所提升。让孩子坚持海量阅读和高年级学生的持续默读实在是很有必要。

了解新课标的变化，有助于为后续教学教研工作理清思路、明确方向。对我们来说，最关键的是把理论转化为实践。根据新课标的要求，结合自己的日常教学实践，我感触最深的是英语课程育人途径以及如何根据新课程内容的六要素设置有效的学习活动。

有专家就英语课程的育人途径提到：教师要鼓励和引导学生在真实复杂的情境中利用所学知识，超越学科，走出教材，回归生活，实现课程育人方式的改变。如何让学生通过英语课堂了解不同的文化，比较文化异同，学会理性、客观地看待世界，树立国际视野，涵养家国情怀，是我一直在思考的问题。

比如四年级上学期第二单元和第三单元都要求学生通过对单元主题的学习，对各国的时差、气候、气温有初步的了解。在教学第二单元时，我通过播放科普短片，让学生了解时差与气候的概念，同时结合夏季和冬季奥运会的时事热点，让学生们了解运动员们付出的努力：不仅仅要适应新的比赛场地，还要想办法克服因时差导致的生理问题。在教学第三单元时，我在课堂上播放了伦敦、莫斯科、新加坡、悉尼这些城市的短片，接着让学生观察这四个城市在地图上的位置，了解它们夏季的温度、与赤道之间的距离。学生通过小组讨论，可初步了解离赤道越近的国家，气温越高，反之，气温则越低。学生们在学习过程中理解了各国间的时间差异和文化差异。

在学习方面，我要树立终身学习的观念，抓紧分分秒秒学习充电，经过学习提升教育教学能力。在教育教研方面，我要养成自我反思的习惯，促使自我较快成长。

成长案例 7

星光不问赶路人，时光不负追“星”人

（合肥市六安路小学翠微分校　张倩）

上学期对我来说是不平凡的。2022 年 10 月，14 年未举办的“教坛新星”遴选活动开始报名，此次遴选活动的环节分为教学设计、教学基本功、有生上课、师德演讲及答辩四个部分，这些环节要在两天内进行，时间紧，任务重。当时我的内心是矛盾的，有犹豫、有冲动。在华敏主任的鼓励下，经过一番心理建设，最终我决定申报比赛。从此，开启了为期三个月的紧张而又忙碌的成长之旅。

通往胜利的道路必定经历坎坷与荆棘。我挑战了自己的极限，一鼓作气，再而勇，三而越挫越勇。当时陌生的赛制、复杂的流程、有限的时间、紧张的心理，加上受疫情影响，紧急通知取消比赛，我感受到了前所未有的压力。

在准备区赛的过程中，校领导和英语组的同事们给了我莫大的支持和鼓励。我将压力化作动力，制定了详细的复习计划，反复研读新课标，尝试大单元整体教学设计，提升自己的理论水平。对可能抽到的教学内容进行梳理，做到胸有成竹，不断更新知识，充实自我。

教学设计比赛结束后，赛课课题公布，杨梅组长统筹分配任务，当时只有半天的准备时间，我们挤出时间研讨，紧张地制作课件和教具，借班磨课，不断地完善课件，和时间赛跑。大到教学过程、课堂环节的确定，小到语言表达、板书设计的细节，是同事们的集思广益和宝贵意见使我对课堂教学的驾驭能力进一步提高。赛前经历了一个个紧张的不眠夜，我知道上赛场时能依靠的只有自己，我在脑海中一遍遍梳理流程，以确保赛场上的正常发挥。就这样我顺利通过区赛，晋级了合肥市“教坛新星”的评比。

准备市赛的过程一波三折。去年 12 月疫情形势突然严峻，临时封控与临时取消比赛让市赛难上加难。当市赛宣布重启时，原定的线下现场课改为了线上直播课，这又是一次巨大的挑战。保障直播课的顺利进行成了当务之急，校领导第一时间为我联系了技术人员。12 月 9 日比赛那天，校领导和同事们一直在录播室忙碌，为我能顺利比赛保驾护航。

星光不问赶路人，时光不负追“星”人。回顾一路走来的历程，虽然艰辛但很充实。我想，在平日里无论是常态课，还是公开课或大型比赛，我们都要做好充分的准备。要以新课标为理论依据，反复研读，注重积累，认真对待每一节课，认真反思每一节课，只有用专业知识充实自己，才能在机会来临的时候抓住它。不要否定自己，永远保持虚心求教的心态。要有“关关难过，关关过，事事难为，事事为”的勇气和决心。

最后，非常感谢学校搭建的平台，感谢各位领导、同事的鼎力支持，是你们的鼓励和帮助让我在短短的时间里收获了满意的答卷。凡是过往，皆为序章，我将再接再厉，继续前行。

第三节
聚焦微创新，在特色教研中获得综合发展

激发教师的创新活力，拓宽教研的形式是有效路径之一。学校深入探索教研中的微创新，打造读书节、学术节、学科节以及无纸化考核等，这也是对于教学方法和评价方式的深度思考和尝试。这些活动不仅丰富了教师们的教研经验，也为他们提供了全新的教学视角和思维方式。

一、拓宽教研形式，开展丰富的特色教研活动

学校教导处下设语文、数学、英语、科学等 12 个教研组，实行教研组长负责制，其中语文和数学老师较多，实行双教研组长制，且每年级分设备课组长，分层管理，精准跟进老师发展。

教研组是校本课程开发和使用的组织者、指导者和管理者。教研组开展校本教研活动，为本组教师搭建交流平台。具有相同的学科背景，任教相同的学科，甚至使用同样的教材、教辅资料进行教学的教师，彼此有共同的需求和共同的语言，容易敞开心扉，信息相互印证，形成心心相印、和谐共振的心理氛

围。老、中、青教师济济一堂，共同研究教材，探讨教法，设计教案，互通信息，交流思想，沟通感情，取长补短，其乐融融。在这样的一个过程中，经验和资源实现了真正的共享，青年教师能少走许多弯路，迅速地成长起来；老教师也能接受新的教育教学理念和掌握现代化的教学手段。在这样的教研活动中，大家学会了合作、学会了共享，充分感受到团结协作的巨大魅力，也充分感受到集体备课活动不再只是形式，它实际是我们教师内心的需要和渴求。

教研组长协助教导处完成各项教育教学工作，工作中起到榜样示范作用，确保教导处的教学、课堂、评价等各项要求得到贯彻落实，对于教导处的临时性工作、任务不推诿，按时并高质量地完成各项教育教学工作。每学期初，各教研组长根据校长室、教导处对本学期教研活动的要求，结合本组的实际情况，在一周之内制定好本学期的教研活动计划。教研组长要组织日常教研活动，组织教师钻研教材，研究教法，认真搞好个人备课与集体备课，提高课堂教学质量，并组织本组的学习活动。充分发挥教研组的研究功能、指导功能、培养功能、服务功能、管理功能。根据教师的具体情况，对教师进行阶段式培养，按照新教师—青年教师—骨干教师—名师的成长阶段，让每个老师在自己的岗位上发挥活力。

为促进教师快速成长，在学校领导的大力支持、教导处的指导下，各教研组开展了各色各样的教研活动。在全校型的学术节活动中，老师们深入研究，扎实落实，有效提升了教师的专业素养。为开拓教学研修的新模式，加强校际交流，推广教学经验，促进教师的专业成长，整合校际教研力量，创新交流平台，促进教育均衡发展，教研组启动校际连片教研活动——语文组与合肥市翡翠学校联盟教研，数学组与一六八玫瑰园学校东区联盟教研。此外，教研组还开展各种高端活动，把名师名家“请进来”，让老师们“走出去”。

开展层次化、阶梯式的教研。六安路小学翠微分校的老师们在学校教导处的组织下，线上聆听全国优质课，如线上观摩华东六省一市课堂教学研讨活动、线上观摩和美课堂、聆听温州市教育评估院专家王旭东的作业设计讲座等。组织老师们参与各级各类市区级教研活动，如区级骨干教师培训，“请进来、走出去”送教活动。同时还进行校际联动，作为集团校的分校，本部与我们“青蓝”结对，共促成长。在校内，骨干教师引领示范，师徒“同课异构”，团队合力，同伴互助，让老师们的专业能力得到发展。

1. 读书节活动

习近平总书记指出：“一个人遇到好老师是人生的幸运，一个学校拥有好老师是学校的光荣，一个民族源源不断涌现出一批又一批好老师则是民族的希望。”读书是促进教师成长的重要途径。教师的成长，需要高品位阅读的滋养；教师的专业发展，需要经典著作的引领。为提高全体教师的文化素养，促进教师的专业发展，学校开展读书节活动。为确保读书节活动的扎实开展，学校各个教研组提前确立阅读书目，并制定了切实可行的活动方案，对读书节活动的指导思想、活动意义、具体要求等进行了详细说明。倡导全体师生积极参与到读书节系列活动中，让校园溢满书香。“腹有诗书气自华”，我们在纸页间，感知跨越千百年时空的同声共鸣，将书中的大千世界都化为自己的精神食粮，让阅读成为一种习惯，让读书成为一种追求！

2. 学术节活动

学术节作为我校高质量教研的名片，对于支撑、引领我校教学教研内涵式发展十分重要。“双减”背景下，课堂教学是提升教育质量的关键，改进课堂教学是深化课改的必经之路。在区域教育内涵发展策略引领下，合肥市六安路小学翠微分校开展了一系列内涵发展项目的实践与研究。为总结和推广已有的成果和经验，进一步推动课堂教学改革，整合各方力量，聚焦教育改革重点问题，学校在报告厅隆重举办以“优化作业设计　完善育人评价”为核心内容的学术节活动。同时，基于新课标的要求，在“以科研课　文化铸魂　学术领航”主题引领下，各学科分别开展“领悟新课标　践行新理念”“重建目标样态　关联生活事实”等形式多样的学术节活动。

每一次的学术节，举全校之力，汇全校精英，以学术性、广泛性、多样性、实践性为特点，聚焦高效课堂、作业设计和考核评价，撬动发展引擎。独学而无友，则孤陋而寡闻；勤学而交流，则博学而睿智。交流是知识保持鲜活的法宝，交流是学术不断创新的阶梯，学术节会继续带动教学教研的前进和发展。学术节走过的时光，一路沉淀，是教师教育教学实践与智慧的沉淀，更是我校教师一边脚踏实地、一边仰望星空的执着与追求。

3. 学科节活动

为全面提升学生的综合素养，激发学生的学习兴趣，调动学生的积极性，培养学生积极思考、动手实践、自主探索、合作交流的能力，培养应用与创新意识，建立自信心，我校连续开展了七届缤纷多彩的学科节活动。每届学科节活动为期一个月，坚持全员参与、点面结合，让不同层面的学生都在活动中得到不同的发展。教导处、学科组老师为本届学科节制定了周密的计划，各个年级开展了丰富多彩的学科活动，有朗朗上口的国学经典诵读活动，有五彩斑斓的画作分享，有激情洋溢的红歌演唱，有精彩别致的创新制作，还有脑洞大开的科技创想……每个学生在知识的海洋里畅游，在博大的学科王国中乐学、会学，收获良多，意犹未尽。生活是多彩的，成长是美丽的。学科节中一个个精彩的活动，充满着学生们的创意和智慧。在学科节活动中，师生共成长、同进步。每一次的学科节活动，让学生感受学科知识的无穷魅力，在快乐学习的同时，为学生更好地掌握学科知识搭建了舞台。通过多元化的展示形式与评价方式，以及跨学科的整合，学科节活动培养了学生的综合素养。

4. 无纸化考核

期末考核是对一学期学习成果的检验。在“双减”背景下如何突破纸质化考核，全面落实课程目标，促进学生学习素养稳步发展，提升学以致用的能力？合肥市六安路小学翠微分校的教师们在校领导的带动下多次研讨考核方案，制定了以“童心向太空，共筑航天梦”和以“走进西游，弘扬经典”为主题的趣味性非纸质化考核方案。

从前期孩子们自主动手准备活动的服装和道具，到活动过程中积极参与，孩子们在探索中学习，真正成了学习的小主人。考核中，自信洪亮的声音、正确流畅的表达、条理清晰的讲解……我们看到孩子们散发着自信耀眼的光芒。在“双减”背景下，如何减负不减质、优化课堂教育教学、提高作业设计水平，保证每一个孩子有所学、有所获，让孩子们全面协调健康成长，还需要不断探索。

二、收获与成长：学校整体教学科研成果丰富

“作业是学校教育教学工作的重要环节，是课堂教学活动的

必要补充。”为贯彻落实“双减”工作有关要求，各校注重作业与课堂相结合，优化作业布置，优化作业批阅，优化作业指导，优化作业管理，切实减轻学生过重的作业负担。同时，各校依据校情，创新管理，出实招、硬招，严格落实“双减”要求。作业设计大赛是“双减”政策背景下全面贯彻新课程理念、提升教师教学素养、实现课堂减负增效的积极探索，对于充分发挥作业的诊断、巩固、学情反馈乃至育人等功能具有重要的意义。

在作业设计大赛中，我校老师在校领导的带领下取得可喜成绩。数学、英语、美术、科学和体育共 5 个学科获得市级一等奖 6 人次，数学组获得安徽省一等奖第一名的好成绩。作业设计大赛是学校落实“双减”政策的具体体现，也是促进教师专业成长的一次学习机会。从控制作业总量到提升作业质量，从丰富作业形式到改进评价指标，分层作业、弹性作业、个性化作业、实践性作业以及跨学科综合性作业纷纷涌现，充分体现了作业的趣味性、层次性、开放性、创新性和可操作性，尊重了学生的身心发展特点、认知规律和个性差异，作业设计朝着内涵化、深度化方向发展。

我校以单元作业设计比赛为契机，以课堂教学改革为突破口，以作业设计为抓手，以提高教师解读教材、活用教材的能力为方向，以减负增效、提升师生素质为目标，强力锻造义务教育高质量发展内核，全面推进义务教育优质均衡发展，全面提高学校教育教学质量，以昂扬姿态迈入教育发展新高地，助推“双减”落地生根！

随着我国对教育的重视程度越来越高，教育改革不断进行，改变传统教育模式势在必行。教育信息化是指教师在教学的过程中借助现代信息技术作为教学手段，丰富教学方法。在使教学过程优化的同时，提升学生的课堂体验，使学生能够通过现代化的教育方式得到更好的教育，从而培养和提高学生的信息素养。2022年，我校自主申报，经各级教育行政部门遴选推荐、材料评审、视频答辩、上网公示后，成功入选“网络学习空间应用普及活动优秀学校”，系合肥市唯一入选学校。

我校一直以来都十分重视教育信息化工作，希望能够以教育信息化助力实现教育现代化。在空间平台应用方面，我校依托全国中小学智慧教育云平台、安徽省皖教云平台、合肥市教育云平台、合肥市课后服务选课平台和学校钉钉办公平台，积极探索教育信息化与智慧管理、智慧教学有效融合的基本模式，积累了丰富的经验和素材。经过数年来的持续推进，学校基本形成了师生人人有账号、人人用平台的可喜局面。

目前，学校已初步形成了以国家、省、市平台为主，其他信息手段为辅的线上教学模式，为教师的授课和学生的学习提供了多样的教学方法和优质的学习资源。

近年来，六小翠微广泛开展师生信息素养提升实践活动，组织教师参加混合式教学、在线课程制作等教师教学技能提升培训活动，鼓励教师参加教学创新大赛、微课教学比赛、线上教学比赛等，校内教师获市级以上奖项的数量不断攀升。其中，方寅荣获第十八届全国小学信息技术与教学融合创新优质课一等奖，刘婷婷、傅世秀等的《希沃交互智能平板常见问题处理》在第二届全省中小学信息化设备运维服务微视频评选活动中荣获一等奖，范玲玲荣获信息化大赛课件省一等奖，杨梅和张倩的微课荣获合肥市一等奖，孙晶获得安徽省优质课一等奖。除了我校老师获得诸多荣誉，我校学生也取得了许多好成绩。其中，唐文昊、毛子健、周高驰在 2020 年获得合肥市第十二届青少年机器人竞赛一等奖。我校学生参加 2023 年合肥市青少年信息学科普日活动，荣获小学组团体一等奖。通过教学整合，以此调动学生的积极性，激发其创造性，达成培养学生创新能力的目标，这也是教育信息化最核心的内容。

第六章

家校协同汇聚合力

——翠微家校育人机制微探索

家校共建共育是学校现代化管理中不可或缺的重要组成部分，也是新时期学校提质增效的重要途径。合肥市六安路小学翠微分校以学生全面发展为目标，以学校、家庭和社区三个场景为载体，以学校三级家委会和家长学校为组织主体，探索家校共育机制，汇聚各方教育资源，形成了新时代校、家、社协同育人新模式，有效促进学生全面、健康发展。

在进行充分的调查研究的基础上，合肥市六安路小学翠微分校将家校共育工作落实到三个方面：第一，组建领导管理小组体制，突出三级家委会自我管理机制，完善家长学校发展方案，保障家校共育的组织机制健全。第二，开发科学合理的共育指导课程，针对教师和家长分别设计。引导教师先行一步，让每一位教师都参与家访活动，在理论和实践过程中积累家庭教育指导的方法，激活家长的主动性和内驱力，让其共同成为家庭教育的参与者和建设者，赋予家庭教育课程连绵不断的生命力，让家庭教育持续升温和奏效。第三，注重教育生态的营造。合肥市六安路小学翠微分校聚焦学生核心素养培育，在落实家校共育计划的过程中，探索建立了家一校一社“三位一体”的教育生态，使得教育各相关方的人心得到凝聚、智慧得到汇聚、资源得到集聚，和谐、安全、优质、健康的育人生态能促进学生更好地学习与成长。

第一节
目标引领，搭建家校合作共育框架

要让家校合作富有源动力，首先要做好顶层设计。合肥市六安路小学翠微分校准确定位家庭和学校在家校合作过程中各自的角色和职能，从管理机制、课程建设、实施途径、信息保障、评价反馈五个方面入手，构建了家校合作共育框架，帮助家长形成正确的教育观念，掌握科学的教育方法，形成积极的合育意识，学会有效的合育方法。

一、建立运行高效的共育管理机制

抓好家长学校的建设是学校德育工作的重点。学校领导高度重视家庭教育工作，成立以校长、书记为组长，副校长为副组长，年级主任为组员的家庭教育领导小组，每学期召开两次家庭教育专题工作会议。此外，每学期校长室都将家庭教育工作纳入学校工作计划，加强对家长学校工作的指导。少先队每学年都制订专项工作计划，使家长学校工作有计划、有步骤、有内容，以减少此项工作的随意性和盲目性。

二、开发科学合理的共育指导课程

1. 深入开展家校共育需求调查

针对不同年龄段、不同个性特点的少年儿童，不同教育经历的家长，不同经济状况的家庭，通过问卷、观察、家访等形式，开展广泛深入的调查，分析存在的问题，找准共同点与不同点，为家校共育指导课程的研制提供理论基础。

2. 合理设置家校共育课程结构

家校共育指导课程包括两个方面：一是针对学校及教师的指导课程，我校积极组织教师参与家庭教育指导师的培训，提升教师的基本素养；二是直接针对家长的指导课程，比如我校定期开展的家长学校线下主题讲座和线上讲座。针对学校及教师的指导课程，目的是指导学校及教师有温度、有效度地开展家校共育工作，提高学校及教师在家校共育中的主导力与指导力。而直接针对家长的指导课程，就是为了让家长树立正确的家庭教育观念、拥有丰富的家庭教育知识、具备较强的家庭教育能力，进而突出家长的主体责任。

三、开创契合实际的共育实施途径

1. 拓宽枢纽联动实施路径

作为一个实践系统，除了管理中心以外，在实践中必定需要一个核心场域来予以共育实施。在家校共育体系中，学校直接面向家长或未来的家长，鉴于其社会分工的特殊价值，理所当然应承担起枢纽平台的作用。在学校的枢纽平台承载下，构建家—校—社信息联动体系，让管理与联动能量在学校的枢纽平台中发挥更大功效。

2. 用活共育共建共享策略

家庭教育指导课程与基础教育学生学习课程有本质区别。家庭教育指导对象是具有丰富生活经验的各行各业劳动者，只有充分发挥他们的主观能动性，明确他们在家庭教育和家校共育中的主体责任者身份，才能不断优化指导策略与方法。对此，我校进行了深入的探索，形成了较为有效的共建共享策略，让家长各取所长，相互交流，共享家校共育的实践经验。如我校定期开展家长进课堂、家长开放日等活动，创建有效交流的物理空间，招募富有经验、乐于分享的家长成为主力学员，以点及面建构家长成长共同体，带动更多家庭实现多方平等交流，充分利用家长资源。

四、提供全面有力的共育信息资源保障

在家校共育工作实施过程中，信息化手段是必不可少的保障条件，其使用是家校共育工作达到高质量水平的标志之一。我校的学校微信公众号、班级微信群、班级 QQ 群、学校宣传栏、校长信箱等，都能为家庭教育指导服务工作和家校共育工作提供及时、急需的信息，让家校共育意识、家庭教育新观念得到更广泛的传播，为教师和家长的终身学习提供信息资源保障。

五、进行准确及时的共育成效评价反馈

为了对学生的成长、家长及家庭的发展和区域社会的变化开展评价，分类设置评价指标，突出关键性指标，我校制作了家访记录单、家长开放日活动家长意见反馈表、家长会反馈意见表、家长进课堂记录表、家庭教育个别指导档案记录表等不同内容的表格来及时获取共育过程中的反馈信息，从而让家校共育进入螺旋式良性发展的轨道。

第二节
多维保障，提升家校协作效果

合肥市六安路小学翠微分校的家校协作以学校为主要场域，由学校扩散到家庭，再到社区，营造良好的育人生态。学校鼓励教师进行家访；指导、组织家长由幕后走向台前，参与对学生的管理；链接社会资源，扩大学生学习、实践的半径。学校从参与机制、对话机制、资源机制三方面发力，用创新激活家校协作的能量，让家校协作有内容、有实效。

一、参与机制

1. 家长委员会

2012年，教育部发布了《关于建立中小学幼儿园家长委员会的指导意见》，要求中小学和幼儿园成立家长委员会。家长委员会成员来自本校的学生家长，目的是增进家长与教师、家长与家长、家长与学生之间的沟通，同时也为了支持和监督学校各项教育教学工作的顺利开展。家长委员会应在学校和家长之间扮演“沟通桥梁”的角色：将家长的意见和诉求反馈给学校，把学校的“最新动向”转达给广大家长。

建校八年以来，六安路小学翠微分校努力尝试通过组建家长委员会，行使家长委员会的职能，来带动、组织、协调学生家长，充分发挥家长的积极主动性，让家长参与到学校的教育和管理中来，形成有力的教育合力。为辅助我校家长委员会的组建工作，规范家长委员会职能，真正让家长委员会发挥作用，学校少先大队制定了详细的管理办法和完善的管理机制。

（1）加强对家长委员会的指导

学校加强对家长委员会工作的指导是家长委员会正常履行职能的保障。学校应根据教育教学的实际情况，制定指导家长委员会的工作计划和工作发展规划，坚持依计划完成工作，保证逐项落实。学校成立家长委员会的工作指导小组，加强对家长委员会工作的指导和检查，及时发现问题，指导解决问题，将家长委员会的工作实实在在地开展起来。

（2）制定家长委员会章程，明确家长委员会的性质与职责

学校的家长委员会应该在校领导的指导以及相关处室的协助下开展工作，需严格制定家长委员会的组织章程，明确家长委员会的宗旨、成员的权利和义务等。家长委员会的性质决定了其主要职责，包括参与学校监督和管理、参与学校教育教学工作以及组织家长协助学校做好家长工作等。

（3）健全家长委员会的组织管理体系

学校在校级家长委员会的基础上成立年级家长委员会、班级家长委员会，建立起学校内部的组织结构体系，明确分工，

层层落实，共促家长委员会工作的顺利开展。

目前，学校成立了高素质家长委员会，构建了一支班级、年级、学校三级联动的家长委员会队伍。我校家委会不定期举行课外集体活动，为学校和班级的各类主题活动提供多方面的服务和支持。

2. 家长学校

2004 年《关于进一步加强和改进未成年人思想道德建设的若干意见》和 2010 年《国家中长期教育改革和发展规划纲要（2010 — 2020 年）》均明确指出："家庭教育在未成年人思想道德建设中具有特殊重要的作用。"习近平总书记明确指出："家庭是社会的基本细胞，是人生的第一所学校。不论时代发生多大变化，不论生活格局发生多大变化，我们都要重视家庭建设，注重家庭、注重家教、注重家风。"2015 年《关于加强家庭教育工作的指导意见》明确提出："共同办好家长学校。中小学幼儿园要把家长学校纳入学校工作的总体部署……设计较为具体的家庭教育纲目和课程，开发家庭教育教材和活动指导手册。"由此可见，家庭教育的推进是国家高度重视的一项工作。

自 2022 年 1 月 1 日起，《中华人民共和国家庭教育促进法》正式实施，这是我国首次就家庭教育进行专门立法。为了进一步宣传落实家庭教育促进法，探索新型的家校共育模式，合肥市六安路小学翠微分校及时举办主题为"落实家庭教育促进法共促学生健康成长”的家长学校培训活动。我校孙晶校长就“家庭教育促进法”和“双减”这两个教育热门话题进行深度剖析，并围绕如何进行“家校携手，共促孩子健康成长”的问题给参会家长们做了教育策略上的指导和建议。

家长学校在普及家庭教育知识，促进学校、家庭、社会的协作教育中发挥着重要作用，是学生健康成长过程中的一个重要环节。我校家长学校的开展是围绕以下两个方面来进行的。

（1）组建家长学校的讲师队伍

为了确保讲师的教学水平，我校家长学校的讲师队伍由多种人员构成，包括校外家庭教育讲师、学校德育处负责老师、学校专职心理健康教师、经验丰富的优秀班主任和教子有方的家长等。在选择讲师时，以校外专业的家庭教育讲师为主，学校老师和家长为辅。

（2）科学选择合适的家长学校教学内容

我校家长学校的讲授内容主要围绕本校不同年龄段学生的身心特点，考虑家长的具体需求，讲座内容与本校的实际案例相结合，且在讲座过程中对家长提出有可操作性的具体要求，力求让家长学有所得，并能学以致用。目前，我校的家长学校讲授内容主要分为三部分。

教育观念篇：如何引导孩子把握人生美好时光、如何指导孩子学习、如何培养孩子的家庭意识和责任感、如何处理与孩子的关系。

个人修养篇：如何进行青春期性教育、如何进行青春期生理健康保健、如何了解青春期的心理。

教育能力篇：如何正确对待孩子的交往、如何帮助孩子抵制不良嗜好、如何引导孩子正确消费和审美、如何教育孩子合理使用现代媒体、如何营造和谐的家庭环境。

经过家长学校课堂的系统的学习，家长增强了家庭教育责任感，家校之间的沟通更顺畅、合作更愉快。同时，家长掌握了更多、更科学的家庭教育方法，家庭氛围也得以改善。

3. 家长进课堂

为更好地架设学校、家庭、社会沟通的桥梁，促进我校教育事业的持续发展与教育形象的全面提升，全面展示我校的办学特色、校园建设以及师生的良好精神风貌，全面实施素质教育，创设和谐育人氛围，提升学校的社会影响力，我校组织家长进课堂活动。让家长走进教室，关注教育，走进学校，参与评价，增进家长对学校管理、教学质量以及学生在校学习、生活情况的了解。

学生家长来自不同的行业，从事着不同的职业，他们中还不乏行业的精英、道德的模范，有着丰富的人生阅历、广泛的兴趣爱好，这是每一位学生身边最宝贵的资源。为了让学生们近距离地接触生活、亲近生活、感受生活，获得更多的课外知识，拓宽视野，在学习中理解生活的真谛，养成良好的品德，学校邀请学生家长走进我们的课堂。

六安路小学翠微分校将每月最后一周周一下午的班队课时间作为家长进课堂的活动时间，并对家长进课堂活动有具体的要求。

首先，家长向家长委员会负责人报名确定排序，每月一次轮流授课。其次，家长要在月初告知班主任讲课的主题、内容，并提供课件。再次，家长要在家先给自己的孩子试讲，控制讲课时间在 30 分钟左右，内容要符合孩子的认知水平，尽量生动有趣。最后，班主任全程参与活动，帮助家长组织课堂教学。

4. 家长护学岗

设立家长护学岗的目的是为了维护并进一步建立校园安全稳定的长效机制，保障学生的安全，将家长和学校链接起来，既增强了校园安全，又能为学生创造更好的学习环境，帮助学生快乐健康成长。

（1）用创新激活家长力量，轮班制覆盖广大家长

在孩子上学期间，家长们每天都要在学校门口接送孩子，有些家长甚至会提前半个多小时在学校门口等待孩子放学。设立家长护学岗可以将家长的这些空闲时间利用起来。放学时孩子多，校门口车流密集，家长通常接送完自己的孩子便离开，但这样会造成校园门口拥堵。设立家长护学岗便可以充分发挥家长志愿者的作用。建立家长轮岗制度，不但能间接提醒来校

家长规范停车，让孩子正常通行，也可以防止社会闲散人员进入校园，帮助提升学校的安全度。

家长护学岗设置轮班制，家长根据时间自愿报名参加，这样可以让更多的家长参与其中。这是探索家校联动的又一举措，这种形式将更有效地唤起家长们维护交通秩序和学生安全的责任感，为优化学校周边环境，建设平安、畅通、和谐的校园奠定坚实基础。

（2）让家长走到台前，深度参与学校管理

《中共中央国务院关于深化教育改革全面推进素质教育的决定》指出："学校、家庭和社会要互相沟通、积极配合，共同开创素质教育工作的新局面。"国家教育主管部门已经意识到了家校合作在现代教育中的重要作用与地位，把家长和其他有识之士纳入学校合作伙伴范围之内，形成社会教育、家庭教育、学校教育和谐共育的局面，已是大势所趋。

六安路小学翠微分校遵循"以人为本""自愿量力"的原则，充分利用家长资源，发挥家长的个人能力，发动广大家长积极参与到学校的各项教育教学活动中。家长志愿者组织是协助学校开展教育教学工作，协调家庭、学校与社会关系的组织，其工作职责主要包括以下方面。

第一，辅助学校进行日常管理。学校管理主要在两种情况下缺乏人手：一是上学、放学期间的安全护学；二是学校举行或组织各种典礼仪式、运动会、校外实践活动、外出研学旅行时的相关保障。充分发动家长志愿者，可以使原本让教师头疼的管理环节更加安全。

第二，参与学校管理工作。家长志愿者不仅可以辅助学校进行日常管理，还可以协助学校对管理制度进行制定和完善。学校在制定一些管理制度的过程中积极听取家长志愿者的意见，积极开门纳谏。在制度制定和宣传阶段集聚家长志愿者的力量开展调查研究，利用家长志愿者的力量积极宣传学校政策。

5. 家长开放日

家长开放日是学校面向家长进行的展示学校教育教学成果、密切家校联系的一种活动。目前我校家长开放日的开展形式是分批次让学生家长来学校聆听教师的讲课，目的在于让家长深入了解自己的孩子在学校的表现情况，了解教师的讲课水平，增加学校办学的透明度。

六安路小学翠微分校的家长开放日内容丰富，形式多样。家长开放日既是家长走进学校获得丰富体验的一次机会，也是家校合育的综合性活动。家长的参观、交流、对话、咨询、思考等是活动的明线，暗线是学校的展示、答疑、宣讲等。活动主要围绕办学特色、成果展示、品牌项目、师生风采、先进理念、焦点问题、家校关系等展开。

二、对话机制

1. 家访

家访是学校教师与学生家庭沟通情况、密切联系，指导家长开展家庭教育的一项常规性工作。家访是指导家长提高家庭教育能力、形成家校合作共育、助力孩子健康成长的有效方式，是提高学校教育水平与家庭教育水平的重要途径。

家访也叫家庭采访、家庭访问、家庭拜访。家访是“到家的因材施教”，为了解决“家庭教育问题”。家庭教育的实施者是学生家长，家访是为了学生的健康成长，因而既要“访学生”，更要“访家长”。

多年来，六安路小学翠微分校的家访活动在持续开展中不断完善，概括来说，主要有家访前、家访时、家访后这三个环节。

（1）家访前：做好“二准备”

第一，班情分析，整理归档。我校要求班主任每接到一个新班，不仅要拿到全班学生的纸质档案材料，也要整理好电子材料，以便分析学生的家庭教育背景，掌握学生家庭成员的结构、父母从事的工作、家庭居住的环境等。准备好有关学生的各种材料，这是做好家访工作的首要条件。

第二，教师联手，齐心协力。班主任是家访的主心骨，家访前选择一位熟悉学生的科任老师，制定家访计划，利用家访记录单提前思考家访问题。

（2）家访时：做到“四注意”

第一，注意自己的言谈举止、仪态、仪表；第二，注意避免流于形式、走过场；第三，注意不偏离主题、有名无实；第四，注意家访要面向全班学生。

长期以来，许多班主任总是在学生出了问题之后才去家访，这造成学生及家长的误解，认为家访往往与“告状”同名。这种做法不仅会损害家长、学生的自尊心，使家长、学生对家访产生恐惧心理，而且还会给今后对学生的教育带来极大的困难，这是极不可取的。因此，六小翠微的班主任家访一直是面向全体学生，做到以三年为一周期，将面对面家访普及到全体学生，使全体学生共同进步。

（3）家访后：做到“二反馈”“一建档”

家访结束，并不代表整个家访工作就完成了。家访是否达到了目的，还应在以后的时间里观察学生的反应和表现。家访后班主任要做到“二反馈”，即请家长及时将家访后学生在家里的表现情况反馈回来，将家访后学生在校的表现情况及时反馈给家长。

同时，班主任要建立每一个学生的家庭教育档案。每个学生一个档案，里面包括学生的家庭结构、父母的信息、学生存在的主要问题、家庭教育指导内容以及对应的教育效果记录。

总而言之，家访工作是一项重要的教育工作，班主任只有把握好以上三个环节，才能与家长达成教育共识，形成教育合力。

2. 家长会

《教育百科辞典》对家长会有明确的解释："家长会是班主任对学生家长集体工作的一种基本形式，它是学校和家长互通信息、统一思想和认识，共同对学生进行教育的主要形式。"家长会是家校合作的重要且常见的方式，是家长和教师相互沟通的高效通道。家长会让家长和教师面对面地直接接触和交往，对家长和教师的关系发展起着重要的作用。

六安路小学翠微分校的家长会秉持以家长为主体的原则，坚持家长和教师的交流促进学生健康成长的基本理念，将家长会打造为具有组织性、主体性、互动性、目的性的交流渠道，促成学校和家长的双边沟通，聚集这两大教育主体的合力，同心同德，群策群力，共同促进学生的成长。

学校的家长会根据不同的需求，可有多元化的形式，如新生入学之前的新生家长会、学生毕业之前的毕业班家长会、学期过半各班级老师针对学生的阶段性学习情况与家长沟通的介绍沟通型家长会、疫情期间的线上家长会等。

（1）新生家长会

一般来说，学校的招生工作会在每学年暑假时完成，这就意味着新学期开学前已经具备了召开一年级新生家长见面座谈会的基本条件。在家长会上，学校以家长学校的名义现场对家长进行问卷调查，了解一年级新生的家庭基本情况。同时，在新生家长会上学校将安排教师介绍小学与幼儿园在管理、课堂等方面的差异，使家长重视自己角色的转变，以便引导家长正确认识幼小衔接的重要性，少走弯路。

（2）毕业班家长会

六年级学生在毕业之前学校都会召集他们的家长开毕业班家长会。毕业班不同于其他班级，家长要配合老师帮孩子培养一种紧迫的意识。家长要知道怎样面对孩子紧张的学习心理，要多给孩子鼓励和教育，鼓励孩子要有勇于克服困难的意识，教育孩子要有理想、有目标、肯吃苦。

（3）介绍沟通型家长会

通过班主任对本校情况和学期工作的介绍，学科教师对学生学习情况和学习经验的介绍，家长更加了解学校和班级的情况，这有助于家长认同学校文化、班级文化，与学校共同落实相关教育措施。

（4）线上家长会

2020 年以来，受各种因素影响，学校无法大规模开展线下的家长会活动，此时线上的家长会就成了家长和老师、学校及时沟通对话的通道。线上家长会信息量大、反馈及时、操作方便，家长之间、家长与教师之间可以随时交流。

家长会不是“你说我听”的单向信息传递活动，家长和老师都可以在不同形式的家长会上分享自己感兴趣的话题和想法，从而在头脑风暴中达成教育共识。在六安路小学翠微分校一直以来开展的多元化的家长会中，我校教师一直有意识地把时间和空间让给家长，这提升了家长在教育孩子问题上的主人翁意识和主体地位，让他们成为家长会的主角。这样家长们可以在参加多元化家长会后拓宽对孩子的关注角度与视野，参与到班级的教育工作中来，有利于教师和家长的沟通，有利于学校和家庭的合作，将家校对话的积极效果放到最大，把家长会真正建成为家校共育的桥梁。

3. 家庭教育个性化咨询

对大部分家长来说，学校是家庭教育知识获取的重要平台，孩子的老师就是自己家庭教育问题的首要咨询对象，学校教师的意见和建议直接影响了家长的家庭教育行动。也就是说，学校教师承担着家庭教育指导老师的角色。六安路小学翠微分校整合学校已有的师资力量，为需要的家长提供个性化家庭教育咨询。家庭教育指导的对象是家长而不是学生，关注点在于家庭教育问题而不是学生的行为问题。教师在家庭教育个性化咨询过程中要注意了解学生所在家庭的家庭教育状况，对家庭教育的核心问题，采取有针对性的措施，为家长提供对子女进行有效教育的知识和方法，帮助家长提升家庭教育的水平。

（1）家庭教育个性化咨询的目标

学校一向主张个性化咨询需呈现问题，但不指责、不抱怨学生和家长。教师对家长给予指导，但不是单向的输出、输入，教师并不能越过家长直接对学生进行家庭教育，家长在个性化咨询过程中享有主选择权和决定权。学校教师在提供家庭教育咨询服务时，要引导家长聚焦家庭教育问题，用正向的、朝向目标解决问题的积极观点，来促成家庭教育行为的改变。

学校教师进行家庭教育个性化咨询的出发点和落脚点是提升家长的家庭教育能力，具体可以说是协助家长达成以下三个目标。

第一，掌握科学的育儿知识和方法。家庭教育个性化咨询最基本的目标就是帮助家长分析孩子的行为，准确感受孩子的心理，正确寻找孩子的真实需求，换言之就是了解孩子。孩子的生理健康情况、认知发育情况、家庭情况、伙伴交往情况等各方面都与学习相关，教师要帮助家长从更全面的角度了解孩子，帮助家长掌握科学的育儿知识和方法。

第二，唤醒自身的家庭教育主体意识。唤醒家长自身的家庭教育主体意识，不仅有助于解决家庭教育问题，而且有助于让家长走向家庭教育能力的自我提升之路，促使家长主动寻求家庭教育咨询，主动借助更多的渠道（父母公益讲堂、家长学校以及各种有关家庭教育的书籍、报刊）得到家庭教育指导。

第三，建立和谐的亲子关系。家长真诚地与孩子进行沟通，将会有效减少双方的矛盾，也有利于解决矛盾。和谐的亲子关系是保障家庭教育质量的前提，也是家庭教育高质量的充分体现。

（2）家庭教育个性化咨询的后续跟踪及建档

家庭教育个性化咨询往往会几经反复，不会一次轻易成功，所以教师要及时对咨询效果进行评估以便调整，使咨询更具针对性。为此，我校专门制定了家庭教育咨询跟踪档案表，将该表交由咨询的家长填写。跟踪的目的是促进家长转变教育思想，更新观念，真正掌握家庭教育的科学方法，并在实践中正确运用。

此外，我校教师还会采用不定期回访的方式对咨询效果进行跟踪，以便更深入有效地帮助家长解决在家庭教育中遇到的问题。

（3）培养家庭教育个性化咨询的师资力量

教师肩负着教学与教育的双重责任，教师要对学生进行教育，也要为家长提供家庭教育指导。教师与家长之间的沟通是必不可少的，教师要及时了解和反馈学生的思想状况；当家长有家庭教育困惑时，教师也需要进行家庭教育指导。进行家庭教育指导最直接、最基础的方式就是个性化咨询。

想要在家庭教育个性化咨询中达到预期目标，教师需要具备多种能力和素质，这就要求教师掌握一些必要的知识和咨询技术。六安路小学翠微分校办学至今，已有两名专职心理健康教师，并配备有专业的心理咨询室。但对全体学生和家长来说，远不够满足咨询需求。所以自 2019 年起，学校每年都会安排几名老师对其进行专业的家庭教育指导师的培训，目前已经有十几名老师获得家庭教育指导师的培训合格资质。

家庭教育工作离不开一支专业的家庭教育教师队伍。本学年我校通过推荐老师参加家庭教育培训、聘请家庭教育专家来校开办讲座等途径，提高教师对家庭教育的认识，为家长对孩子的科学教育提供助力。同时，学校努力挖掘社会资源，邀请一些家庭教育专家为家长开办讲座，更新家长的家庭教育观念，提高家长的家庭教育水平。

班主任是家长学校工作的主要力量。我校经常对班主任开展业务培训，利用班主任会组织班主任学习家庭教育理论，以充分发挥班主任在家长学校工作中的主导作用，确保学校家庭教育指导与实践活动的正常开展。

三、资源机制

社会是人成长的宏观系统，每个人无不受其影响。社会的影响不仅直接作用于每个人，也作用于家庭和学校。加强家校合作共育，在某种程度上可以说是帮助改善育人环境。因此，开展家校合育，不仅要充分考虑社会因素，更应该将社会教育纳入家校合育的范畴之中，充分利用社会上的各种教育资源，真正构建学校—家庭—社会“三位一体”的良好教育生态。和家庭教育、学校教育相比，社会教育在属性、内容、形式上要复杂得多。

校外教育是学校和家庭之外的教育形态，校外教育本质上又等同于社会教育，是指在学校以外的广阔的时间和空间里，学生通过社会文化教育机构和丰富多彩的社会政治活动、科学技术活动、公益劳动、社会服务、文化娱乐活动、体育活动以及个人的课外阅读、自我服务等所接受的教育。

六安路小学翠微分校一直致力于加强学校与社会的合作，将优化学生成长环境落到实处。

1. 社会资源进学校

构建良好的教育生态，需要学校敞开大门，吸收各种社会资源。社会资源进学校主要有下面两类方式。

第一类，学校开设课程，校外人员或机构参与实施。课程是实现教育目的的根本路径，国家根据教育的根本目的和任务制定课程制度，学校根据国家课程方案以及本校的具体情况，在完成国家课程的基础上可以进行能动性的改造。过去，课程的实施主要依托学校的资源，包括师资、场地、设备等，但学校的资源再充足，也不可能从根本上满足教育的需要。社会教育资源进入学校的主要路径是，学校开设课程，根据实际情况邀请社会“五老”、相关专业人士、家长志愿者等担任学校的“编外教师”，或者学校委托相关机构为学生授课。比如，开设安全教育课程，邀请消防人员来授课；开设预防疾病课程，邀请相关医疗机构的人员来授课；开设环境保护课程，邀请环境保护机构的相关人员来授课。上课的形式多样，提倡让学生担任实验助手、承担任务，或者直接观摩体验。

第二类，学校课程，校社合作实施。学校开设的某些课程需要校外资源，但资源拥有者又缺乏相应的教育能力，这种情况下学校可以通过与校外教育资源合作实施相应的课程。学校可以和附近的有教育价值的机构合作，这些机构可以为学生提供观摩、实践的机会。例如，我校为了开展防火安全教育，邀请学校附近的消防站的消防员到学校进行示范指导，同时安排学生代表观摩，这就是一次生动的合作。

2. 联动社区资源开展教育

社会资源是对学校缺少的教育资源的一种非常有利的补充，具有丰富的教育意义。学校在社区的推荐下积极带领学生开展主题进社区志愿活动。例如在学雷锋活动月，为了进一步推动学雷锋活动，激发少先队员爱家乡的真情实感，我校积极与学校周边社区进行教育联动，多次开展“红领巾进社区”活动，带领少先队员们走进社区做小小志愿者，或清洁社区卫生、或关爱“合肥好人”、或车站引导行人、或整理共享单车……学校将社区能够提供的教育资源和教育渠道利用起来，助力学生的健康成长。

3. 吸纳优秀家长资源

六安路小学翠微分校充分利用家长资源，将家长可以提供的教育资源整合成资源库，扩大学生学习体验的辐射面。例如，我校有的班级的同学们在家长的资源牵引下，到电视台参与“2022 最美退役军人”颁奖活动，汲取榜样的力量；有的班级的同学们在家长的带领下前往检察院进行法律知识的学习；有的班级的同学们在家长的带领下去往消防大队，了解消防知识；有的班级的同学们在家长的引导下在安医二附院眼科部深入学习护眼知识，体验视力测试仪器，了解护眼的重要性。

综上所述，加强家校合作共育工作，深入开展合作共育研究，既是时代发展的需要，也是教育自身变革、提高公共服务水平的需要。学校、家庭各自为政的时代已经过去了，加强和改进合育工作，形成学校—家庭—社会“三位一体”的育人格局，是现代学校的责任，也是教育发展的基本方向。正因如此，六安路小学翠微分校自办学以来扎扎实实做好家校合育的每一项工作，通过家校合育，促进教育资源的不断优化，真正实现学校、家庭和社会教育的“三位一体”。

合肥市六安路小学翠微分校家长委员会章程

一、家长委员会的宗旨

团结全校学生家长，密切学校与家庭的联系，充分发挥家长对学校教育教学工作的参谋、监督作用，成为学校发展的智囊团与后盾。宣传国家的有关教育政策法规，加强学校的管理，促进学校教育改革，提高教育质量。同时，协助办好家长学校，把学校教育与家庭教育有机结合起来，提高家长教育子女的水平，实现“双合格”目标。

二、家长委员会的地位和作用

家长委员会是参与学校民主管理、对学校工作进行民主监督、督促学校依法办学、协助办好家长学校的群众性组织。家长委员会由具有各方面代表性并在社会上有威望的学生家长组成，其成员由各年级组推荐，学校研究后确定候选人名单，经家长代表大会选举产生。家长委员会具有代表性，在学校、家庭、社会三结合教育中起桥梁和纽带作用。

三、家长委员会成员的条件

1. 热心公益事业，有爱心，有正能量，服务意识强，上班时间比较灵活。

2. 了解和关心教育，懂得一定的教育规律，工作认真负责，关心学校，能对学校的教育教学和日常管理提出意见和建议。

3. 具有良好的行为表率，有比较丰富的家庭教育经验和较好的教育效果。

4. 有良好的沟通能力，能主动听取别人的意见，及时、积极向学校反映家长们关注的热点问题。

5. 能主动为学校事业的发展和改善办学条件提供一定的支持与帮助。

6. 有一定的组织能力，在家长中有一定的影响力和号召力。

四、家长委员会的产生

1. 班级家长委员会成员 3—7 名，最好是单数，由家长自愿申报，或由班主任摸底推荐，各班拟定候选人，报家校合作领导小组通过，最后经全班家长等额选举产生。班级家长委员会成立后，在班主任指导下进行分工，由校级家长委员会颁发聘书。

2. 年级家长委员会和校级家长委员会在班级家长委员会的基础上产生，由班主任推荐，在征求家长个人意见的基础上，拟定候选人，报学校行政会通过。经全校每个班级所有家长委员会成员组成的家长代表大会等额选举产生，由学校颁发荣誉证书。

3. 学校家长委员会成立后，在学校领导指导下，设置内部机构和明确分工，设会长一名，副会长两名，委员每班一名。内部机构包括：策划组织部、宣传联络部、志愿者管理部和后勤保障部。

五、家长委员会的职责任务

1. 定期召开家长委员会全体委员会议，每学期至少三次：期初商议家长委员会工作计划，期中参与筹备家长开放日、巡视食堂等活动，期末总结家长委员会工作情况。

2. 听取学校的工作汇报，充当学校工作的参谋。

3. 参与学校发展规划的制定。

4. 反映学生家长的意见和诉求。

5. 协助学校改善办学条件，解决发展中的困难。

6. 协助学校开展大型活动。

7. 发动家长尊师爱校、教育子女遵守学校规章制度。

8. 参与制定家长学校教学计划，协助开展家长学校教学活动。

9. 利用各种媒介宣传家庭教育工作突出的优秀家长。

六、家长委员会的权利

1.对学校重大活动提出意见和建议。

2.对教育教学质量、学校收费等工作进行监督。

3.对学校教学工作进行咨询及提出意见和建议。

4.对学校管理工作进行监督及提出意见和建议。

5.对家长学校章程提出修改意见和建议。

6.协助学校开展校外研学、校内研训等工作。

七、家长委员会的义务

1.宣传学校的办学方向、办学策略和办学成果。

2.向学校反馈广大家长的意见和建议。

3.对学校各项重要活动提出合理化意见和建议。

4.协调社区与学校的关系，为学校创造良好的育人环境。

5.协助学校做好后进生转化、帮扶等工作。

合肥市六安路小学翠微分校

2021年2月

合肥市六安路小学翠微分校家长委员会工作制度

一、家长委员会的宗旨：团结全校学生家长，密切学校与家庭的联系，充分发挥家长对学校教育教学工作的参谋、监督作用，成为学校发展的智囊团与坚强后盾。宣传国家的有关教育政策法规，加强学校的管理，促进学校教育改革，提高教育质量。同时，协助办好家长学校，把学校教育与家庭教育有机结合起来，提高家长教育子女的水平，实现“双合格”目标。

二、家长委员会的成员可以由家长自荐产生，也可以由学校、班级推荐产生。

三、家长委员会设会长一名，副会长两名，委员每班一名。

四、家长委员会每学期召开例会三次（期初、期中、期末）。

五、家长委员会成员任期两年，可连任，期满后在学期初重新开展选举活动。

六、家长委员会活动内容：

1. 学习教育理论，提高教育水平。

2. 听取学校学期工作计划和工作总结。

3. 研讨家长委员会工作计划及实施。

4. 参加学校组织的有关教育教学活动或大型活动。

5. 定期或不定期走进学校，对学校管理进行民主监督。

6. 反映家长的意见和建议，协助处理家校关系。

7. 协助学校开展校外研学和校内研训活动，组织班级亲子活动。

8. 协助学校办好家长学校，宣传家长育儿的优秀事迹，强化家校协调发展。

注：年级与班级家长委员会参考此制度执行工作。

合肥市六安路小学翠微分校

2021 年 2 月

合肥市六安路小学翠微分校 2023 春季学期家长学校安排

一、指导思想

现代社会的家庭教育，是指家庭环境、家庭气氛、家庭风尚给予孩子的熏陶和教养。家庭教育可以引导孩子掌握基本生活技能，指导孩子确立生活目标，形成个人理想，培养个人志趣。家庭教育能引导受教育者逐渐地懂得现实生活的意义，发展他们的各种正当兴趣和爱好。

家庭教育在培养孩子的社会角色方面也具有独特的作用。一方面，家庭教育通过影响受教育者的志趣、理想抱负、职业选择等，使他们在以后的社会生活中选择和充任一定的社会角色；另一方面，家庭又为孩子扮演多重社会角色提供了实践的舞台。为进一步加强学校、家长、社会三结合育人网络，动员社会各界尤其是学生家长与学校和老师密切配合，强化学校管理，提高办学水平，学校建立家长学校。

二、工作重点

1.加强家庭教育的宣传普及工作，引起家长的重视，获得家长的支持。

2.发挥家长学校的作用，进一步调动家长学习的积极性，使家长认真配合学校、支持学校，培养出我校的“优秀家长”“文明家长”，促进我校学生的身心健康发展。

三、具体安排

时间	主题	参会人员
三月	构建和谐健康的家庭	各班家长代表
四月	有效地开展亲子阅读	各班家长代表
五月	了解孩子阶段性的生理和心理变化	各班家长代表
六月	如何正确帮助孩子缓解考前心理焦虑	毕业班家长

合肥市六安路小学翠微分校

2023 年 2 月

合肥市六安路小学翠微分校二月家长课堂内容统计表

年级	班级	上课家长	上课主题	备注
一	1 班		爱眼科普	
	2 班		严是爱，宠是害	
	3 班		足球知识分享	
	4 班		健康知识小课堂	
	5 班		安全知识教育	
	6 班		认识我们神奇的大脑	
	7 班		责任感培养	
	8 班		关于梦想	
	9 班		彩虹知识科普	
	10 班		爱牙护牙	
	11 班		节约	
	12 班		赞美是暗室中的一支蜡烛	
	13 班		趣味磁铁小实验	
	14 班		手的卫生	
	15 班		班主任自行安排	
	16 班		班主任自行安排	
	17 班		食品安全	

（续表）

年级	班级	上课家长	上课主题	备注
二	1 班		校园安全	
	2 班		防拐防电信诈骗	
	3 班		近视防控科普大讲堂	
	4 班		电的知识	
	5 班		校园安全意识宣讲	
	6 班		安全知识	
	7 班		手工小课堂	
	8 班		理想教育	
	9 班		预防春季传染病	
	10 班		机械的设计	
	11 班		全人工光型蔬菜工厂	
	12 班		音乐熏陶	
	13 班		汽车知识	
	14 班		走进磁力的神奇世界	
	15 班		边疆少数民族介绍	
	16 班		理想教育	

（续表）

年级	班级	上课家长	上课主题	备注
三	1 班		儿童口腔保健	
	2 班		预防近视	
	3 班		安全主题教育	
	4 班		情绪激发潜能	
	5 班		班主任自行安排	
	6 班		遇到霸凌，我不怕	
	7 班		责任意识培养	
	8 班		鸟类知识宣传与保护	
	9 班		班主任自行安排	
	10 班		阅读知识	
	11 班		班主任自行安排	
	12 班		春季传染病预防	
	13 班		班主任自行安排	
四	1 班		如何高效学习	
	2 班		习惯养成	
	3 班		壮族三月三	
	4 班		面包的制作	
	5 班		终身学习、健康成长	
	6 班		我们的身体	
	7 班		如何进行时间管理	
	8 班		法律知识普及	
	9 班		为祖国振兴而发奋学习	
	10 班		新疆是个好地方	
	11 班		认识民族乐器	

（续表）

年级	班级	上课家长	上课主题	备注
五	1 班		话说《大学》	
	2 班		超声医学科普知识	
	3 班		春季传染病预防	
	4 班		可爱的祖国之走南闯北	
	5 班		春季传染病预防	
	6 班		春季传染病防治	
	7 班		春季传染病预防	
	8 班		班主任自行安排	
	9 班		我和明天有个“约会”	
	10 班		感恩父母之爱	
六	1 班		学习与梦想	
	2 班		运动损伤处理	
	3 班		班主任自行安排	
	4 班		班主任自行安排	
	5 班		班主任自行安排	
	6 班		班主任自行安排	
	7 班		班主任自行安排	
	8 班		班主任自行安排	
	9 班		药类知多少	
	10 班		班主任自行安排	

合肥市六安路小学翠微分校家长进课堂记录表

日期	2023.2.27	班级	五（9）班
家长姓名	蒯静梅	家长职业	初中教师
活动主题	我和明天有个“约会”		
活动准备	制作精美的PPT、制作有趣的视频		
活动目标	高年级离毕业的时间越来越近，很多学生对初中生活有期待，有向往，更多的是好奇。此次活动是为了让学生了解初中的生活，提前做好小升初的准备，提高学生的学习意识，提高课堂效率，为升学做好心理准备。		
活动过程	一、家长和学生互动 你了解初中生活吗？你以为的初中生活是什么样的？ 二、讲解初中生活和学习 1.初中的学科设置：初中之后要学的科目变多了，在现在的基础上又增设了很多考试科目。 七年级：语文、数学、英语、政治、历史、地理、生物、信息技术、音乐、美术、体育 八年级：语文、数学、英语、政治、历史、地理、生物、信息技术、音乐、美术、体育、物理 九年级：语文、数学、英语、政治、历史、地理、生物、体育、物理、化学 2.学习方法：这么多的学科，会有很多的作业，我们如何缓解学业压力呢？最重要的就是找对学习方法，好的学习方法能让学习事半功倍。 课前预习、课后复习巩固、提高课堂效率、反思错误原因、设定长短目标等。 3.作息习惯：规律的作息时间能让我们保持良好的精神状态，除了良好的睡眠，初中的生活十分丰富，我们会有一些特色的课程，我们还会走出去感受大自然的美丽。 4.身心发展：成长不仅代表年龄的增长，到了初中，我们的个子会变高，身体会变壮，还有很多很多的方面在悄悄地发生着变化。		

（续表）

活动过程	自我认知强烈——自主意识增强，想要获得他人的肯定； 身体愈加强健——长高，增重； 心理复杂多样——不想被管教，急于独立，想得多，“沉默是金”…… 三、心理舒压：别紧张，成长的路上有我们。初中有快节奏的学习，也会有丰富多彩的课余生活。还有一年半的时间，希望大家好好珍惜时光，养成良好的习惯，我们在初中不见不散。
活动照片	 
活动反思	本次活动意义非凡，在了解了初中生活后，学生们非常向往初中，但是也明白了学习的重要性，懂得了只有提高学习效率，养成良好的学习习惯，才能为初中打一个好的基础。莫等闲，白了少年头，空悲切。在愉快的氛围中，学生们感慨时光易逝，从现在开始努力，为了美好的每天，从学习和生活中的每个点滴开始做起。

合肥市六安路小学翠微分校 2020 — 2021 年度第一学期护学岗志愿者安排表

时间	班级
9 月 1 日—9 月 4 日	二（1）班
9 月 7 日—9 月 11 日	二（2）班
9 月 14 日—9 月 18 日	二（3）班
9 月 21 日—9 月 25 日	二（4）班
9 月 28 日—9 月 30 日、10 月 9 日、10 月 10 日	二（5）班
10 月 12 日—10 月 16 日	二（6）班
10 月 19 日—10 月 23 日	二（7）班
10 月 26 日—10 月 30 日	二（8）班
11 月 2 日—11 月 6 日	二（9）班
11 月 9 日—11 月 13 日	二（10）班
11 月 16 日—11 月 20 日	二（11）班
11 月 23 日—11 月 27 日	三（1）班
11 月 30 日—12 月 4 日	三（2）班
12 月 7 日—12 月 11 日	三（3）班
12 月 14 日—12 月 18 日	三（4）班
12 月 21 日—12 月 25 日	三（5）班
12 月 28 日—1 月 1 日	三（6）班
1 月 4 日—1 月 8 日	三（7）班
1 月 11 日—1 月 15 日	三（8）班
1 月 18 日—1 月 22 日	三（9）班
1 月 25 日—1 月 29 日	三（10）班

合肥市六安路小学翠微分校家长护学岗签到表（南门）

四年级 5 班　　　　4 月 2 日　　　　星期六

<table>
<tr><th>时　间</th><th>位置点</th><th>学生姓名</th><th>家长签字</th><th>护学岗职责</th></tr>
<tr><td rowspan="5">早晨入校
07：40
|
08：20</td><td>①号点</td><td></td><td></td><td rowspan="3">1. 劝阻家长不要进入学生通道。
2. 引导电瓶车即停即走。</td></tr>
<tr><td>②号点</td><td></td><td></td></tr>
<tr><td>③号点</td><td></td><td></td></tr>
<tr><td>④号点</td><td></td><td></td><td>1. 阻拦所有汽车进入春苗路。
2. 引导电瓶车即停即走。</td></tr>
<tr><td>⑤号点</td><td></td><td></td><td>阻拦所有汽车进入春苗路。</td></tr>
<tr><td rowspan="5">下午放学
16：30
|
17：00</td><td>①号点</td><td></td><td></td><td rowspan="3">1. 引导电瓶车停放至马路对面。
2. 劝阻家长不要进入学生通道。</td></tr>
<tr><td>②号点</td><td></td><td></td></tr>
<tr><td>⑥号点</td><td></td><td></td></tr>
<tr><td>④号点</td><td></td><td></td><td>1. 阻拦所有车辆进入春苗路。
2. 引导电瓶车停放至马路对面。</td></tr>
<tr><td>⑤号点</td><td></td><td></td><td>1. 阻拦所有车辆进入春苗路。
2. 引导电瓶车停放至华邦停车处。</td></tr>
</table>

合肥市六安路小学翠微分校 2016—2017 学年家长开放日班级课表

年级：二、三、四年级　　　　　　　　　　时间：2017 年 6 月 9 日

节次＼课程＼班级		二（1）班	二（2）班	二（3）班	三（1）班	四（1）班
上午	1	数学	语文	数学	英语	数学
	2	语文	数学	语文	语文	语文
	3	体育	美术	英语	数学	音乐
	4	音乐	体育	数学	美术	英语
下午	5					
	6					

合肥市六安路小学翠微分校家访提示单

家访目的	1. 开学认识：全方位地了解学生个人和家庭。 2. 中段反馈：反馈和交流学生情况。 3. 升学家访：围绕升学（针对六年级学生）问题进行家访。
家访形式	1. 实地家访：（优）全方位了解学生和家庭；（缺）时间成本高。 2. 学校约谈：（优）教师主场，准备充分；（缺）对学生的家庭关系了解不足。 3. 线上家访：（优）时间可控，方便做笔记；（缺）对学生的家庭关系了解不充分。 4. 问卷星家访：（优）能够较好地记录，方便电子化；（缺）缺乏沟通，难以了解家长性格和家庭背景。
家访原则	家访必须分层次进行，不得只进行“问题学生”的家访，应对每个学生进行家访，做到三学年一次班级全员家访覆盖。家访要有重点，如有潜力的、有特长的学生，家庭经济困难的学生，单亲家庭学生，进城务工农民子女，等等。

（续表）

家访内容	1. 了解学生	（1）让孩子做自我介绍：了解学生性格、表达能力等。 （2）了解孩子的学习：了解上一个学段的学习情况。喜欢什么学科？是否偏科？是否参与课外补习班？ （3）了解孩子的课外兴趣：孩子有没有兴趣特长？喜欢什么样的运动？假期、周末都是怎样安排的？ （4）了解孩子的交友交际：现在班级里最好的朋友是谁？为什么和他是最好的朋友？班级里有没有以前的同学和朋友？（针对转学生）在新班级是否适应？有没有交到好朋友？
	2. 了解家庭	（1）了解孩子在家的情况：孩子的身体有无特殊情况？在家是否有做家务的意识？自理能力如何？ （2）了解家长的基本信息：籍贯、单位、工作时间。是否有时间陪孩子？是否外地工作？是否愿意加入家委会？ （3）了解家庭关系：家庭组成情况怎样？（关注单亲家庭和复杂情况，一定要问清楚）孩子在家更听谁的话？谁陪孩子的时间更多？谁来监督和辅导孩子的学习？
	3. 了解成长观	（1）了解学生的成长观 ①了解孩子对于班级的想法：最希望我们班级是个什么样的班级？为了达到你的想法你觉得你应该为班级做什么努力？你愿意担任班干部吗？ ②了解孩子的梦想：你希望以后成为一个什么样的人？你最喜欢的职业是什么？你认为该怎么去实现？
		（2）了解家长的成长观 ①了解家长对孩子的期待：家长期望孩子取得什么样的成绩？期望孩子在学校收获怎么样的成长？ ②了解家长对学校的期待：家长对学校的工作和班级建设有什么意见和建议？

（续表）

家访要求	1. 对全班学生进行家访，做到每三年一次家访全覆盖。 2. 学生生病、请事假或有突出成绩，或发生问题，应及时进行家访。 3. 家访前，要做好充分准备，明确谈话中心。学生在学校的学习生活、行为习惯等情况，必须实事求是地采用适当的方式告诉家长，让家长真正了解学生在校的表现。同时及时了解学生在家的表现。注意保护学生的自尊心。 4. 家访时，谈话的态度要诚恳，要有耐心，形成和谐融洽的气氛，要使家长感受到教师对学生的爱护和关怀。 5. 家访时要注意学生的家庭环境、家长心情。
家访注意事项	1. 家访中，应一切从实际出发，切忌片面孤立地看问题。 2. 家访时，学生及学生家长都应在场，个别问题可要求学生回避。 3. 注意交流的方式方法，切忌告状式家访。 4. 尊重家长，抱着热忱欢迎的态度对待家长的意见，切忌与家长“斗气”。 5. 根据孩子在场与否，酌情采取恰当的谈话方式。
家访提问技巧详解	1. 问学习兴趣，不问学习程度 家访时，老师可以有意识地了解一下孩子的学习兴趣、学习习惯、学习方法等。这样做，可以了解孩子的学习情况，从而在今后的教育中对其予以特别的关注。 但是，老师不宜直接询问孩子的学习程度或类似于“学习情况怎么样”等问题，以免对孩子产生“先入为主”的偏见，或者让那些学习不那么优秀的孩子产生失落感。 2. 问优点，不问不足 老师可以多询问孩子有哪些优点，这样可以让自己对孩子的认识更全面、更立体、更生动，也会让孩子更加喜爱你，因为孩子明白——老师知道我有哪些优点。 但是，老师不宜直接询问孩子有哪些不足或缺点。这样的问题容易引发家长和孩子的紧张情绪，甚至怀疑老师是不是会对自己或孩子产生偏见。孩子有没有缺点，有什么缺点，应该留待老师在今后的工作中去仔细观察了解，慢慢帮助孩子改正。

（续表）

家访提问技巧详解	3. 问家庭概况，不问个人隐私 老师可以问问孩子的家庭情况，比如家里有哪些成员、家长从事何种工作、平时孩子更听谁的话等。这样做可以真实全面地了解孩子所处的生活环境，思考今后如何有针对性地进行教育和帮助。 在对单亲家庭家访时，不宜过多地去“刺探”家长离异的原因。即便有的家长不避讳这个话题，教师也要委婉地提醒家长是否适合当着孩子的面谈这些内容。 4. 问平时接送，不问作业监管 老师可以问问孩子平常上下学一般由谁负责接送，特别是对小学低段的孩子，可以记录一下负责接送的家长的联系方式。对于自己上下学的孩子，老师要了解其出行方式，并做好安全提醒。这样做能够加深家校之间的了解，也可避免将来可能出现的安全隐患。 但是，老师不宜询问孩子回家后作业由谁监管，因为会让一些家长误会老师是在推卸或转移责任。 5. 问爱看的书，不问报的兴趣班 家访时问一问孩子“喜欢看什么书”“看了哪些书”，不仅可以了解孩子的阅读习惯、阅读兴趣，还可以明确给孩子以及家长传递这样的信息：老师非常关注孩子的阅读。 如果有能力的话，还可以对家长指导孩子阅读提一些好的建议，给亲子共读布置一些“任务”，帮助孩子养成良好的阅读习惯。 6. 问孩子身体情况，不问家庭经济状况 在家访过程中，老师应当详细了解孩子的身体情况，特别是有的孩子身体存在特殊状况的，老师应该在第一时间掌握相关信息。 有的家长会有顾虑，怕说出这些问题会让老师对孩子产生歧视。老师应向家长明确：第一，绝对会保护孩子的隐私；第二，呵护孩子健康成长是学校和家庭共同的责任。 但是，对于学生家庭的经济状况，老师就不宜表现得过于关心。事实上，老师也不能依据家长经济收入、受教育水平的高低而对孩子的家庭作出判断和评价，更不能因此对一些孩子产生歧视心理，“有教无类”“一视同仁”应该是我们的座右铭。

（续表）

家访提问技巧详解	7. 问喜欢的运动，不问获得的荣誉 了解孩子喜爱的运动，知道孩子平常喜欢玩些什么，有助于老师发掘孩子的潜能，给孩子搭建成长平台，强健孩子的体魄，增强自信心，也可为之后的学校运动会等特色活动“物色”苗子。 但是，老师不要刻意询问孩子有没有获得过什么荣誉。如果贸然去问，可能会给家长留下“急功近利”的印象。再说，不是人人都热衷于“考级”“考证”，对那些没有获得过什么荣誉的孩子来说，这种询问可能会让他们产生自卑、焦虑的心理。 8. 问孩子的朋友，不问“别人家的孩子” 有心的老师在家访时会有意识地了解一下孩子的好朋友有哪些，甚至问问家长是否知道孩子最喜欢的朋友是谁。了解孩子的“朋友圈”，可以帮助老师更加深入地了解孩子，并且可以在某些时候借助孩子的朋友来教导孩子。 在询问时如果发现孩子缺少朋友或择友观有问题，老师要引起重视，并给予积极的帮助和引导。 但是，老师一定不要提及“别人家的孩子”。每个孩子都是独一无二的，过分对比会让孩子陷入自卑、胆小甚至消极抑郁的状态，长此以往不利于孩子的成长。 9. 问家长成长观，不问家长成功观 老师可以问问家长“希望孩子成长为一个怎样的人”“看重孩子哪种品质的培养”“对孩子寄予怎样的期望”等。这样的问题设计，可以引导家长多关注孩子的健康成长。 10. 问学校能为家长做什么，不问家长能为学校做什么 老师要关心孩子，也要多关心家长、理解家长。当家长感受到老师对孩子的真心和对自己的真诚时，也会感谢老师、理解老师、支持老师。 因此，老师可以多了解一下家长对学校的期望、对老师的要求。对于家长合情合理的诉求，老师应该多换位思考，设身处地地理解家长，给予力所能及的帮助和照顾。

合肥市六安路小学翠微分校家访记录单

家访时间	2022 年 6 月 14 日	家访对象	卢××	家访教师	宁婷婷、吕燕红
家访方式	上门家访				
家庭住址	华××××××				
家访目的	了解孩子在家的学习生活情况； 与家长沟通孩子在学校的表现。				
家访过程	1. 了解孩子在家里又学会了哪些新的劳动技能。 2. 平时在家是否能主动、积极地学习，是否比前段时间有进步？ 3. 爱做哪些运动、有哪些特长，课余时间喜欢做些什么？是否和家长交流班级里发生的事情？ 4. 在校时作业不能主动完成，家庭作业比较积极工整，能看出家长有做监督。 5. 在班级里与同学需要注意和平相处，注意使用文明的语言，不做不文明行为。用理性的方式与同学相处。				
家访拟解决的问题	引导孩子遇到问题时主动与老师、家长沟通，用理性的方式解决问题。培养良好的学习习惯。				
此次家访存在问题的解决办法	1. 继续培养孩子独立劳动的能力。 2. 家长多陪伴，多与孩子交流在学校的情况，走进孩子的内心世界。每日了解孩子的作业情况，培养孩子独立完成作业的能力。 3. 进行亲子运动，户外活动，培养孩子与他人沟通的能力。				

合肥市六安路小学翠微分校家长会邀请函

尊敬的家长：

您好！

真诚地感谢您一直以来对我校各项工作的关心、支持、理解与信任。我们深知：孩子的成长离不开家庭、学校、社会的共同努力。家长会是我们与您共同合作教育孩子的重要途径。通过您，我们将更多地了解您的孩子，这将有助于我们改进您的孩子的成长计划。

此次家长会，我们将结合一学期孩子在校的各类情况逐步深入地共同探讨孩子成长的话题，以便进一步加强家校合作和沟通，为孩子的成长提供更好的平台。诚挚期盼您的全程参与和积极反馈，一起深入探讨您的孩子的成长话题。

参加集体家长会前，请您按班主任发布的通知，逐步参加各种探讨活动。感谢您的合作！

一、线上家长会时间：11 月 15 日。

（班主任在家长群发布通知）

二、集体家长会时间：11 月 17 日下午 15：00 至 17：00。

地点为各班教室。

三、温馨提示：

1. 敬请各位家长填写回执单；

2. 为了避免学校外车辆拥堵，请家长把车辆统一停放在学校门口指定的停车场；

3. 若会议开始后才到达教室，请您听从各班司仪安排就座。

合肥市六安路小学翠微分校

2019 年 11 月 10 日

家长会回执单

是否参加家长会？　　是□　　否□

班级：　　　　　　学生签名：

家长签名：　　　　家长联系电话：

合肥市六安路小学翠微分校家长会意见反馈表

家长会意见反馈表

1. 本次家长会让您满意的环节是：____________________
2. 您认为下阶段学校工作需要加强的是：____________________
3. 您认为下阶段班级工作需要加强的是：____________________
4. 您准备下阶段在家怎么做：____________________
5. 您下阶段需要老师合作的地方是：____________________

合肥市六安路小学翠微分校家庭教育个别指导档案记录表

学生姓名	罗××	性别	×
家庭住址	×××××		
父亲姓名	××	电话	×××
母亲姓名	×××	电话	×××
学生存在的主要问题			
罗同学作业书写马虎，每天都有作业写不完，几个科目都存在这样的问题，刚开始成绩一般，开学一个月后变得越来越糟糕。经了解得知他是由于沉迷网络游戏才导致这种情况的。他几乎每天都要在电脑前玩上几个小时，甚至半夜起来玩游戏导致第二天上课打瞌睡。此外，由于沉迷于网络游戏，他的零花钱很快见底，甚至早餐的钱都被用来买游戏卡。所以罗同学尽管很聪明，但是由于大部分的精力被网络游戏所牵制，上课效率低下。			

（续表）

	家庭教育指导内容	教育效果
1	生活环境舒适，家人溺爱——寻找根源（1）：在学校，大事小事都有着严格的要求。但家里有着和学校完全不同的生活环境，没有了老师的严格监督，只有父母的唠叨，自己支配的时间多了。而且自身没有正确的生活目标，过度放纵自己，把大量的课余时间用在了睡觉、玩电脑游戏上。另外，爷爷奶奶过于溺爱，零花钱给得多，自身吃不了苦，也使他产生迷惘、厌学的情绪。久而久之，就出现了沉溺网络游戏的现象。	初步了解到孩子的家庭教育方式与孩子在家的生活情况与学习态度，这是对症下药的第一步。
2	父母采取放任自流型的教育方式——寻找根源（2）：我们要通过在学生身上寻找亮点，让家长感受到惊喜，看到能够帮助罗同学寻找闪光点的希望，家长才会产生憧憬，与学校合作来促进孩子的健康成长。	效果较好，与父母建立了联系，并与父母进行了友好沟通，初步取得了罗同学家人的信任与支持。
3	帮助罗同学改掉陋习，重塑生活规律——思路与措施（1）：督促罗同学根据自己的生活习惯制订一份作息时间表，并且要求其按照作息时间表进行活动，由老师和家人进行监督。同时每周要求罗同学写一份总结交给班主任。班主任通过进一步了解情况，对他提出合理化的建议。进一步发挥罗同学的优点，让他有事可做，培养其责任意识。	要通过一份科学的作息时间表，让孩子明白养成良好生活习惯的好处，更让孩子感受到老师与家长的关心，领悟到学习是自己的责任与义务。

（续表）

4	坚持跟踪孩子的变化，赢得家长的支持——思路与措施（2）：让孩子积极参加各项活动，在活动过程中逐步锻炼自己，找到自信，提高自身素质。当家长看到孩子进步时，才有动力改变家庭教育方式，愿意付出时间与精力去与老师携手同行。	表扬罗同学取得的成绩，鼓励他继续努力，让他逐步克服意志的不坚定。家人看见孩子的改变尤其感到安慰。

第七章

多维保障 共创品牌

——为校园文化育人体系保驾护航

党建工作在育人体系中具有重要地位和作用。为给校园文化育人体系保驾护航，合肥市六安路小学翠微分校党支部积极发挥党建工作的引领示范作用，统筹队伍、师德师风、特色、品牌等维度，通过各种保障措施共同构建和完善育人体系，为实现高质量的教育目标提供全方位的保障。

第一节
党建引领：重日常，促规范，夯实党建基础工作

合肥市六安路小学翠微分校党支部隶属于合肥市经开区社发局党委，党支部书记、校长一肩挑，现有支委成员 5 人，校长、书记 1 人，校长助理 2 人，下设办公室、教导处、总务处、少先队、工会 5 个职能部门，分工明确，职责清晰，团结一心，奋发有为。

党支部共有党员 54 人，共分 5 个党小组。在党支部的领导下，全体党员牢固树立“四个意识”，坚定“四个自信”，做到“两个维护”，充分发挥“两个作用”，秉承“以德润翠，育人于微”的办学理念和“以爱育爱，积微成著”的校训，坚持把微文化作为校园文化建设的核心内容，以微文化推动育人春风化雨、润物无声，推动管理抓小抓细、落实落地，着力打造“崇德、敬业、尚美”的教师队伍，培养“立长志、有担当、会学习、勤实践”的翠微少年，引领学校各项工作高质量发展。

一、加强思想政治建设，坚持强基固本

把思想建设作为基础性建设，扎实推进习近平新时代中国特色社会主义思想进教材、进课堂、进师生头脑。学校组建了“宣讲＋培训＋育人”的立体化微宣讲团队，秉承党团队一体化发展的思想，常态化开展书记讲党课、思政课，教师和学生宣

讲团活动。坚持党员领学，发挥“头雁效应”，开展“党员说”“微论坛”“微宣讲”，深刻领会习近平新时代中国特色社会主义思想和党的二十大精神，深入学习习近平总书记关于教育的重要论述。坚持活动促学，通过“三会一课”、主题党日活动、读书活动等，搭建多元化学习载体，常态化、长效化开展党史学习教育，做到集中学、自主学、研讨学、竞赛学相结合。坚持培训悟学，把专题培训与组织生活紧密结合起来，充分利用“学习强国”“青年大学习”等平台，每季度通报网上学习情况，打造“线上+线下”的“学习加油站”。

学校拓展思政课堂，以红色润泽童心。以喜迎党的二十大和学习贯彻党的二十大精神为主题，持续开展“学习新思想，做好接班人”主题教育活动，设立“红领巾爱读书”“红领巾学习二十大”“红领巾红色故事园”三大板块，充分运用节日、纪念日、主题队日等时间节点深化思政教育，推动思政课程和课程思政协同发力，引导翠微少年学党史、强信念、跟党走。学校传承奥运精神，以“红领巾争章”的形式促进学生成长。学校邀请奥运冠军孟苏平、邓琳琳等走进校园，先后开展“冬奥知识我知道”“奥运故事我来讲”等系列活动，组织学生参观安徽省体育博物馆，并设置了学习章、阅读章、运动章等红领巾奖章，引导少先队员感受榜样的力量，弘扬胸怀大局、自信开放、迎难而上、追求卓越、共创未来的北京冬奥精神。在党支部的带领下，学校还成功举办了“励志强国梦 阅读约未来”读书节活动、“走进西游，畅游山海”乐学评价、“童心映世界‘艺’起向未来”的艺术馆课程、“以课研课　文化铸魂　学术领航”第二届学术节等，进一步拓宽了党建引领促成长的育人渠道。

二、坚持制度先行，优化工作机制

学校党支部认真落实“三会一课”制度，积极开展主题党日活动，定期召开党员大会、教职工代表大会，严格落实教职工评议领导干部制度，严格落实领导干部联系基层制度，定期进行谈话谈心和座谈交流，帮助解决实际问题，完善党内生活机制，认真落实党员民主评议工作，深入推进依法治校，积极推行校务、党务公开，加强推进现代化学校制度建设，坚持科学决策、依法治理，加强校园普法教育，健全党建工作考评体系。此外，学校党支部积极探索将支部建在年级、科研团队等新制度，实现党组织服务网络全覆盖，抓好党员志愿服务、在职党员进社区等工作，扎实开展教育实践活动、学习教育、整改落实等专项活动。

三、盘活阵地建设，营造良好氛围

学校党支部不断加强活动场所建设，有固定的党员活动室，实现“活动场所标准化、制度建设规范化、台账资料系统化、电教设备现代化”，党员公开承诺践诺，设立党员先锋岗、责任区，党员亮牌示范、作表率，认真开展“教师访万家”活动，开通了校长热线、师德公开电话、邮箱等渠道，定期召开座谈会和交流会，强化校园门户网站、校报、校刊、板报等宣传阵地建设，优化学校新闻宣传文风，营造良好的舆论氛围。

四、以党建带工建，聚人心促和谐

学校将党建工作与业务工作深度融合，以党建带工建，以工建强服务，以服务促发展，形成党建、工建同促进、同发展、同提高的新格局，激发工会组织新活力。加强工会自身建设，提升服务意识和服务水平，组织教职工参与工会法的学习，组织开展工会法知识测试活动，强化理论武装，促进思想同心。强化民主管理，组织召开第二届一次教职工代表大会。以人为本，积极开展各项内容丰富的教职工活动，如“园丁杯”棋牌比赛、主题联谊会、礼仪培训、疗休养活动等，开设教师书法班、瑜伽班，让老师们在教育教学之余动起来、“雅”起来。春节前的传统活动有“走走教师上班路”，走进部分在职老师、党员家中，关心他们的身体和生活状况，倾听他们的心声，让教师们真切地感受到翠微大家庭的温暖。

第二节
队伍建设：重团结，强素质，抓好支部标准化建设

全面贯彻党的二十大精神，坚持以习近平总书记系列讲话精神为统领，以“融入中心抓党建，抓好党建促发展”为原则，以“加强教育、管好党员、带好队伍、定好制度、建好机制、促进发展”为工作目标，以“两学一做”学习教育工作为载体，全力推进学校基层党组织标准化建设。

一、支部班子建设标准化

加强支部班子建设，支委会健全，有战斗力，支部委员结构优化，工作作风扎实，密切联系群众，廉洁奉公。

立德树人抓准方向。“立德”首先要立大德，培养学生从小树立正确的三观，落实习近平总书记的要求，把爱国与爱党、爱社会主义高度统一起来。“树人”树的是德智体美劳全面发展的社会主义建设者和接班人，是担当民族复兴大任的时代新人，既要有本领又要有担当，能够奉献社会、服务人民。学校要在落实立德树人上下功夫，在培养上不断做探索，做到“为党育人、为国育才”。学校党支部严格执行有关组织生活、党员教育

管理、党风党纪教育、民主评议党员等制度，及时传达和贯彻上级有关精神，认真执行上级各项决议、决定，按时完成各项工作任务。支部委员密切联系群众，自觉接受党组织和群众的监督，围绕学校教育教学中心工作，进一步调动广大教职工的工作积极性，使学校健康有序发展。

推进“四力”建设，提升队伍素质。学校办得好不好，质量高不高，能否持续发展，关键在于是否有一支素质优良的教师队伍，学校把“做一个终身学习者、研究者和创造者”作为教师的培养目标。一要把准政策方向、更新观念，提升学习力；二要坚守已有经验、精进常态，提升领悟力；三要创新发展、专业成长，提升判断力；四要勇于实践、守正创新，提升执行力。以提升“学习力、领悟力、判断力、执行力”为目标的“四力”建设，对于提升学校发展文化力、行政干部执行力、专任教师学习力和青年教师成长力十分重要，能够促进教师专业素质的成长，促进学校内涵的发展。发挥党员教师的榜样作用。坚持党员领学、领研，开展“党员说”“微论坛”“微宣讲”，通过鼓励教师积极参与主题教研、读书活动、“青蓝工程”、教学督导等，形成党员教师率先垂范的氛围，打造“学习共研加油站”。锚定“快、准、精、聚、实”工作原则，以“五星”支部创建为抓手，打造忠于党的教育事业的过硬教师队伍，真正做到把基层党组织建设成为高学习力的教书育人战斗堡垒。

二、支部制度建设标准化

加强“三基一化”（基本制度、基本资料、基本能力、信息化）建设，党支部工作制度健全，各种资料台账齐全、分类清楚、内容详实。在组织保障类制度上，健全完善支部委员分工负责制度、“三会一课”制度、民主生活会制度等各项制度，保证全体党员都能参加活动，接受教育。有支部工作计划、目标、措施、总结；党员发展规划、培养资料、政治学习记录、党费收缴明细等各项资料台账齐全。在先锋模范类制度上，建立党员示范岗、创先争优表彰等制度，保证支部党员在学校教育教学各项工作中充分发挥共产党员的先锋模范作用。在党员联系群众类制度上，建立健全党员联系群众、职工思想动态分析、必访必谈等党内激励、关怀、帮扶机制，关心和爱护党员、群众，维护党员、群众的正当权利和利益，做好职工的思想工作。

三、支部阵地建设标准化

党支部活动有相对固定的场所，硬件设施能够适应开展活动的需要，建立健全党建信息平台，构建多种形式的支部宣传教育阵地。各种学习资料、制度台账、奖牌荣誉、活动标识统一规范，摆放有序，布置美观。支部因地制宜设置宣传栏，组织机构、职责分工、主题活动等内容上墙，宣传栏要主题鲜明、图文并茂、各具特色。进一步增强政治意识、大局意识和服务意识。紧密围绕学校的工作目标，开展基层党组织标准化建设，夯实学校党建工作，使党支部切实成为促进学校发展的坚强战斗堡垒。

第三节
支部发力：重践行，明责任，发挥支部“两个作用”

学校党支部紧紧围绕党建引领主线，着力打造特色品牌党建文化。通过党建引领教育、党员共育等方式，对学校青少年进行党史教育，优化学校治理模式、提升服务学生和家长的能力，实现家校合育、互促互进，用党员的榜样力量带动广大青少年学党史、强信念、跟党走，引导青少年厚植爱党、爱国、爱社会主义的情感，深化青少年思想政治引领和价值引领，帮助青少年“扣好人生第一粒扣子”。

一、聚焦微志愿，开启为民服务新路径

学校党支部聚焦践行岗位，深化“翠微红马甲，爱传你我他”党建“1+N”志愿服务工作。“关爱七类特殊群体学生”“我为群众办实事”“走走学生上学路”“贯彻学习二十大精神，我们在行动”“下沉社区担当志愿者”等活动，无不彰显着党员教师的真担当、大担当。通过志愿服务工作提炼志愿者服务精神，提倡人人都是志愿者，在志愿践行的岗位上认真履职尽责。把党员先锋岗细化到网格服务，实行党员包保，轮流排班，把群众的“急难愁盼”问题交给党员“兜底”，强化党员的“兜

底”责任意识，让“翠微红马甲”成为“我为群众办实事”的一面鲜红的旗帜。结合学雷锋纪念日、五四青年节等重要节点，开展丰富多样的主题党日活动。带领少先队员关爱“合肥好人”李友发、为白血病儿童爱心捐款、重走延乔路，用孩子们听得懂的语言学红色历史、讲红色故事，引导少先队员知史爱党、知史爱国，助推少年儿童成长成才。

二、“五查五看”明纪律

学校党支部要求党员坚持与时俱进，发展自己，革新自我，真正认识到政治理论学习是武装头脑、坚定信念、净化灵魂、提高思想政治觉悟的用以指导自己言行的武器。一查自身的政治意识、大局意识强不强，看是否与党组织保持一致。二查工作思路是否清晰、执行力强不强，看工作效率高不高，特别是看开展、参与主题实践活动的效果如何。三查服务意识强不强，看服务水平高不高。四查创新意识强不强，看是否创造性地开展了工作以及创新效果如何。五查个人素质高不高，看履行职责的能力强不强、作风形象好不好。坚持以“五查五看”为抓手，有效激发了学校队伍的正能量，提升了队伍的精气神，营造了风清气正、敢于担当、认真履职的良好氛围。

三、党员示范立标杆

学校党支部围绕学校党员的岗位特点，精心策划各种活动，充分发挥党员的先锋模范作用。推进“共产党员示范岗”，要求全体党员亮明身份、挂牌上岗，时刻以共产党员的标准严格要求自己，牢固树立“一个党员就是一面旗帜”的意识。组织实施师徒结对“青蓝工程”和“名师工程”，师徒结对，发挥老教师传、帮、带作用，以老带新，促进新教师快速成长。重点吸纳思想先进、工作积极的年轻教师加入党组织，把青年教师培养为党员，把党员培养为名师。同时，鼓励一批优秀教师积极向党组织靠拢。

四、发挥党员的核心骨干作用

学校党支部重视对全体学生的行为规范教育、爱国主义教育、集体主义教育以及快乐中队的建设等，先后开展了各种主题教育活动。此外，坚持课堂教学的有效性，党员教师带头做到“专时专用，向课堂 40 分钟要效率”，不断提高教师尤其是党员教师的课程执行力，这其中包括“引趣、启发、操练、反馈”等环节。学校要求实现层次化教学，提倡低年级“在做做玩玩中学”，中年级“在比比练练中学”，高年级“在质疑问难中学”。同时，教学策略讲求多样化。我们感到，推进素质教育一定要搞好课堂教学，只有课堂教学有质量，才有教学的高质量，才有学生的轻负担，才能真正地推进素质教育。

第四节
德才并重：重师德，强师能，筑牢师德师风建设

以德为尺，一言一行量长短；以贤为鉴，一举一动察高低。为深入学习贯彻习近平新时代中国特色社会主义思想，落实立德树人的根本任务，持续加强师德师风建设，以实际行动贯彻落实党的二十大精神，进一步凝聚师德正能量，激励教师不忘立德树人初心，厚植爱国情怀，忠于党和人民的教育事业，学校积极探索“1234”师德成长战略，即“一个中心、两大行动、三项举措、四种提升”。短短几年，学校已建成一支师德高尚、精于教学、勤于育人的教师队伍。

一、坚持党建引领师德主题教育活动

学校党支部成立了由支部书记任组长的师德师风建设领导小组，每月组织开展师德主题教育活动，围绕“为党育人，为国育才”总目标，从高效课堂、家校共育、有效作业、职业价值等方面交流心得体会，砥砺育人初心。通过党课、思政教育等不同形式扎实推进师德师风建设、建立师德传统教育、榜样教育和警示教育“三项教育”制度；设立意见箱、师德师风评议信箱、监督电话等，深受社会、家长、学生的广泛好评。

二、推进“成长积分制”“每日督导机制”两大行动

为全面促进教师成长，学校对教师参与教研、集体备课、撰写新闻、自主阅读、提升书法、强身健体等 26 项成长细则有计划、有落实、有反馈、有记录，让每一位老师在潜移默化中感受到实实在在的成长。

三、创新“校长说”“管理说”“青年说”三项举措

学校立足每月一次的翠微讲坛，利用“校长说”“管理说”“青年说”三个板块，引导教师从学校整体规划、精细管理、高效课堂、家校共育、有效作业、职业价值等方面谈心得、谈收获、谈提升，“讲好身边事，学好身边人”，不断弘扬师德正能量。学校开设翠微讲坛，采撷智慧，传递经验，让思想在交流与碰撞中熠熠生辉；师德教育变有形为无痕，内化于心，外化于行。学校还将教师的教育智慧和经验编印成册，印制成《翠言微语》，让老师们在传阅中获得荣誉感和归属感，用身边事启迪身边人，传递教育正能量。用心做事，用爱育人，以家长之爱育明理学生，承社会之责做优秀教师，学校正努力建设一批让人民满意的教师队伍。

四、聚焦“学习力”“领悟力”“判断力”“执行力”“四力”建设

学校聚焦“四力”建设，始终保持与六小本部同频共振，邀请本部许腾云书记、朱清萍校长及名师、名班主任亲临学校作师德主题，开设了北京大学继续教育中心线上研修课程，教师的综合素质和理论素养得到了很大提升。

第五节
凸显特色：重创新，多举措，优化支部创新发展

学校的党建工作应与落实立德树人任务结合起来，在学校发展过程中要起到催化剂、润滑剂、添加剂的作用，更要潜移默化，润物细无声。同时，学校党支部要实现党建工作和党建引领的常态化，使学校党组织真正成为学习型、服务型、创新型党组织。

一、联学共建见成效

学校党支部持续深化支部联学共建，积极构建党建工作开放互动的新格局。2022 年植树节期间，学校党支部与省委教育工作领导小组秘书组秘书处党支部共同开展“共植幸福林”活动；同年 11 月，又与秘书处党支部、中国移动安徽公司政企客户部党支部共同开展“学习党的二十大精神　加快推进教育数字化”主题党日活动。学校党支部还积极构建党建工作开放互动的新格局。疫情“大考”时期，六小翠微党支部的党员教师积极响应政府号召，下沉社区，充实社区防控力量，推进社区各项防控措施的落实，使社区成为疫情防控的坚强堡垒。这充分展示了党员干部忠实履职尽责、主动担责担难、践行初心使命。

二、将“我为群众办实事”落到实处

“我为群众办实事”是开展党史学习教育的重要内容，是进一步联系和服务群众的重要手段，有利于改善党群、干群关系，有利于筑牢广大党员坚持以人民为中心的发展思想，更有利于学校教育的顺利开展。扎实开展“我为群众办实事”实践活动，是基层党员干部践行初心使命、恪守责任担当的表现。六小翠微党支部的每一位党员同志都是闪亮的“红马甲”，他们主动作为、善作善成，始终把群众利益放在心上。

三、“关爱特殊群体学生”实行包保制

学校坚持以人为本，构建和谐校园，切实为特殊群体学生的成长营造健康、快乐、平等、和谐的生活和学习环境，促进未成年人全面健康成长。学校建立完善的关爱对象健康成长长效机制，解决好他们在学习上、生活上和心理上的具体困难和后顾之忧，建立特殊群体管理档案。并结合学校德育工作，加强对特殊群体的关爱，切实帮助他们渡过难关，确保其完成学业，使其具有健康的身心，成为祖国未来的建设者。

四、“级部管理”持续赋权赋能

“级部管理”是六安路小学翠微分校扁平化管理的具体措施之一，本着“人人都是管理者”的中心思想，学校开展了形式多样、主题丰富的活动。如开设了北京大学公文写作的技能与要领研修班，年级组长同学校的中层干部一道进行线上学习，集体“充电蓄能”，提升管理能力。学校还很重视年级组的工作，分年级组开展例会，鼓励教师分享本年级最有特色和初见成效的教学管理办法，让同伴有所得，学习他人最有思想、最具智慧的教学管理策略。同时，学校吸纳教职工、其他职工、学生、家长等一切可以动员的力量参与到校园管理中来，以管理者的视角关注学生的作业、睡眠、手机、读物、体制、考试等六项内容，为学生创造安全、和谐、健康、积极的环境。

五、习惯成于“微”

学校依托六小教育集团的教育资源，打造互融共生的翠微教育生态园，倡导“以爱育爱”“自主管理”的教育理念，在学校、教师和学生层面贯彻“积微成著”的校园微文化，师生共融，教学相长，在平凡的校园生活点滴中立德树人，孕育不凡。学校一直坚持以抓好“走好路、读好书、扫好地、写好字、做好操、说好话”这小小的“六好”习惯来撬动翠微的“大德育”生态构建，从学习、行为、生活、阅读、心灵、实践六个维度开展“六贯一体”微习惯培养模式，让学生保持“日进一寸”的目标，持续成长。为了更好地推进养成教育，学校还加强了养成教育阵地建设。每周三的“红领巾广播站”，开设了“红领巾故事园”“红领巾爱读书”等板块，充分发挥了广播站的宣传作用，把广播站办得生动活泼、更具特色，使之真正成为学生喜爱的窗口。通过国旗下颁发奖状、“校长表扬你”、班级黑板报设计、宣传栏设计等形式，每月评选一次“六好之星”，根据“六好之星”再推选出“新时代好少年”，让养成教育内化于心，外化于行，培养立长志、有担当、会学习、勤实践的翠微好少年。

六、精准施研见成效

学校提倡“在学问上认真钻研，在教研上人人参与”，打造“‘精微’青年教师培养”和“‘精萃’骨干教师培养”两大工程，开展“启航行动——（教龄 0 — 1 年）入门期教师培养”“护航行动——（教龄 2 — 5 年）新秀教师培养”和“引航行动——（教龄 6 — 10 年）骨干教师培养”三项行动，促进教师队伍的抱团生长。学校积极为教师的成长搭建平台，通过“两联两主动”策略，形成各学科引领共学的生态。学校一方面联系、邀请专家、名师，加强对本校教师的线上引领；联系名校、区域兄弟学校结成联盟校、友好校形成学习共同体。另一方面鼓励教师主动走进地方名校，学习、更新教育教学理念；主动加入各级各类名师工作室等学术共同体，进行课例研磨、交流分享、课题研究等实践活动，实现由单兵作战到团队共赢。学校举办的第七届读书节、“以课研课　文化铸魂　学术领航”第二届学术节、乐学评价、特色作业设计等活动，以历时长、参与面大的特点，很好地营造了校园学习与研究的氛围，激发了师生的学习和研究热情。与此同时，为了增强学校教师的科研意识，壮大科研队伍，学校不断完善科研网络，继续拓宽研究领域。我校现有国家级在研课题 1 项，省级在研课题 1 项，市级在研课题 1 项，区级在研课题 4 项；各个学科组在校长室的带领下，紧紧围绕“高阶思维”“聚焦作业设计与学生综合素质评价”等方向，又积极开展了近 30 个校园“本土小研究”。

七、细微管理保安全

学校围绕“人人都是安全员”的中心思想，建立健全安全工作机构，成立了安全工作领导小组，由党支部书记、校长任组长，中层班子成员为副组长，全校教师为组员，坚持预防为主、防治结合的原则，以巡查、检查、教育和整改为抓手，切实保障全校师生的生命安全，维护学校正常的教育教学秩序。

学校充分发挥每一位师生的主人翁作用，坚持做到人人都是安全员，处处都是安全岗。坚持巡查、检查制度常态化，学校中层班子下沉年级组，和年级组长共同巡查本年级组，发现问题第一时间处理上报。巡查内容包括学生上学和放学安全、学生在校纪律、带班老师是否及时到岗、门卫值班、校园周边安全等，同时做好巡视记录。学校持续深化“每月一主题”安全教育活动，提高师生应急疏散演练和自我救助的意识和能力。例如，开展反恐防暴演练、“健康安徽，共建共享”等教职工安全主题教育培训，通过安全健康与公共卫生常识及各种突发事故和突发疾病的自救互救理论知识的学习，结合从专业角度的现场演示，全体师生进行实际操作练习并逐一考核过关。结合学校实际，学校还制定了符合校情的《校园安全手册》，全校师生人手一本，让老师有本可依，让学生拿在手中、看在眼中、读在口中，内化于心，外化于行。

第六节
品牌锻造：重特色，扬文化，擦亮党建特色品牌

学校党支部依托“以德润翠，育人于微”的办学理念，坚持以立德树人为根本任务，积极推行“爱在言传身教中传播，教育在细微处见光华”的育人体系，创建“以爱育爱，知微行远”的党建特色品牌，以高质量党建引领学校高质量发展。

一、品牌背景：在无声处润心，于细微处育人

爱是一切育人动机的立足点；微，是一切育人大业的起点。习近平总书记在全国教育大会上明确指出，新时代要“培养德智体美劳全面发展的社会主义建设者和接班人”。“双减”政策、“五项管理”的全面落实，进一步明确了新时代教育的发展方向。因此，学校在党支部的引领下，落实“五微”建设，以“在无声处润心，于细微处育人”为宗旨，让每一个孩子都能在翠微丰沃的土壤中萌发，在翠微健康的教育生态里快乐成长，修身立德，知行合一，积微成著，日渐茁壮。

二、品牌实践："五微""五育"统筹工作

学校党支部结合每位党员老师的学科、特长、岗位特点，成立"红心、润心、连心、匠心、暖心"五个党小组，落实"五微""五育"，明确组织架构、工作指标，以党小组领办年度党建与中心工作。"领办"机制在创新党建品牌、推进学校全面工作中发挥了重要作用。

聚焦微宣讲，谱写思政育人新篇章。依托"红心"党小组思政教师的学科优势，学校组建了"宣讲＋培训＋育人"的立体化微宣讲团队，常态化开展书记讲党课、思政课，教师和学生宣讲团活动。

聚焦微铸魂，探索教师培养新模式。学校高度重视教师的成长，由"润心"党小组领衔，着力打造一支师德高尚、精于教书、勤于育人的教师队伍。

聚焦微联盟，构建开放互动新格局。学校党支部依托"连心"党小组的外联优势，持续深化支部联学共建，积极构建党建工作开放互动的新格局。学校党支部与安徽省委教育工作领导小组秘书组秘书处党支部，以及与六小本部、芙蓉社区党建联盟等支部长期进行联学共建，资源共享，优势互补，以"深度联动、互助相长"为原则，不断创新形式，落实组织建设互促、优势资源互享、党员干部互动、党建活动互联、重点工作

互谋的“五互”工作举措，打造党建共同体，构建党建新局面，激发党建新活力。

聚焦微课程，搭建学生成长新平台。学校依托“匠心”党小组的学科核心成员优势，秉承“不忽视每一种素养，不忽视每一个学生”的课程建设思想，系统构建人文与社会、语言与文化、数学与思维、科学与技术、健康与艺术五大领域的课程体系，并将基础型、拓展型和探究型三类课程融入其中。

聚焦微志愿，开启为民服务新路径。领办该项目的“暖心”党小组，聚焦践行岗位，深化“翠微红马甲，爱传你我他”党建“1＋N”志愿服务工作。“暖心”党小组组织党员围绕“关爱七类特殊群体学生”“我为群众办实事”“走走学生上学路”“贯彻学习二十大精神，我们在行动”“下沉社区担当志愿者”等活动，展现六小翠微党员教师的真担当、大担当。